罗马帝国的大战略

从公元1世纪到3世纪

——修订版——

[美] 爱德华·N. 勒特韦克 著

孙艳萍 茅雨晨 译

The Grand Strategy of the Roman Empire

From the First Century CE to the Third

ZHEJIANG UNIVERSITY PRESS
浙江大学出版社

图书在版编目(CIP)数据

罗马帝国的大战略：从公元1世纪到3世纪 /（美）爱德华·N. 勒特韦克著；孙艳萍，茅雨晨译. —修订版. —杭州：浙江大学出版社，2020.8

书名原文：The Grand Strategy of the Roman Empire: From the First Century CE to the Third

ISBN 978-7-308-19646-8

Ⅰ. ①罗… Ⅱ. ①爱… ②孙… ③茅… Ⅲ. ①罗马帝国—历史 Ⅳ. ①K126

中国版本图书馆CIP数据核字(2020)第043372号

浙江省版权局著作权合同登记图字：11-2019-198号

罗马帝国的大战略：

从公元1世纪到3世纪〔修订版〕

[美]爱德华·N. 勒特韦克(Edward N. Luttwak)　著

孙艳萍　茅雨晨　译

责任编辑　闻晓虹　罗人智
责任校对　黄梦瑶　杨利军
封面设计　卿　松
出版发行　浙江大学出版社
（杭州市天目山路148号　邮政编码310007）
（网址：http://www.zjupress.com）
排　　版　杭州林智广告有限公司
印　　刷　浙江省邮电印刷股份有限公司
开　　本　710mm×1000mm　1/16
印　　张　19
字　　数　251千
版 印 次　2020年8月第1版　2020年8月第1次印刷
书　　号　ISBN 978-7-308-19646-8
定　　价　68.00元

审 图 号　GS(2020)2799号

浙江大学出版社市场运营中心联系方式：(0571) 88925591;http://zjdxcbs.tmall.com

修订版前言

本书的第一版不过是约翰·霍普金斯大学的一篇博士学位论文。虽然该书仅由一位年轻的爸爸匆匆撰写而成，却出乎意料地吸引了大量读者，引起了广泛评议。不同语言的评论接二连三地以期刊文章、学术专论和图书形式出现，一波接着一波，源源不断。

奇怪的是，对本书的评价在一开始就毁誉不一，因为作者在书中说道："笔者对罗马人'伟大战略'的贡献便是将罗马几个世纪的统治分为三个阶段：第一阶段主要通过高压外交进行对外扩张，形成帝国霸权；第二阶段旨在为包括偏远边境在内的帝国领土提供安全保障，而这一保障在一定程度上是通过强化边境来实现的，甚至直至今日边境驻防依旧清晰可见，从不列颠一路延伸至美索不达米亚平原；第三阶段便是出现了分层边境、区域、中央后备力量的深度防御，从而保证西罗马帝国能够统治到公元5世纪，而东罗马帝国更是屹立千年。"

起初，在源源不断的专著和文章中，评论大同小异，带有固定模式。而之后两位分别任职于牛津大学和哈佛大学的资深专家，却撇开了本书存在的错误和纰漏，大力赞扬本书在外交和战争中对罗马兴衰原因的总体逻辑分析，因为此前虽有大量学者描述过此内容，却无一人为此作出解释。两位学界大咖甚至还预测该书会颠覆罗马边境学。然而，年轻的学者们对于本书仍旧持批判态度，有些甚至十分苛刻。他们认为本书缺少大战略计划的史实，同时还缺乏当时对帝国战略的历史描述性资料。此外，他们还进一步指出这类资料根本就是不存在的，因为罗马人从来没有军师或者平民规划师，从这一方面来讲，罗马战略计划缺少根基，比如在当时，罗马人连精确的地图也没有。

虽然这些言论并非全无道理，但是强烈的抨击也表明他们被新观点给激怒了：罗马人不去追求个人的卓越，反而开始理性看待事物。其中一位学者便以希律一世为引，开始了她的批判。性情乖张多变的康茂德和他被惯坏的朋友悠闲地谈论着夸迪人与马科曼尼人在多瑙河边境继续战斗的优劣。其中含义不言而喻：罗马皇帝愚蠢无知、装腔作势，简直就是各年龄层愚人的典范。在这样的描述里，民众拥戴皇帝，官员和士兵设计、建造并保证帝国结构的安全，这使得帝国臣民长时间顺从，按时纳税。子民们种植庄稼，蓄养牲畜，从而保证下一代的相对安全，使其免受入侵者的迫害。读者可能会奇怪为什么作者不从奥古斯都（果断狡猾的元首）开始；或者先讲提比略在寒冷的黎明，站在莱茵河渡口，检阅来往的士兵，确保他们不会因为工具和口粮而超重；或者先提及不知疲倦的哈德良皇帝——他在远离罗马的地方，专业地监督军队训练；抑或是从盖乌斯讲起，毕竟穿过海峡可不是一个好决定。实际上，咱们最好先把这些含糊的证据搁置一旁，因为帝国是不可估量的现实存在。它包含了许多数不清的诚实的管理者和官员，是他们雇佣、训练、装备了成千上万的军队，其中就包括令人瑟瑟发抖、顽强保护哈德良长城的哨兵以及每天在烈日炎炎底下巡逻沙漠边境的骑兵，所有人都日复一日地履行着他们的职责。这才是帝国，它绝不像康茂德和他朋友所描述的那样。

更严肃的是，学界仍旧争论不下，有一本书甚至像是为了直接回应本书一般，坚持认为罗马人绝对不会有战略性的思考，更不会布局连续性边境防御，而这观点也导致作者只能将延伸区域的系统性城防当作地方驻防的即兴产物。此外，另一位学者指出罗马人缺少治国才能、战略和外交政策，因此不可能制定出战略性决策。总的来说，这些批评抨击我对罗马综合战略的猜想，因为他们认为罗马人智力不够，无法完成如此壮举。因此，他们对我之前 xi
引用的考古学、碑文学、钱币学的叙述性证据提出质疑，认为它们毫无关联。

确切地说，中年学者们给予了该书额外的关注，他们的批判性意见是相对中肯的。其中一位中年学者在《罗马研究期刊》(*The Journal of Roman Studies*)中用很大的篇幅评论了本书，其中指出书中出现的若干错误，并向传统观念发起挑战，认为虽然罗马人没有参谋人员和总司令部，但是罗马人仍能策划并执行“伟大战略”。该异议我将在后文中讨论，但是另一位权威就此指出，虽然在当时要谈及智囊团和正规战略性研究是不合时宜的，但是我们仍应相信罗马人有足够的经验，去形成一个长远的战略，并有足够的下设机构来执行它。最终，一位古典军事历史学家对本书和相关书评进行了特别彻底的回应，并对本书观点进行了关键性的补充。

大多评论质疑我对罗马大战略三阶段的描述，认为它过于概要化，甚至连那些能接受本书总体论点的人，也给出了注释，表其异议。对于这些批评，我无法反驳，因为我自己在行文中也发现了许多例外事件，这是人性的曲折面。

甚至在本书被翻译成各种语言——包括中文和希伯来语——之前，国外评论早已兴起，其中不乏专著。不少国外评论者似乎相信该书是为美国帝国主义辩护。通常，我对所有评论者心怀感激，因为他们揭露了不少书中的错误，让我能在本书 40 周年版本中进行修改。然而，一些批评却也甚是怪异。

首先，国家战略，无论大还是小，理应从政绩中推测出来，而这些战略从来都不会形成文字，进行一一说明。官方文件所谓的“国家战略”，不过是歌功颂德，高呼崇高理想，因而它们所包含的内容只会是浪漫的，绝不带有政策指导或是军事指令。

其二，回顾目前的战争，战争如何爆发，又因何而起，据收集来的信息，笔 xii
者渐渐开始对罗马人正式训练治国才能、策略和外交政策的观点产生了动摇，我也开始质疑外交政策是否真的剥离了天真的外衣，叫人想起受庇护的生活，远离了推动人类历史的罪孽与荒唐。我非常惊讶在所有人当中，偏偏学者接受“战略”的官方描述，将之作为系统性的群体思维形式，基于详细的信息并由理性选择所指导。虽然现如今决策都已合理化，但也仅此而已。战争与和平的决定不是由训练有素的专家们经过系统分析而做出的，而是碰巧由掌权者做出的，往往由完全不相关的政治力量引发，被瞬息变化的信息误导。一些热衷于军事冒险的国家，其真实历史往往复杂而模糊，很少被人研究。相反，人们往往把它们想象成自己期望的样子——即使拥有最完美的地图或大量的具体情报，也无法防止这种不可补救的错误反复出现。好比拿破仑，他一直幻想着俄罗斯各地都是饱受压迫的奴隶，他们准备反抗，并会支持自己的军队——这可是一种奇怪的臆想，因为在西班牙贫穷的农民奋力反抗压迫者的同时，也极力反抗着法国解放者。近来的伊拉克民主之果实更是一种悲惨的臆想。

第三，笔者发现许多批判者思维僵化，遵循反启蒙主义教条，认为无论古代还是现代，军事历史只不过是“王者和战争”，没有任何学术研究价值。当然这也是当代美国学术界的普遍观点，只要看大学中那少得可怜的军事历史学老师，这一点就不言而明了。杰出的拜占庭文化研究者沃特·E. 凯奇写道：“抱有成见或偏见的学者认为非军事动机和历史维度才是唯一真正值得研究和理解的……他们只考虑到社会的、经济的、宗教的、经验的以及社会文化的解释，而不同情，有些时候甚至不原谅任何‘狭隘’的军事问题。”

然而，最终全部的争论在于我们如何理解战略，评论家们似乎没有一个人拥有任何的军事或者政策规划经验，更不用说是战争经验。相反，现代作
xiii 家明显是把“战略”当作本质上是现代官僚政治的活动，他们善于收集各种情报并精于算计。这一点从他们对地理学知识重要性的强调便可看出，而这正是罗马人所缺乏的，且看他们的地图，简直就是旅游指南。事实上，罗马人并不缺乏地理知识：有充足的铁证表明罗马人习惯运用大规模调查手段来标

注地域，以明确各地财政状况。这些标注精确无比，事实上，在当时罗马人甚至拥有专门的测距车用以测量距离。

然而，战略并不是棋盘游戏——简单地对军队进行地理位移，它是与敌对势力的斗争，从不需要空间维度，就像军备竞赛永远都是武器和对抗措施这两者之间的斗争。的确，在当今战略格局中，空间维度已经十分边缘化了，甚至在某种程度上来说，一直如此。

战略逻辑产生于与敌对势力的斗争之中，它永远充满矛盾，一反常识，违背生活的线性逻辑。正如罗马名言所说："想要和平，准备战斗。"或者从战术上来说，糟糕的烂路反而是战争中的良路，这样才可以出其不意，打得敌军措手不及。从战略层面来讲，若是一味追求胜利的终点，过度增援或引他国入战场，悖理逻辑也可叫人错失胜利果实，变得溃不成军。从武器冲突到帝国冲突，从和平到战争，战略上的悖理逻辑同样适用，无论战争主角是否知道它的存在，自始至终，它都在决定着最终的结果。

战略本是隐晦深奥、难以捉摸的，它只可意会不可言传。可是正巧，罗马贵族的政治文化使得战略逻辑十分容易被接受。罗马贵族从小受到权力斗争的影响，严酷的斗争环境推动他们前进。无论是在法庭还是在战场上，他们完全明白战略所需的抉择，并愿意随时作出相应的行动。他们心态良好，xiv
适于战略追求，因为他们冷血无情，毫无英雄情结，更是十分功利；罗马人永远不会去侵犯无利可图的国家，这样看来，罗马战略文化倒是十分适宜当今社会。

xv # 初版前言

要对罗马帝国的战略性治国方略作一番考察，几乎完全不需要申辩其正当性。在我们的文明史册上，罗马人在大战略领域的成就依然完全未被超越，甚至两千年的技术变迁也未颠覆它的教益。无论如何，罗马史研究是它本身的酬赏。

对一个习惯于国际关系文献的混乱复制唯科学语言和狭隘地方主义的人来说，罗马历史编纂学那累积的规范、严峻的雅致和世界主义的特性令其耳目一新。而且，这些优点在关于罗马军队和帝国军事史的专门文献中尤其显著。尽管如此，我自己的著作系由对这同一文献的一种尖锐的不满激发起来：考古学家、碑铭研究家、古钱币学家和文本考证学者们以其竭诚劳作揭示了我们的知识依据的信息，但他们往往将大为失当的战略观念应用于自己的证据重构。并非这些学者对最新的系统分析方法茫然无知，或者不明白现代战略思想的内涵；确实，他们的短处不在于陈旧过时，而在于过分现代。

xii 从 19 世纪开初直至广岛被毁，战略思维由拿破仑后的“克劳塞维茨式”观念支配，而且这些观念广泛地渗透了主要兴趣远离军事问题的许多人士的思想。在其粗糙的、大众化了的形态上，这些观念强调战争的一种特殊形式，即民族间冲突；它们强调在追求决定性结果方面进攻战的首要意义和可取性（从而激发了一种对防御战的反感）；它们还蕴含了和平状态与战争状态之间的一种截然区分。最后，这些观念将首要地位赋予武力之积极使用，那与为外交强制目的而使用武力意象相反。

只是1945年往后，由于新的大规模毁伤技术的浮现，大战略的克劳塞维茨式路径的基本假设才被推翻。我们像罗马人那样，面对的前景不是决定性冲突，而是一种虽然有限、但经久常在的战争状态。我们像罗马人那样，必须积极保护——一个发达社会应对种种不同威胁，而非集中于在战斗中摧毁我们敌人的武力。最重要的是，现代武器的性质要求我们避免使用它们，同时却仍力争开发利用它们充分的外交潜能。这些基本变化的革命性含义迄今还只被朦胧地理解到。因而并不奇怪，即使当代的罗马军事史研究也仍然浸透了一种陈旧过时的战略观。

现代战争性质的革命性变更的自相矛盾效应在于，它使我们自己的战略困境变得与罗马人的相近得多。因而就有从现代战略分析观点出发对历史证据的这一重新考察。

xvii
致　谢

当内森·奥森布莱纳(Nathan Aschenbrenner)还是一名本科生时,他就明显地有志于严肃学术研究。他承担了本书审查原文的任务,帮助找出需要修改的段落,甚至对某些批评性评价做出回应。不仅如此,他还提供了许多有价值的建议。随着他在他所选择的拜占庭研究领域不断取得进展,他也拥有我恒久的感激之情。

目　录

导　言　1

第一章　胡里奥-克劳狄体系：

从奥古斯都到尼禄的附庸国和机动部队　7

体系概述　13

附庸国　22

对附庸的管理　34

军队的战术组织　46

军队的战略部署　55

结　论　58

第二章　从弗拉维安王朝到塞维鲁王朝：

从苇斯巴芗到马尔库斯·奥列里乌斯的“科学”边境与“阻断式”防御　61

体系概述　67

边境防卫：战术维度　74

边境防卫：战略维度　99

附庸体系的衰落　139
军队和体系　147
结　论　160

第三章　纵深防御：公元3世纪的大危机和新的战略　163
体系概述　168
不断变化的威胁　184
帝国的新边界　195
寨城和硬点防御　199
边防部队　215
行省部队　219
中央野战军　227
结　论　237

结　语　三大体系之评价　240
附　录　权力与武力：定义与含义　244
参考文献　250
索　引　276

导　言

当我们身处混乱的时代时，似乎总会自然而然地回望罗马帝国的治国权术，以寻求慰藉与指示。虽然在经济、社会或政治领域中，二者没有任何可比性；但在战略领域，却有惊人的相似之处，叫人深受启发。帝国时代罗马战略的基本原理并不是现已过时的技术，而是我们共同面临的困境。不管是罗马人还是我们，文明发展的两个基本要求都是健全的物质基础和安全的发展环境。而战略国策的唯一目标即是在不损害经济基础活力和政治秩序稳定的前提下，为文明提供安全的发展环境。罗马帝国历史性的成功体现出其独特的持续性，展现出一种高度的矛盾调和。一度动荡不安的辽阔领土却能享有如此长久的宁静，这绝不是单靠战争达到的。

若说罗马帝国的力量是来自于战术上的优势、将军的指挥才能或是先进的武器技术，那么尽管可描述很长的篇幅却也没什么好解释的。然而，事实并非如此。罗马战术虽然总是十分有效，但并不具备明显的优越性，罗马帝国时期的罗马士兵也并非个个骁勇善战。士兵并不会着力展现其男子气概，而是把军役当成一个长期追求的事业；他并不追求像英雄一般壮烈牺牲，他的目的是退役后的补偿金。罗马武器更是算不上先进，还常比敌方落后，可就算这样，罗马仍常常大败敌军。帝国长期的生存也不可能仅由一系列有领导才能的将领来保证：虽然罗马帝国军队里有许多能干的士兵和一些著名的将领，但是帝国的力量来源于策略，而非偶然的天赋。

2 帝国的优越性是巨大的，总体上来说它基于一种微妙的秩序：它是思想和传统的集合体，用于指导罗马军队的组建，并通过利用帝国武装力量以达到政治统治的目的。战术处理、军事理想以及好战本能完全服从政治以及意识形态，这便是帝国战略成功的必要条件。除罕见的特例外，罗马统治者规避了以追求纯粹的战术目标或毫无意义的胜利而带来的精神奖励所导致的武力滥用。至少在帝国时期，军事力量基本上被看成是一种权力工具，价高而易损。作为一种政治统治的工具，军事力量在更多时候是被保存起来或是被间接使用。

若有充足的金钱和灵活的外交手段，保留那些随时可战的军队，便可阻断周边国家的联合，化解帝国危机。同时，武力威慑还能用来控制土地和人民。这样一来，在不诉诸武力的情况下，帝国便可保证国土安全甚至维持有效的统治。罗马人在共和国初期就学会了如何单凭战术力量在战争中击败他们的邻国，之后在抗击迦太基人时，又学会了如何运用大规模战争战略。最终罗马人明白了军事力量的最佳使用方法并非是诉诸武力，而是政治权术；事实上，他们凭借强权外交和寥寥几场战役就征服了整个希腊世界。

在战争中罗马人也多用策略，尽量保存军队实力。罗马将领并不是充满英雄气概的人物，他从不会不计后果地领导军队勇往直前，冲向胜利，非胜即死。相反，他宁愿缓慢行军，做足准备：一路修建补给站，每晚加强营防，以规避快速作战所带来的不可预知的风险。他宁愿让敌人撤回到防御阵地，也不愿承受公然开战将造成的不可避免的损失。通常情况下，将领不会发动猛烈进攻以抢占城池，从而遭受巨大伤亡；他宁可长期等待，围困敌军，以迫使其投降。克服了植根于脑海中的希腊军事理念（当时，在许多罗马家庭，亚历山大大帝那种无所顾忌的行事风格，实际深受崇拜），伟大的罗马将军因其稳重谨慎而闻名遐迩。

除却对战术的严重依赖，罗马战略使得罗马军队在行动中变得无坚不
摧。在逆境中，他们能展现出其特有的韧性。所以，虽然罗马人赢得胜利的 3
过程相对缓慢，但他们坚不可摧。

显然，罗马人不需要一个克劳塞维茨那样的人将军事力量置于严明纪律之下，从而用以服务其政治目标。当然，他们似乎也不需要现代分析技术。虽然没有系统分析技术，但是罗马人却设计建造了庞大而复杂的安全系统，并成功地将军队部署、固定防御、道路网络和信号连接整合在了一起。众所周知，在更为抽象的战略领域中，无论是出于才智还是战术经验，罗马人都明白威慑既有妙处，也存在着局限。总而言之，罗马人清楚地认识到权力的支配效果不在有形的，而在无形的层面。与其单纯地使用这股力量，倒不如利用这力量来震慑他国。单凭这一点，罗马战略的高明之处便显露无遗。

梅察达围困战和随后耶路撒冷的沦陷，揭示了基于威慑力的长远安全策略的极其微妙的运作。偏远的朱迪亚沙漠在经济和战略上并没有什么重要性，但却有几百名犹太人在山巅负隅顽抗。罗马人本可以派几百守军孤立叛乱分子。在艾因盖迪附近的温泉，罗马骑兵队也可以耐心地等待着犹太人用尽水源。当然罗马人还可以选择发动猛攻冲进堡垒山。毕竟当时犹太战争已经胜利在望，只剩下梅察达这最后一处抵抗据点。可这星星之火也可能随时重燃反抗之火。梅察达山势陡峭崎岖，犹太战士极难对付，但当承受着成千上万来自各方的压制时，纵使他们再棘手，也无法抵抗太久，难逃失败。

然而，罗马人并没有这样做，他们没有断绝粮草迫使敌人投降，也没有发
起强攻，直捣敌营。事实上当时整个罗马帝国总共只有 29 个军团，却部署了
一整个军团用以围攻梅察达。他们还筑起工事以削减要塞防御，包括一个巨
大的斜坡，直达山顶。战术重点、尚武理想和好战的本能全都服从于政治和
意识形态，这便是罗马战略成功的必要条件。但是人们心存疑虑：这一个重
大举措不是在浪费稀缺的军事人力，不是很不理性吗？围攻花了三年却没有
什么战略意义，难怪这给东方国家留下心理阴影，叫他们断了反抗的念头。 4

梅察达事件告诉人们：只要胆敢反抗，纵是偏远荒漠、高山之巅，罗马人也会不计成本地追去清剿残余。围城的条理性表明，其目的是威慑，绝非轻率或非理性的反应。再者，为了确保这一信息能及时得到传达，并被恰当地记住，罗马人让约瑟夫斯对此次围攻进行了详细描述，著作完成后以希腊语和拉丁语出版发行。

有人认为梅察达之役不过是罗马人精心策划的心理战，这纯属无稽之谈；但是另一种解释却更为不可思议：攻城仅仅是盲目的固执己见，与我们所知的主人公完全不符，尤其是苇斯巴芗这些最讲求实际的人。毕竟，众所周知，罗马皇帝个个精明干练。

当然，虽然我们不需要依靠猜想去重构和探寻罗马帝国从公元1世纪到3世纪治国方略的基本特征。然而，单凭叙述我们仅能发现表层动机，而表层动机往往是不完整、不可靠的。幸运的是，经过几代学者的努力，已经产生了大量关于帝国战略的实物证据：军队兵力结构、边境防御设计和个别防御工事布局。此时，罗马治国方略的全景图便呈现出来，其软硬件和外交政策实质上都为此服务。

三种截然不同的帝国安全方略曾先后盛行一时。尽管存在地方政策差异、中断和例外，但是每个方略联合外交手段、军事力量、道路网和防御工事都为同一个目标服务，因此作为一个系统也起到了一定的作用。然而，每个系统在解决事务上都存在着明显的优先级，这种处事方式反映出帝国的发展概念：霸权扩张主义为系统的第一级；领土安全随后；最后，在极少数情况下，则是帝国本身的生存。每一个体系都以外交手段、指挥力量和基础设施的结合为基础，享有不同的操作方法，但从根本上说，每一个系统都反映出不同的罗马世界观和自我形象。

第一级系统着实精简，却帮助罗马共和国征服了大片土地，以服务少数
5 人的利益。这些少数人生活在城市中，而他们中的少数又控制着政策。在公元1世纪，罗马思想演变成了一个更广泛、更仁慈的帝国概念。在第二级系

统的庇护下,出生在远离罗马之地的人也可以提出自己的政治主张;边界的稳定又促进着经济的繁荣,所有罗马人都能享其成果,富裕不再只属于特权阶级。这使得帝国进入公元2世纪,这个时期的帝国为数百万人的安全利益服务,而不仅仅局限于少数人。

公元3世纪帝国出现大危机,安全保障成为社会日益沉重的负担,分配也极不均衡,这使富人越发富裕,穷人日益潦倒,第三级系统应运而生。帝国机制沦为谋私利的工具,收税人、管理人员和士兵彼此勾结,不再服务社会。即使在那时,许多人仍然对帝国保持忠诚,毕竟如若不这样,帝国就会混乱不堪。这种情况愈演愈烈,因此当有法律保障的秩序井然的蛮族国家开始出现在曾经是罗马人的土地上时,帝国最后的安全体系也失去了最后的支持,人们陷入对未知的恐惧之中。

第一章 胡里奥-克劳狄体系：从奥古斯都到尼禄的附庸国和机动部队

6 帝国初期安全体系基本上沿用了之前共和国的体制，这种特殊形式的元首专制一直持续到了公元 1 世纪。由屋大维党派所创建的宪法模糊不堪，其中元首是共和政体的形式，实质内容仍是专制。一如往昔，地方行政官监视着公众生活，且元老院依旧存在，似乎监管着城市和帝国；但真正的实权掌握在恺撒大帝（尤利乌斯·恺撒）的亲属和继承人的手中，他们才是内战的终极胜利者。这场战争始于恺撒的被暗杀，终于安东尼和克利奥帕特拉的落败，并于公元前 31 年结束。

独裁者恺撒推翻了薄弱的共和国体制。但自亚克兴后的继承者们先恢复又立即推翻了共和国。公元前 27 年，屋大维采纳了颇具宗教权威的“奥古斯都”的称号。从此，罗马有了新的领袖。从理论上讲，奥古斯都成了罗马第一个公民，可他却有权任命罗马所有地方官，并把控军队。

然而元首并非像东方的帝王一般天赋神权，从理论上来说，罗马元首仍然受到法律和元老院的制约；但是直接由奥古斯都控制的罗马军团实力大大超出了元老院，这便让元老院俯首称臣，以确保他们应有的权力。

在奥古斯都的统治下，共和国长达两个世纪的纷争终于圆满结束，庞大的帝国合并统一。尽管关于这个时代的野心和动机，学术界仍争论不休，但是可以肯定的是，公元前 25 年，西班牙完全被占领并被划分成罗马的三个行省（贝提卡、路西塔尼亚[①]和塔拉康尼西斯）。然而，当地人的反抗直到公元前 19 年才被完全压制下来。曾被恺撒大帝征服的享有自治权的高卢内陆也被分为三个新的行省（阿基塔尼亚、卢格杜南西斯和贝尔吉卡）。在高卢南部，于公元前 121 年建成的旧行省山北高卢（Gallia Transalpina）不仅被重新划分，还改了名字，叫作纳尔榜南西斯——这是一片自文明开端起就已高度罗马化 7
的土地。

另一个问题是日耳曼。大约在公元前 12 年，罗马入侵到易北河。当时易北河已有罗马士兵和商人的踪迹，但要想建立一个日耳曼行省就必须除去莱茵河和易北河之间的所有政权——这正是罗马人要着手做的。公元 6 年罗马军队从莱茵河和多瑙河上游发动了钳形攻势，包围了现在的波西米亚地区，困住了马科曼尼人，要知道在当时后者是日耳曼南部最强大的民族。与此同时，P. 昆克蒂利乌斯 • 瓦卢斯的三个军团和辅助部队正在日耳曼的西北部向那些已被征服的地区收取税金。

但是，对马科曼尼人的大肆进攻被扼杀在了摇篮中：处于钳形攻势南部后方的伊利里库姆爆发了大规模叛乱。直到公元 9 年起义才最终被镇压住，但与此同时，瓦卢斯的三个军团和辅助部队遭到了阿米尼乌斯的日耳曼部队的伏击，全军覆没。阿米尼乌斯隶属前罗马服务部，是切鲁西人的领袖。瓦卢斯灾难式惨败结束了奥古斯都对日耳曼的征服。罗马人撤出了莱茵河以东的地区，并建立了上、下日耳曼军事指挥部，以控制莱茵河以西的土地。

在南方，罗马政策取得了较大的成功。公元前 15 年，罗马人就征服了从意大利北部山麓延伸到多瑙河上游的高寒地区。该地区有一部分被纳入意

① 路西塔尼亚（Lusitania）是古罗马的一个省名，相当于现今葡萄牙的大部和西班牙西部的一部分。

大利，另有一部分被划分成两个行省：雷蒂亚和诺利康（大约是现在的德国巴伐利亚州、瑞士和奥地利西部）。在诺利康东部，罗马已经控制着多瑙河下游地区，其中包括马其顿沿海地带、伊利里库姆和附庸国色雷斯王国。在奥古斯都的领导下，罗马军队征服了多瑙河岸边残存的所有土地。在现代地图上，这片土地从克罗地亚一直延伸到了苏联的摩尔达维亚（现为摩尔多瓦共和国）。公元 6 年，当对马科曼尼人的包围即将开始时，罗马政权还太过稚嫩，不足以平定这片土地，而这片土地至今仍不安宁。集中在伊利里库姆人迹罕至的山区的潘诺尼亚反抗突然爆发，规模甚是庞大。这也是迄今为止奥古斯都付出最惨痛代价的战役。战争艰难地打了三年，一切可能调用的部队都被调动，就连奴隶和自由人都被征兵入伍，伊利里库姆势在必得。公元 9 年，叛乱结束，但瓦卢斯灾难式惨败接踵而至，奥古斯都计划征服多瑙河以外地区的雄心壮志便烟消云散了。伊利里库姆的沿海土地被划入达尔马提亚
8 省，内陆地区归入潘诺尼亚省。多瑙河下游一路到大三角洲（1945 年后成为苏联和罗马尼亚的边境）由默西亚管控，但附庸国色雷斯王国占领了大多数腹地（现在的保加利亚）。

在东部，奥古斯都没有派军队征服。因为安纳托利亚西半边（亚洲行省，在土耳其西南部）从公元前 133 年以来就一直是罗马行省。附属国加拉提亚于公元前 25 年被并入辖区；在加拉提亚的另一侧，附庸于罗马的国家从黑海延伸至叙利亚，其中最大的便是卡帕多奇亚。再往东，广袤荒芜的山岳地带亚美尼亚是个不毛之地，但也是个战略要地；因为南边便是文明发达的阿萨息斯的安息[①]帝国，这个强大的帝国足以对罗马帝国造成严重的威胁。

公元前 53 年，罗马克拉苏军队在卡雷斯与安息人交战惨遭失败，但是奥古斯都没有试图报仇雪恨。相反，在公元前 20 年，他做出了妥协，允许亚美尼亚从阿萨息斯家族中自行选出国王，但须接受罗马授权。这完美的平衡制

① ［史］Parthia：安息（音译帕提亚），亚洲西部古国，在今伊朗东北部。——译者注

约政策大有深意，因为这样一来，安息军队被限制在中立地带亚美尼亚之外，远离不设防的安纳托利亚和宝贵的叙利亚。同时，这一策略还有利于政治，尤其是国内政治。在卡雷丢失的王旗被归还罗马，受到隆重的欢迎，奥古斯都币发行，还声称“俘获”了亚美尼亚。

毗邻安纳托利亚东部到南部的附庸王国叙利亚，在公元前63年就一直是罗马的纳税省。接下来除了西奈和埃及便是犹太王国，它一直延续到公元6年。自公元前30年起，埃及由罗马长官管理，直接接受奥古斯都的统治。该罗马长官不属于元老院。毕竟元老可能梦想成为皇帝，控制埃及的粮食供应，这对叛乱者来说是有价值的。

剩下的北非行省包括：自公元前74年就接受管理的昔兰尼加（利比亚东部），以及更早就被纳入辖区的阿非利加行省（利比亚西部和突尼斯）。阿非利加行省的纳入可以一直追溯到公元前146年迦太基的毁灭。但是，包围圈并不完整，奥古斯都也从未想过要形成一个封闭圈：阿非利加行省之外，也就是现在阿尔及利亚和摩洛哥的土地上，罗马的控制是间接的，通过毛里塔尼亚附庸国来管辖。

公元9年，奥古斯都扩张的能量已经衰竭，伊利里库姆和日耳曼更是让帝国疲惫不堪。这一事实已无法隐藏，停止扩张也是迫不得已。公元14年，奥古斯都去世。他的继子，来自克劳狄家族（奥古斯都自己属于朱利安家族） 9
的提比略继位，接下了这样一个庞大的帝国。帝国已征服了太多地方，边界难以再进一步扩大。

提比略是一个既能干又阴险的人，他的统治持续到公元37年。他不停地为平息国内叛乱而战斗，没有发动过征服战争。提比略掌权很是简单：懦弱的元老院惶恐而急切地宣布他为统治者，所以也就没有从罗马而来的军事长官和士兵与他去挤办公室。相同的还有盖乌斯，绰号卡利古拉。公元41年，盖乌斯被谋杀。虽然有人说要恢复共和制，但被谋杀的皇帝的叔叔克劳狄却绕过元老院，由罗马禁卫军任命继承了王位。他贿赂了禁卫军，给了

4500 名禁卫军每人 3750 第纳里（古罗马银币）作为现金奖励，这笔钱可比禁卫军 16 年的年薪还要多。

克劳狄外貌丑陋，也不善于应付女人，但他把持的政权以仁爱而闻名遐迩。他善待外省人，对内实行开明政策，很快就恢复了帝国中断 37 年的征服之路。公元 43 年，罗马逐步侵占不列颠。160 多年后，塞维鲁（全名塞普蒂米乌斯·塞维鲁）皇帝仍在苏格兰参加竞选活动。

元老们仍然暗地里试图恢复共和国。然而，公元 54 年克劳狄被暗杀——仅仅出于一些无关紧要的缘由而被毒害。其继子尼禄继位，掌控最高政治权力。尼禄统治初期便打响了元首制时期的第一次安息战争。阿萨息斯家族的梯里达底，未通过罗马授职便成了亚美尼亚国王。就此罗马担心亚美尼亚可能从缓冲中立地带转化为安息军队进攻不设防的安纳托利亚和叙利亚的前进基地。

虽然尼禄挥霍无度，残暴不仁，但其权术却充满着智慧：对安息开战的策略是适度而成功的，结果也令人满意。公元 66 年，经过 11 年的间歇性战争和连续的外交，梯里达底再次加冕亚美尼亚国王，而这一次是在罗马。

和解来得很及时。公元 66 年，犹太人发动暴乱，很快便演变成一场大战争。算上梅察达反抗，战争一直持续到公元 73 年。尼禄并没有活着看到结局，连续的暴乱使他失去了禁卫军和元老院的支持。公元 68 年，最后的胡里奥-克劳狄成员自杀身亡。

新人 C. 尤利乌斯·文德科思是高卢人，管理着卢格杜南西斯。他虽和
10 其他人一样对尼禄的疯狂残暴感到担惊受怕，但不至于整日惴惴不安。他公开申明尼禄昏庸残暴并推荐 S. 苏尔比基乌斯·加尔巴为元首。加尔巴是德高望重的老贵族，出身高贵，家财万贯，又是个厉行纪律的人。虽然他在元老院的声誉极高，但作为塔拉康尼西斯的统治者，却只有一支军团供他调遣。他想要壮大军事力量，着手组建另一支军队，但是当日耳曼军袭来，他还是没法救下文德科思。

这件事不仅破坏了高卢新贵的征税计划，还促使尼禄反对加尔巴这样一个强大罗马贵族的力量。尼禄本可以借机翻盘，但他却失败了。他担心自己在罗马已经失去了人心，所以并没有吁请边境军团为其战斗，而是计划出逃埃及。他并不知道，在边境，胡里奥-克劳狄王朝的威望可能已经掩盖了他极端的个人缺点。逃跑途中，他被护送的禁卫军抛弃，只得躲到前奴隶的家中避难。他在那里听说，元老院宣布他为公敌，按照古老的习俗，他须受鞭刑至死。于是在公元 68 年 6 月 9 日，尼禄自杀了。

到此胡里奥-克劳狄王朝的统治便结束了。

体系概述

胡里奥-克劳狄帝国安全体系最突出的特征在于其经济力量。公元 14 年，奥古斯都去世。至此，帝国直接或间接管制的领土包括整个地中海盆地的沿海地区、伊比利亚半岛、欧洲大陆内部到莱茵河和多瑙河的土地、安纳托利亚，广义上还要加上在黑海北部海岸的博斯普鲁斯王国。如此广阔的领域却仅由少量军队来管控。事实上，军队规模在帝国君主政体初期就已经定下来了。时光推移，其规模也只是稍作扩充。

公元 9 年，瓦卢斯惨败，他的 3 个军团几乎覆灭。① 此时，帝国就只剩下了 25 个军团。公元 37 年，盖乌斯·卡利古拉继位。此后一直到公元 69—70 年内战期间，帝国共新增了 8 个军团，但其中有 4 个军团被撤，所以与奥古斯都时期相比，帝国总体上只新增了 1 个军团。②

虽然帝国的确切兵力因时而异，但总体上每个团都保持着 6000 人左右

① Syme, "Some Notes on the Legions under Augustus."又见 H. Parker, *The Roman Legions*, pp. 72-92; Ritterling, "Legio," in the Pauly, *Wissowa Real-Encyclopaedie der klassischen Altertumswissenschaft*.

② Passerini, "Legio," pp.555-557.

的兵力，其中包括 5120 或 5280 名步兵、1 支由 120 人组成的骑兵队和一些留
11 守大本营的驻守兵力。据说，元首军由 9 个标准的步兵团和 1 个第一步兵团组成。每个步兵团又包括 6 个 80 人一队的“百人队”。第一步兵队则由 6 个“二百人队”组成，即共 960 名步兵外加 120 名骑兵。然而，一位幸存者的手记《军事营寨筑城学》(*De Munitionibus Castrorum*)中记载：9 个步兵团共 5120 人，而第一步兵团由 5 个而非 6 个二百人队组成。① 这样一算，至公元 9 年，罗马军团总兵力为 16.8 万人左右，后期约为 15 万人；公元 70 年后人数则不超过 17.4 万。

罗马军团除拥有大量步兵，还雇用了由长期志愿服役的公民所组成的辅助部队。该部队初期一般不由公民组成，但后期有所改变。② 它由翼骑兵、轻装步兵、重甲兵和步兵组成。因此辅助部队绝不仅是人数的增加，它更从军事策略和行动上为重兵军团锦上添花。

帝国辅助部队总兵力的确切数据难以考证。因此人们尽管质疑塔西佗提出的军团总数，却也查无实据。③ 正因如此，公元 23 年，塔西佗优雅地在其《编年史》(*Annals*)中写道：“省内一些适当的位置还有盟军部队、骑兵和战斗力稍逊的轻装步兵。”但是对我们来说，只要知道辅助部队总数没有大大超过罗马军团的人数就足够了。两支军队人数比例接近1∶1，这样算来，公元 23—70 年罗马军队的总人数达到 30 万，理论上，人数峰值约为 35 万。④

---

① 通常元首时期军队建制共 5280 名步兵，而《军事营寨筑城学》一文修正战斗步兵总数为 5120 人，参考 Davies，“A Note on a Recently Discovered Inscription，” pp.110-111. 关于总部的军队，参见 Breeze，“The Organization of the Legion.”

② Holder，*Studies in the Auxilia*. 另见经典著作 Cheesman，*Auxilia of the Roman Imperial Army*；还可参见 Saddington，“Development of Roman Auxiliary Forces.”

③ Stevenson，*Cambridge Ancient History*（后面简称 *CAH*）10：229；Cheesman，*Auxilia of the Roman Imperial Army*，p.53.

④ MacMullen，“How Big Was the Roman Imperial Army?”另外，MacMullen 的“The Roman Emperors' Army Costs”一文估计，在塞维鲁的新军团出现之前，罗马军队总人数为 37.5 万。Cf. Szilágyi 的“Les Variations des centres de prépondérance militaire”一文第 133、147、156 页估计，公元 6 年军队人数在 32.5 万—35.6 万人，而到了公元 20 年减少到 31.8 万—34.8 万人，到公元 46 年又增至 36.9 万—37.5 万人。

奥古斯都宣称自己以土地和金钱支付了30万名退伍老兵的补助金。由此可见，当时的地面部队规模与现在相比并不是很大。然而，当时公民招募的难度反映出了一个人口问题，即普林尼所说的“青年的短缺”。当时意大利适龄服兵役的男性人数可能还不到100万。据估计，一共大约有90万名适龄从军的公民。毋庸置疑，征兵非常不得人心，提比略也将其废除了。早在 16
大约公元前50年，近三分之一的士兵可能是行省出身。[1]

相对雇佣新兵，供养军队要容易得多。一个训练有素的军队士兵年薪为225第纳里(古罗马银币)；公元5年，一名士兵退役补助金的总和约为3000第纳里，这笔支出着实是个经济负担，虽然也有偶尔的捐赠，但它并不比服役军队支出少多少。[2] 据说在奥古斯都时期，军事开支大约占了国内财政总支出的一半。直到政府收入增加，这一比重才有所下降，尽管有人认为这个比重更可能是四分之三。[3] 内战之后的军队重组从组织结构层面来看是合理的：60个实力未知的军团(有些只是残部)被28个兵强马壮的军团替代。军队重组不大可能是出于经济原因，因为重组军队要为老兵离开军队发放解雇金，这可是一大笔钱。

在上文《编年史》所引的那个著名段落中，塔西佗进行了唯一的军团部署综合调查。该调查在叙事中常被提及，其准确性一直以来也受到学术界的认可。[4] 据塔西佗的记载，公元23年，即提比略执政的第9年，在莱茵河共有8个军团，西班牙有3个，阿非利加行省和埃及各2个，叙利亚4个，默西亚2个，

---

[1] Pliny, *Natural History*, p.149; Brunt, *Italian Manpower*, p.512。行省征兵资料参见 Forni, *Il Reclutamento*, pp.65-76，以及 appendix B, pp.159-168.也参见 Forni, “Estrazione etnica e sociale,” p.344.

[2] 军团支出资料参见 Watson, *The Roman Soldier*, p.92；军团所得资料参见同书第147—153页；军团捐赠资料见同书第108—114页；辅助部队支出见 Watson, “The Pay of the Roman Army.”

[3] MacMullen, “The Roman Emperors' Army Costs,” p. 572. Duncan-Jones, *Money and Government in the Roman Empire*, pp.33-46，估计总支出在公元2世纪比重为77%；还可参见 Pekáry, “Studien zur römischen Währungs,” pp.472-473.

[4] Ritterling, “Legio.”

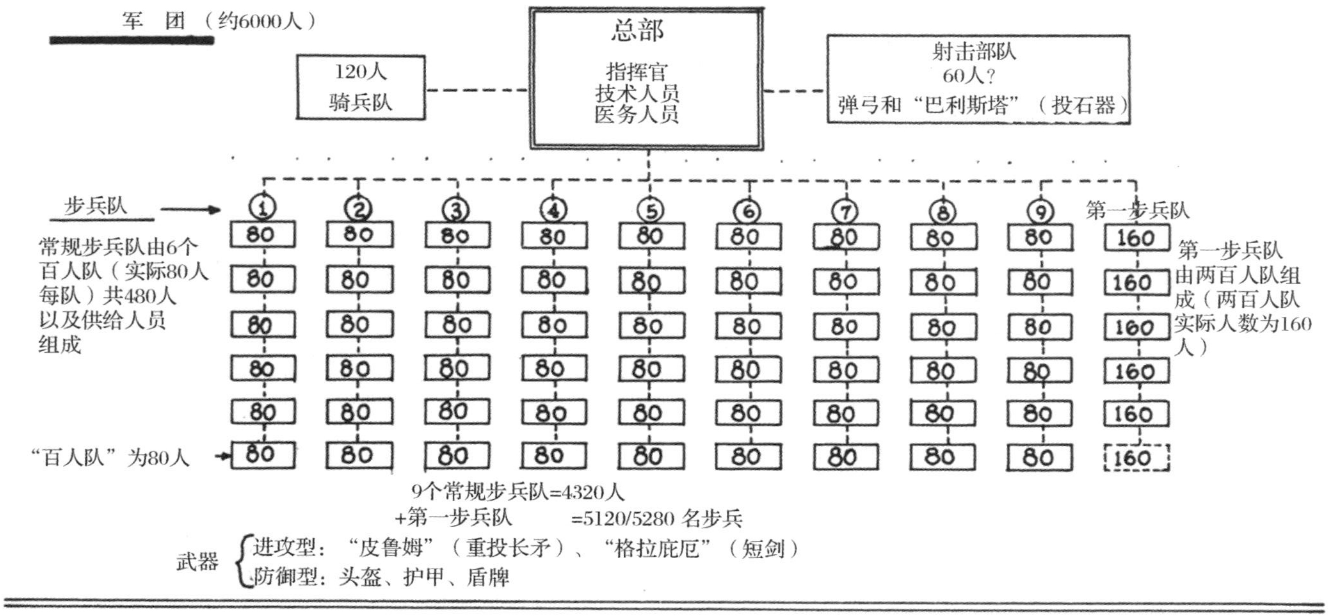

军 团（约6000人）
120人
骑兵队
总部
指挥官
技术人员
医务人员
射击部队
60人？
弹弓和“巴利斯塔”（投石器）
步兵队
常规步兵队由6个百人队（实际80人每队）共480人以及供给人员组成
“百人队”为80人
① ② ③ ④ ⑤ ⑥ ⑦ ⑧ ⑨
80
第一步兵队
160
第一步兵队由两百人队组成（两百人队实际人数为160人）
9个常规步兵队=4320人
+第一步兵队 =5120/5280 名步兵
武器
进攻型：“皮鲁姆”（重投长矛）、“格拉庇厄”（短剑）
防御型：头盔、护甲、盾牌

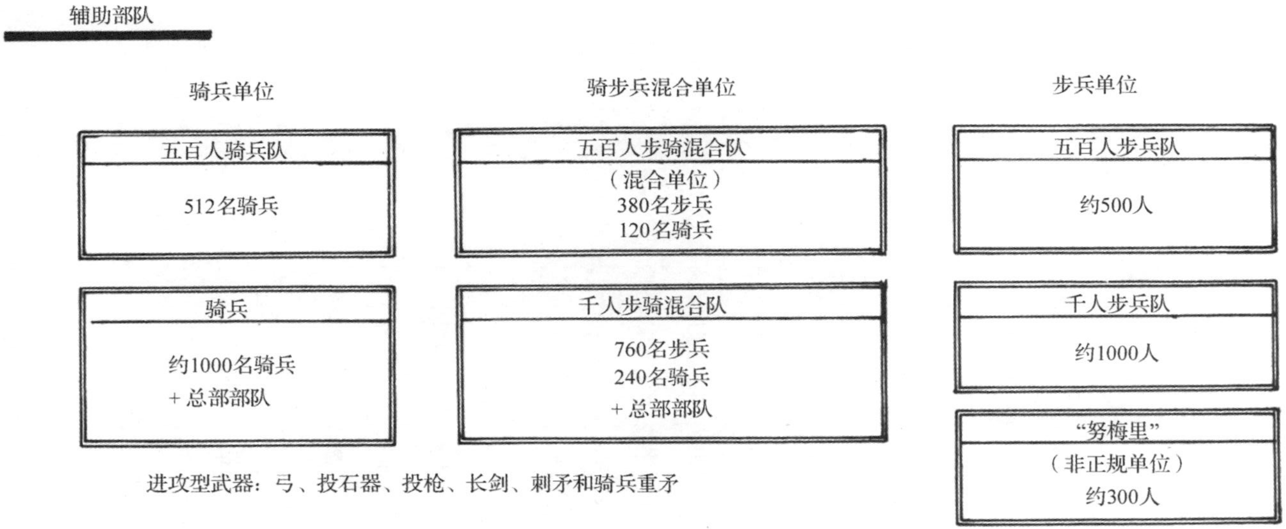

图示1.1　公元1世纪和2世纪的罗马军队建制

潘诺尼亚2个（这样多瑙河共有4个），最后2个在达尔马提亚，共计25个。接着还有辅助军队，但是塔西佗并没有进行详细的描述。从中人们大致可以得出一个印象：罗马军队和辅助部队的部署呈狭长带状分布。战略储备不足则导致纵深后方没有保障，这一点经常遭人诟病。[1]

意大利军事力量包括9支禁卫队和4支城市步兵队。这种军事力量根本算不上什么，因为后者主要由警察构成，而前者若真要上战场杀敌，根本派不上用场，充其量不过为罗马统治者保驾护航。相反，塔西佗将达尔马提亚的2个军团称作战略储备。这可能是因为这2个军团既可以防止敌军从东北入侵意大利，同时也可被调派到其他地方，因为达尔马提亚不是边境省。

17 事实上，周边部署是为了迷惑敌军。首先需要指出的是：军团部署旨在对外抵御外敌，对内维护稳定。[2] 这也解释了为何要在西班牙部署3个罗马军团。西班牙虽不在边境，但是却能在后方安抚人心。另外2个达尔马提亚军团则在后方驻守潘诺尼亚。正如塔西佗所说的那样："虽然达尔马提亚地理位置十分优越，适合作为策略后备军；但是在公元6—9年却饱受潘诺尼亚反抗的威胁。"苏埃托尼乌斯写的《提比略》（*Tiberius*）一书中就提到过："这是自迦太基以来最严重的对外战争。"

无独有偶，驻守埃及的2个军团并非用于抵御游牧民族的入侵。而要对付这些游民，比起罗马大军，辅助军团特别是骑兵队更为有效。毕竟罗马大军更适合用于维护内部稳定。

帝国边境并未划分界线，边境驻守也无系统机制。再者，那时的军团也不像现在一样可以长期驻扎在岩石堡垒之中。事实上，大军一般睡在毛皮帐篷里，寒冬季节则用木头安营；然而，与行军时日落安营扎寨的土帐篷相比，其防御能力相差无几。同时，野地营区的选址也很随意，毫无策略可言。在

---

[1] 例如 Pflaum，"Forces et faiblesses，"p.94.有关后元首政治军队在胡里奥-克劳狄时期的运用，亦可参见 Berchem，*L'Armée de Dioclétien*，pp.103-104.

[2] Wells，*German Policy of Augustus*，pp.237-246.

塔西佗的《历史》(*Histories*)一书中就明确指出，公元 69—70 年，维提拉军营在西维利斯叛乱中遭到了伏击。显然，如果野营选址毫无章法，防御自是脆弱不堪。

军团部署在向前可通往有待征服的土地，向后又可直达动乱行省的主要路线上。军团并非用于保卫周边领地，而是作为醒目的移动部队。从实际角度来说，它更像是野战部队，可临危受命调派至高危之地，但绝不限于领土防卫。在公元 6—43 年主要的征服战争中，都没有军团的介入。该军团的显著功能必然是保卫罗马的既有土地，而不是征服更多领土。这一点一直持续到政策调整才有所改变。

除了日耳曼人、达西亚人和萨尔马提亚人的零星越界侵入和与安息在亚美尼亚的争夺，罗马的主要安全问题都来自于帝国内部的起义。一般来说， 18
在最初的征服和后期起义爆发之间时有间隔，有时会隔上几代人。虽然当地的权力结构和"本土气氛"在很大程度上仍然保持不变(因为罗马本身就是从当地招募辅助部队从而引入领导和凝聚力概念的)，但是帝国征税和征兵经常遭受猛烈的抵制。有时这种叛乱要比占领初期的反抗还要剧烈。[1] 这种叛乱不在少数，例如公元 6—9 年的伊利里库姆叛乱、公元 14—24 年在阿非利加塔克法里纳斯爆发的断断续续的叛乱，还有更多的地方性起义，如公元 21 年在高卢弗罗鲁斯和萨克洛夫的暴乱以及在边界爆发的犹太战争。

西北的日耳曼已被征服。虽然 P. 昆克蒂利乌斯・瓦卢斯缺乏军事经验——"一个无任何军事素质的大律师"[2]——他仅有的军事经验就是带着 2 个军团平安地通过了与世无争的撒玛利亚，但是这看上去似乎也足够了。因为瓦卢斯到那儿也只是为了组建一个行省而不是去征服一个行省，所以，公元 9 年的"瓦卢斯灾难"也须算作"内部"战争。[3]

---

① Dyson, "Native Revolts in the Roman Empire,"尤其是 pp.264-267.

② Webster, *The Roman Imperial Army*, p.52.

③ Wells, *German Policy of Augustus*, p.239. 也可参见 Chevallier, "Rome et la Germanie,"p.269.

在这一时期，控制国内叛乱的问题比维持外部（安息）的安全更为困难。虽然安息的确是一个严重的威胁，但是只威胁到东部，因此安息问题是一个区域而非系统性的威胁。安息人肯定没有征服整个罗马帝国的野心；因此，塔西佗在其《编年史》一书中就清楚地表明："虽然安息人在当时的任何地方，比其他任何敌人都要多，但是罗马人把安息人当作地区性的竞争对手。"

殖民地是战略控制的第二大工具。尤里乌斯·恺撒经常在意大利以外的地方安顿退伍军人。奥古斯都又为退伍军人建立了28个殖民地。殖民地并不是为了充当罗马化进程的代办处，[1]相反，其是直接受罗马控制的海岛，在一个某种程度上仍实行霸权的帝国中，这些殖民地尤为重要，特别是在安纳托利亚等地区，因为那里通常没有部署军团。无论是位于行省还是地处附庸国家，殖民地都可保证国土安全并利于统治。实际上，殖民地的公民都是训练有素的民兵和退役士兵的儿子。他们可以在有外敌入侵的情况下保卫其家乡，并坚守到帝国大军赶到战场。同时，殖民地还可为其他动乱之地提供行动基地。

无论是在各基地部署的军团和辅助部队，还是意大利境外分散的殖民
19 地，它们都不能提供近乎完美的周边防御。守卫和巡逻不可能防止敌人对帝国长达4000英里[2]的外围的渗透；也没有广泛部署的机动部队可以随时拦截敌人的突击队或是镇压内部暴乱。换句话说，当时根本没有什么外围防卫，也没有后期形成的筑有堡垒的边界线。在当时"limes"[3]（设防边界）一词仍然保留了它原先的意思：一条垂直于防御强化的边界的通道。因此，"limes"一词指的是穿透敌对领土的路线，而不是"水平的"边境线，当然也不是工事防线。

---

① Bowersock, *Augustus and the Greek World*, p.66.

② 1英里(mile)≈1.6千米。——编者注

③ Limes一词的不同含义见Forni, "Limes," pp.1076-1083，尤其是以"g"开头的部分（第1080页）。其词义的转变参见Pelham, *Essays*, p.168以及Piganiol"La Notion de limes"一文中的讨论。

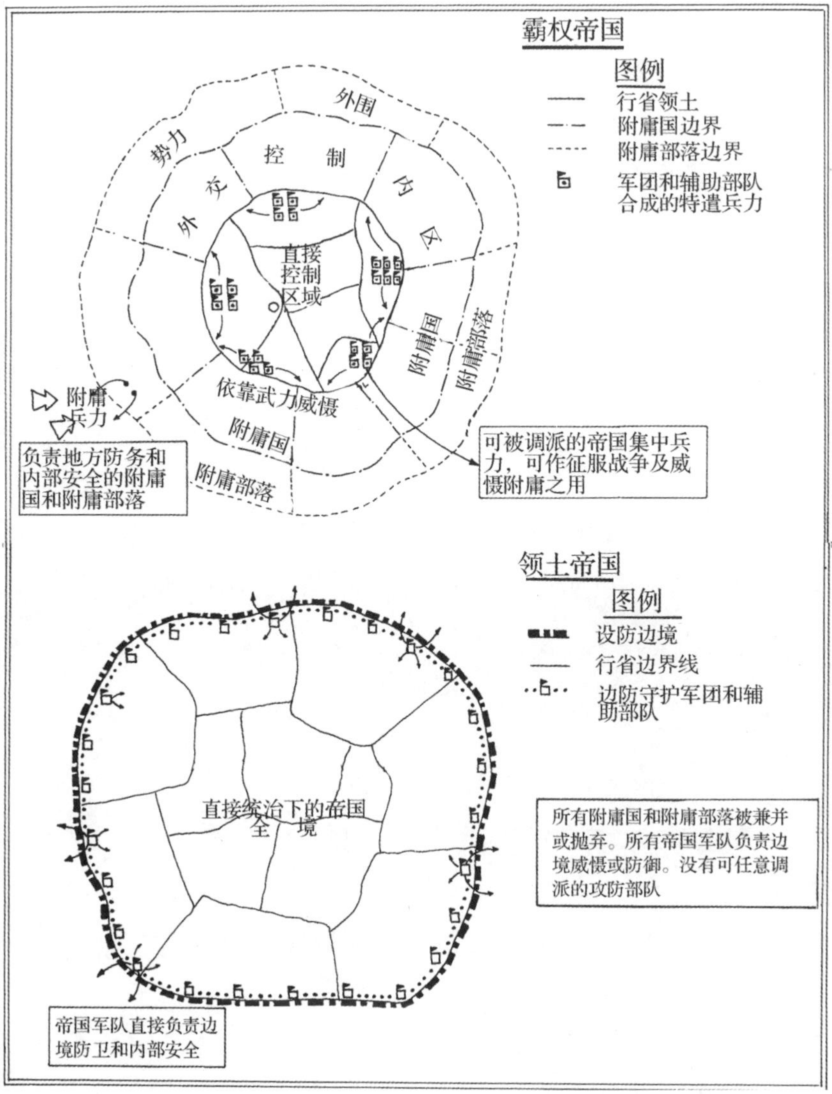
霸权帝国
图例
行省领土
附庸国边界
附庸部落边界
军团和辅助部队合成的特遣兵力
外围
势力
控制
外交
内区
直接控制区域
附庸国
附庸部落
依靠武力威慑
附庸兵力
负责地方防务和内部安全的附庸国和附庸部落
可被调派的帝国集中兵力，可作征服战争及威慑附庸之用
领土帝国
图例
设防边境
行省边界线
边防守护军团和辅助部队
直接统治下的帝国全境
所有附庸国和附庸部落被兼并或抛弃。所有帝国军队负责边境威慑或防御。没有可任意调派的攻防部队
帝国军队直接负责边境防卫和内部安全

图示 1.2　两种帝国模型

这一时期罗马帝国安全体系的关键在于：既没有边境防卫，也没有地方部队守卫帝国领土，抵御轻微渗入、越界侵入或是局部暴乱。我们可以看到这类保护都是由间接和非军事手段提供的。帝国幅员辽阔，边境广袤无垠，无休止的边境防御负担十分沉重，但是通过间接和非军事化的形式可以让帝国可部署的军事力量最大化。因此，敌国都认为罗马有足够的军事力量，可以随时调遣以抵御外侵——同时通过外交，罗马帝国还能得到许多政治上的好处——净军事力量被最大化了。这样帝国的潜在军事力量可以在很大程度上转换成实际的政治控制力量。

附庸国和附庸部落是实现这一转变的外交手段的主要参与者。他们对帝国绝对服从，这反映出他们对罗马军事力量的畏惧和对罗马帝国报复的恐惧。由于附庸国和附庸部落会抵御外敌入侵行省，同时还能减少帝国外围地区的威胁，因而保证了帝国的安全，增加了帝国的净可支配军事力量。

附庸国

在公元14年，提比略成功扶持奥古斯都成为元首，这时帝国疆土的绝大部分由附庸国构成。斯特雷波适时意识到：即使不在罗马境内，这些附庸国也隶属于罗马帝国。在法律上，根据《罗马战后公民资格恢复权法》，附庸国
20 事实上充当了帝国领地的延伸。[1] 在西部，原始的毛里塔尼亚由朱巴二世统治着（朱巴在公元前25年登上王座）。在黎凡特[2]，朱迪亚是个行省，但是希律的前王国的部分地区，菲利普和安提帕斯，仍然保持自治。在叙利亚，小王国埃米萨和四分领地艾比利尼是比较明确的实体地区，包括一些较小的附庸城市和附庸部落——普林尼冠以残暴之名的四分领地。

朱迪亚以东是纳巴提安阿拉伯的商人国家。它人口稀少，人们多居住在

---

① Sands, *Client Princes*, p.115.

② 指地中海东部诸国及岛屿，包括叙利亚、黎巴嫩等在内的自希腊至埃及的地区。——译者注

小城市里或是流浪于沙漠之中，疆土大约横跨西奈半岛和北部阿拉伯。西部安纳托利亚被纳入行省，除了“自由同盟”吕基亚，远东之地还有两大附庸国卡帕多奇亚和本都，以及更小的蒂尤克里德公国、塔康迪莫蒂德王国、科马纳和重要的亚美尼亚王国——它曾经著名的首都萨莫萨塔如今被洪水侵袭，失去了一个土耳其大坝——其领土包括通往亚美尼亚的南部通道，这可是通往安息的关键战略后门。

横跨黑海和刻赤海峡的两边延伸的博斯普鲁斯王国（在罗马时期的希腊称为 Pantikapaion）包括东部克里米亚和西部的塔曼半岛，这地方虽然动荡不堪，并且不与帝国领土毗连，但基本上仍是由罗马控制。暴乱并没有阻止它成为罗马最持久的附庸国，其统治者定期被撤职，并重新任命；在罗马人眼中，其缺点被其商业价值所抵消了。在巴尔干，色雷斯王国直到公元 46 年都是附庸国。纵使地处意大利半岛的北端，科蒂埃阿尔卑斯的重要过境点仍是由当地一名酋长所统治的。当然在罗马人看来，他不过是一名被任命的官员。

在霸权依然盛行的帝国中，这些附庸国并不代表完整的附庸体系。在外交方面，罗马，特别是在提比略元首时期，也与更为原始的莱茵河和多瑙河之外的人建立了一个“无形边界”的附庸关系。[①] 这些附庸国并没有先进的物质文化，也没有东部产生的先进希腊思想，它们不像安纳托利亚或地中海东部地区那样令人满意。具体而言，外交关系的相对不稳定在一定程度上是因为那些与罗马打交道的附庸国自身力量过于渺小（毕竟附庸国皆由附庸统治者 21
所统治，处处受制于人）。此外，这些附庸国不是迁移性的就是游牧性的，它们有东部帝国境内附属国所没有的最后退路——迁移至罗马势力范围之外。

情况虽不乐观，但罗马人坚韧不拔。公元 16 年，提比略取消了一系列报复莱茵河对岸日耳曼人的攻势，这导致瓦卢斯的军团全军覆灭。罗马的威胁

---

① 源自 Kornemann 的名为“Die unsichtbaren Grenzen des römischen Kaiserreichs”的讲座。

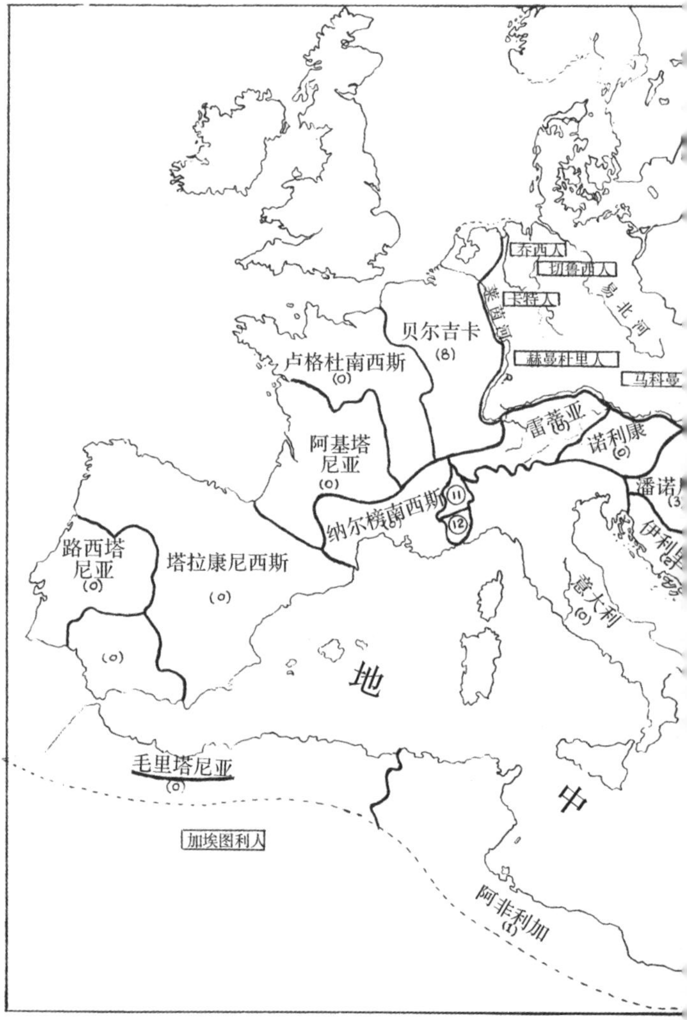

地图 1.1① 公元 23 年的罗马帝国

① 本书所用地图,均由英文原书翻译而来并经过有关部门审核批准使用,后不另注。——编者注

图例
夸迪人 未臣服各族
阿非利加 帝国行省
（1） 行省军团数
卡帕多奇亚 附庸国
帝国政治/行政边界
帝国控制近似极限
附庸国
①朱迪亚省（公元6年被兼并）
②安提帕斯（四分领地）
③菲利普（四分领地）
④艾比利尼（四分领地）
⑤埃米萨（其他小国，略）
⑥科马基尼王国
⑦塔康迪莫蒂德王国
⑧图库里德总督国
⑨西里西亚公国
⑩科马纳总督国
⑪科蒂埃阿尔卑斯
⑫滨海阿尔卑斯
博斯普鲁斯
(0)
黑 海
色雷斯
(0)
比提尼亚
(0)
加拉提亚
(0)
亚美尼亚
卡帕多奇亚
(0)
安息帝国
亚细亚
(0)
吕基亚
(0)
叙利亚
(4)
幼发拉底河
塞浦路斯
(0)
海
纳巴提安阿拉伯
埃及
(2)

一消失，留在日耳曼的两股最强大的力量——切鲁西的阿米尼乌斯和马科曼尼王国的马罗博杜斯，自然开始互相争斗起来。照塔西佗的话来说，这是提比略的意图，这一举措也是为罗马外交攻势而执行的。[①] 提比略利用其剩下的执政时间将附庸链从日耳曼南部伸至多瑙河中游。弗里西人、巴达维人、赫曼杜里人、马科曼尼人、夸迪人和萨尔马提亚的雅济吉斯人（罗马为其提供了在蒂萨河和多瑙河之间的定居点）都成了附庸部落。[②]

这种大规模的外交征服是合理的战略产物，也是提比略政策的一部分。同时，这也使得帝国以最少的军事力量投入形成了最安全的国防系统。虽然斯特雷波所描述的“亲密联盟”无疑是奥古斯都的政治公关：不列颠仍然有待征服，罗马人也不急于一时。

这些重要的外交文书有些是由提比略在之前制定的，随后又由提比略的继任者们继续推行。这些附庸部族的领土不在帝国安全范围之内，也没有像东部的附庸国那样最终被吞并。它们有所依赖，因而服从，但也常有敌对。不管是经济援助还是惩罚性战争，这些附庸部落和附庸国都需要罗马不断运用外交技巧加以妥善管理。

罗马与附庸国的政治理念和附庸关系都根植于罗马城市生活中传统的主仆关系。[③] 这些不平等的交易大体是由附庸国执行完成的（服务），而帝国则坐收渔利（收益）。帝国和附庸国之间的不平等交易就这样渐渐为人们所
24 认可。然而，随着罗马权力的持续扩大，理论关系和实际关系之间也经常会
出现分歧。在这个过程的后期，附庸国国王在形式上是“罗马人民的朋

① 提比略召回日耳曼远征军的动机见 Tacitus，*Annals*，11.26；切鲁西的阿米尼乌斯和马科曼尼王国的马罗博杜斯之间的关系参见同书第二部分第 44 页（11.44），Harmand，*L'Occident romain*，pp.106-108，以及 Dobiáš，“King Maroboduus，” p.163.

② 参考 Syme，*CAH* 10：781-783；Demougeot，*La Formation de l' Europe*，pp.114-123.日耳曼政策参考 Thompson，*The Early Germans*，pp. 72-108. 萨尔马提亚伊扎吉斯（*lazyges*）参考 Harmatta，“The Sarmatians in Hungary，”in his *Studies in the History of the Sarmatians*，pp. 45-46.

③ Badian，*Foreign Clientelae*，pp.1-14.

友"——虽然这一头衔暗示着"源源不断的帮衬"，但它并不意味着附庸国会俯首帖耳——附庸国国王渐渐不再是罗马统治的工具。① 这不仅表现于外交和安全政策，而且也体现于王朝和国内事务。事实上，附庸统治者并没有享受特殊权力。②

传统意义上，人们将附庸国定性为"缓冲之国"，但这并不能正确定义它们在帝国安全体系中所起的复杂作用。事实上，只有亚美尼亚才算得上是一个真正的缓冲国。亚美尼亚在罗马和安息的权力纷争之间充当一个中立区，并能在两国剑拔弩张时向双方提供一个缓冲，以帮助两大强国规避冲突。然而，亚美尼亚是独一无二的，并且也只是间歇性地充当着附庸国的角色。③ 附庸国为帝国提供的安全斡旋，其政治意义远比一个缓冲区来得重要。

附庸国的一些有益于帝国发展的地方显而易见(包括提供当地部队作为罗马军队的辅助部队或后备军)，④但是附庸国在帝国国防安全体系中最重要的作用却不为人所识，毕竟大多数人只将其看成是一个职位。然而，附庸国的存在减轻了帝国外围安全的负担，防止了边境渗透和其他局部威胁。同时附庸国还为帝国扩充领域，以对付中高强度的威胁。

在这一时期，并没有真正意义上的帝国性范围的威胁，但是小纷争不断：例如，公元 9 年"瓦卢斯灾难"后，人们一度认为日耳曼人会入侵高卢甚至是意大利。潘诺尼亚和日耳曼人也许会联合反对罗马的可能性也让人惶恐不安。暂且不论这些无来由的恐惧，真正让罗马人恐惧的还是安息。安息一直以来都是罗马潜在的强大竞争对手。直到公元 244 年阿萨息安息才在长期
的内部斗争中消减了实力，其威胁也才逐渐淡化。而在塔西佗看来，日耳曼 25

① Winspear and Geweke, *Augustus and the Reconstruction of Roman Government*, p. 244.

② 对罗马势力范围的功能研究参见 Sands, *Client Princes*，该书第 77 页论述了王朝政策，外交政策参见第 88—89 页.

③ Magie, *Roman Rule*, pp.1:437,476,553-561.

④ Cheesman, *Auxilia of the Roman Imperial Army*, pp.15-16; Sands, *Client Princes*, pp.103-106.

的解放才是更为可怕的威胁。

由于罗马面临着威胁，在整个罗马帝国安全体系中，附庸国的价值远远超过了维护它们所需的任何努力。它们不仅是对罗马军事力量的补充，二者更是相辅相成。附庸国可以有效地维护自身内部安全并加强周边防御，规避低强度的威胁，减轻帝国国防责任。例如，在希律死后，动荡的犹太人之地需要整整一个军团（弗雷滕西斯第 10 军团）加以护卫。有时还需更多人手——马其顿第 5 军团、弗雷滕西斯第 10 军团和阿波利纳里斯第 15 军团，这三个军团从公元 67 年一直待到了三年后犹太起义被镇压；之后由弗雷滕西斯第 10 军团单独管理。费拉塔第 6 军团和弗雷滕西斯第 10 军团于公元 132 年被指派镇压巴克布哈叛乱，之后便一直驻守原地。[①]

众所周知，维护帝国内部稳定是附庸国最为显著的功能。[②] 此外，有能力的附庸国还可以保护相邻行省领土免受来自本国领土或附庸国外围的低强度威胁。例如，在塔西佗的《编年史》中，我们读到了塔克法里纳斯与附庸国之间的战争。当然，即使是最完美的附庸国也需要与帝国维持一个非常微妙的平衡关系。狄奥塔鲁斯便是个很好的例子。他是附庸国加拉提亚的国王（公元前 40 年），在西塞罗的描述下，他强大到足以保卫自己国家的边界，但并不足以威胁罗马利益。

然而通常情况下，附庸国不能够像行省一样确保国内和周边的高度安全；所以当行省周边或重要的战略路线上发生重大混乱时，帝国部队仍需介入。例如，在朱巴统治的毛里塔尼亚，为制服加勒图丽，战争断断续续打了 30
26 年，一直到公元 6 年才结束。此后不久，塔克法里纳斯起义在北非爆发。奥古斯塔第 3 军团和西班牙第 9 军团这两个军团前去镇压，直至公元 24 年才平息了叛乱。[③]（这次叛乱集中在阿非利加行省，另外毛里塔尼亚和一些长期

---

① Parker, *The Roman Legions*, pp.139-140, 162-163.

② 参见例如 Stevenson, *Roman Provincial Administration*, pp.47-50.

③ Cagnat, L'Armée romaine d'Afrique, pp.7-24.

不受约束的部落也有参与。)另一个面临内忧外患的附庸国是色雷斯。其统治者罗梅塔尔凯斯一世(以及之后争吵不休的继任者们)只有不断接受援助才能与贝西抗衡。[①] 尽管如此,附庸国的地位仍然极为重要。因为帝国只需要最低限度的干预,即可保护财产安全以及确保附庸统治者保有对其人民的控制。相比之下,若是直接动用军队进行镇压,使受灾地区恢复行省级的安全标准,则需要调动更多的军事力量。换言之,不像罗马威慑体系在行省领土上所要求的那样,罗马对附庸国事务的直接干预并不意味着每次穷追叛寇,他们不会涉险进入深林或偏远的沙漠,当然围攻在贫瘠犹太沙漠中的梅察达是个特例。[②] 在那里,整个第十军团被用于围攻一座无关紧要的山上的狂热分子。

当附庸国军力不足时,当地人也会加入防御,而罗马人也任其所为,顺其自然。[③] 为此罗马遭受诟病,蒙森就评论道:"附庸国既无和平,也不独立。"当然这句话揭示了蒙森并没有从历史角度看待此问题,并给近代以前的政治关系强加上了不合时宜的价值观。[④] 正如后面我们将会提到的,帝国整体目标在很久以后才有所改变,顺应时势的基本战略也发生了变化,即在帝国的外围也提供高标准的安全保障。

针对高强度的威胁,如省级甚至是区域规模的入侵,附庸国和附庸部落可以贡献出自己的有生力量,附庸领地也能抵御入侵——简而言之,附庸国可以提供地理纵深。任何部队部署系统想要节省军力,就必须避免兵力沿整个防御范围分布而造成实力的分散。因此,如果高强度威胁确实出现,通常在事发之后才能处理。入侵发生后,只有增派兵力被重新部署到现场之后,

---

① Syme, *CAH* 10:356.

② Richmond, "Roman Siege-Works of Masada." 详情可参考 *Masada: The Yigael Yadin Excavations 1963-1965*. 后续版本由 Israel Exploration Society 发行，尤其是 Netzer, vol.3 (1991)和 Bar-Nathan, vol.7 (2006).

③ Sands, *Client Princes*, p.155, n.2; Tacitus, *Annals*, 12.29.

④ Mommsen (*Hist.*, pp.3:234-236), 引自 Stevenson, *Roman Provincial Administration*, p.37.

地图 1.2　胡里奥-克劳狄王朝统治下的东方

科尔奇人
达里尔通道
伊比利亚
阿尔巴尼亚人
亚美尼亚
阿塔克萨塔
凡湖
提格累诺塞塔
安 息 帝 国
阿迪亚比尼
尼西比斯
哈布尔河
幼发拉底河
底格里斯河
图例
行省
罗马附庸国
安息附庸国
友好的土著人
军团部署（公元23年）

27 敌人的渗透才能被抗击、打退。依照罗马的战略机动性，敌军很可能早已渗透并造成重大损失。① 尽管有一个远近闻名的道路系统，但是陆地行军仍十分缓慢——行军速度大约每小时3英里，到现在每天最多也就24～30英里。防区之间的行军（例如，从波兰到安纳托利亚东部）将耗费一整个季节的时间。当然若是走水路可能会快得多，而且往往也更为直接。

该体制虽然节省兵力，但无法在所有的战线上同时进行大规模作战（事实上，人们都会尽量避免拉长战线）。这一点是至关重要的，因为该系统要想成功，就必须在高强度威胁可能造成巨大损害之前便迅速将其扼制。如果损害巨大，那么扼制入侵的代价就可能超过集中部署部队所取得的利益，这当然是得不偿失的。所以在减少损失方面附庸国非常重要：即使附庸国的部队无法维持防御，也能将战事拖到帝国军队到达现场，还能将造成的损害从罗马的领土上转移到附庸国的土地上，毕竟附庸之地并非罗马领土。这将大大减小敌人入侵对罗马统治者的声望以及国内政治动乱所造成的损失。因此，在此期间，罗马不需要部署军队来守卫整个安纳托利亚地区[从叙利亚东北部的轭格马(Zeugma)到黑海]，以应对亚美尼亚和安息的主要入侵兵锋。相反，在公元14年提比略元首执政时期，本都、卡帕多奇亚和科马基尼等附庸统治者以其自身兵力保卫领域，他们的领土首当其冲，遭受第一波入侵。奥古斯都的战略安排本质上是为了避免外围部署，可是有人却没有意识到这一点，认为罗马缺乏常设驻军并将其称为"严重的军事缺陷"②。到了公元72年苇斯巴芗元首执政期间，上述三国都被吞并。而为了吞并三国，罗马帝国需要在安纳托利亚—亚美尼亚边界长久部署两个军团并驻扎在被改组的卡帕多奇亚行省内，可谓代价颇高。③ 至此，原先不需要罗马介入管理的"无形边界"便消失了，取而代之的是一个新的防卫地段，为此罗马帝国还必须建造基础道路设

① Casson, *Ships and Seamanship*.

② Henderson, *Five Roman Emperors*, p.60.

③ Parker, *The Roman Legions*, p.148.

施。当所谓的"缺陷"被适当纠正后，安纳托利亚东部的防御永久性地减少了帝国可调配的军事力量，从而也使得附庸体系对罗马兵力的节省不再那么明显。

附庸国和附庸部落对罗马安全体系另一个明显的贡献在于附庸国可以 28
提供地方力量来增强罗马野战军队的实力。这些部队将编入罗马辅助部队，即骑兵和轻装步兵，而不是重装步兵（狄奥塔里纳第22军团需要排除在外，如其名所示，该军团源于加拉提亚的狄奥塔鲁斯所组建的一支重装步兵部队）。[①] 实际上，许多充当帝国大军有机组成部分的辅助部队起初都是部落所征兵员。然后这些部队被纳入正规建制，或者编入附庸国军队，并在其祖国被兼并后纳入罗马军队。[②] 由附庸国贡献的辅助部队在共和国之战中发挥着重要作用，这作用不仅仅局限于他们可以提供罗马常规军所缺少的特殊兵种，例如弓箭手和尤为稀缺的弓骑士。

辅助部队与罗马大军的互补互利是罗马军事建制的重要特征；此外，各附庸国所持兵力也不可小觑。在公元67年，东方的附庸国数量因兼并战争而大大减少。根据约瑟夫斯的分析，苇斯巴芗为平定犹太叛乱部署的三个军团兵力增加了1.5万人，这些兵力都是由科马基尼的安提奥库斯四世、阿格里帕二世、埃米萨的苏希慕斯以及阿拉伯统治者马尔切斯贡献的。[③] 由附庸国国王或部族统治者所提供的部队不仅减轻了对现有公民征兵的压力（正规的非公民辅助部队亦是如此），还减少了罗马军事财库的财政负担。因为虽然需要支付报酬和维持经费（正如部落征兵必须做的那样），罗马却不必向这批辅助兵员支付巨额的退役金。

然而，除去这些益处，附庸体系所带来的财政收入也会相应地流失：一旦附庸国被正式吞并为行省，附庸国便将承担帝国税收的全部负担。正如巴达维

---

① Parker, *The Roman Legions*, pp.89, 271.

② Cheesman, *Auxilia of the Roman Imperial Army*, p.59.

③ Sands, *Client Princes*, p.103.

一样，附庸部落似乎已经用为帝国贡献的战斗力代替了从前上缴的贡品。[1]

对附庸的管理

在帝国安全体系中，附庸国家和部落的价值在罗马治国方略中是毋庸置疑的。在对帝国军队分布的调查中，塔西佗将附庸国毛里塔尼亚和色雷斯以及伊比利亚、阿尔巴尼亚和其他高加索王国的军团纳入他的罗马军团列表，虽然这些军团不能和罗马部队等量齐观。[2] 在同一段文字中，塔西佗仔细区分了他提到的附庸国的等级排名：他将毛里塔尼亚说成是“来自罗马人民的礼物”，赠予朱巴二世，而高加索各附庸国在某种程度上被视为被保护国——“我们的伟大之处在于保护它们免遭外国强权的侵害”。色雷斯由当地附庸统治（就是当时的罗梅塔尔凯斯，他服从罗马，但不由罗马任命），人称由罗马人“操控”的国家（Tacitus，*Annals*，4.5）。

29

然而，像塔西佗这样的同时代观察家可能没有充分意识到：附庸不仅是罗马军事力量的简单添加，更是对罗马军事力量的补充，而这种补充对维护罗马的军事力量是至关重要的。事实上，该体系不以帝国的领土结构为前提，而以霸权为主导，共和国时代一直如此，元首制初期也是如此，直到后期才有所改变。[3]

屋大维清楚地意识到了该体系的价值，[4]在亚克兴得胜之后，尽管六个附庸国对对手安东尼忠心耿耿，他也既往不咎，让他们继续统治，因为这些附庸国对帝国来说是至关重要的。[5] 但是对于小附庸，屋大维赏罚分明：他罢免了希拉波利斯-卡斯塔巴拉（位于西里西亚）的塔康迪莫蒂德家族统治者，

① *The Jewish War*, 111.4.2,11.18.9.

② 参见例如 Badian,*Roman Imperialism*, pp.29-43.

③ Jones,*History of Rome*, 2:148-149.

④ Badian,*Roman Imperialism*, p.4.

⑤ Tarn,*CAH* 10:113-115.

因为他们一直忠于安东尼。然而，即便如此，最终他还是改弦易辙，在亚克兴战役十年后，重立塔康迪莫蒂德家族的菲罗巴托为统治者，要知道其父可是在那场战役中为安东尼献出了生命。[①] 屋大维显然发现(奥古斯都也回想起)，可靠的附庸统治者是难能可贵的工具，因为并非每个值得奖励的协助者都能掌握附庸国治国方略的精湛技艺。

附庸国家和部落内在地动荡不稳，这就需要一种专门的外交手段对其进行不断的管理：罗马的控制和监管必须连续不断。在东方，实行附庸体制的君王充分意识到自己的脆弱，他们担心罗马的报复，因而保持忠诚。然而，即 32
便如此，王朝的内部争斗和皇室家族关系纠葛仍可以威胁到体系的稳定。例如希律与他儿子们的争执——或是因为他老年偏执——就打乱了附庸国内部的平衡。更糟糕的是，这些因素对卡帕多奇亚产生了不良的影响，因为其统治者阿基劳斯之女嫁给了亚历山大，而亚历山大就是被希律处死的众多儿子中的一个。[②]

在王朝格局中，统治者的个性必须反复无常，深不可测。好比尤里克里斯就从他精明的父亲那里继承了斯巴达这个小国家，结果证明他根本就是一个彻头彻尾的阴谋家；他离开了自己贫瘠的国土，为谋私利，在卡帕多奇亚和朱迪亚之间挑拨离间，这似乎还造成了阿启亚(Achea)暴乱。因而奥古斯都非常耐心地指导着希律和阿基劳斯等重要国家的统治者，而对于尤里克里斯——一个没有战略重要性的乡村国家的小统治者，奥古斯都则立马撵其下台。[③]

对于控制管理附庸国，奥古斯都刚中带柔，可谓得心应手。不过，罗马对附庸国的处理方式早已聚合成一套传统规则，并用于指导政策。例如，人们

---

① Bowersock, *Augustus and the Greek World*, pp.42-61.

② Josephus, *The Jewish War*, 1.23.1, 1.27.6.

③ 尤里克里斯资料参见 Bowersock, *Augustus and the Greek World*, pp.59-60 和 Josephus, *The Jewish War*, 1.26.1-4.

很清楚地知道在没有罗马准许的情况下，任何附庸都不得侵害其他附庸从而壮大自己。① 然而，希律却打破了这一基本规则，他派兵进入处于动乱之中的邻国纳巴提安阿拉伯，奥古斯都迅速下令制止他。为示惩戒，奥古斯都致函希律说从今以后，他再也不能把希律当作朋友看待，从今往后他们君臣相待。鉴于奥古斯都的行事风格，这不啻一番严厉的谴责了。② 为了避免进攻者以自卫反击来掩饰美化入侵，从而为自己的侵略辩解（当时在黎凡特这是一个普遍现象，其实直到现在还是如此），罗马在共和国时代就明确规定：在罗马裁决争端之前，附庸国只能严守防御以自卫。③

众所周知，维持毗邻附庸之间的权力平衡有助于维护罗马自身的利益。因为该体系可以保持自身平衡，而无需罗马的直接干预。不幸的是，随着时间的推移、统治者和环境的变化，这种权力平衡也随之改变。附庸统治者有
33 自己的军事力量和野心。此外，东部的附庸国还会向足以与罗马抗衡的安息寻求帮助，例如卡帕多奇亚的阿基劳斯（公元17年）和科马基尼的安提奥库斯四世（公元72年）。④

忠诚并能干的附庸统治者都被授予奖励，并享受罗马公民权（奥古斯都限制公民的政策，让公民权成为一种特权）；但是，在罗马权倾天下的世界里，任何荣誉或头衔都不能给予人以真正的平等。⑤ 当然也有物质奖励，最常见的便是封赏土地。本都国王波利摩一世就是典例。他从安东尼手中接过小亚美尼亚，而当奥古斯都将这块土地从本都割让出去后，作为代替，波利摩接手了十分重要的博斯普兰国（但事实证明，他根本无法治理）。无独有偶，在希律作为出色的统治者还深受奥古斯都的青睐时，其于公元前24年至公元

---

① Sands, *Client Princes*, p.93.

② Bowersock, *Augustus and the Greek World*, p.56.

③ Sands, *Client Princes*, p.93.

④ Syme, *CAH* 11:139.

⑤ Badian, *Foreign Clientelae*, p.12.

前 23 年被授予高原国家以土利亚(戈兰—浩兰高地)；[①]而另一位芝诺多罗斯却因未能控制游牧民族的袭击而付出了惨痛代价。[②]

帝国与附庸部落和欧陆蛮王的关系则不属于同一个范畴。一方面，这些民族纵使不是游牧民族，也有潜在的迁徙习性。他们可以逃往遥远的内陆，就像马罗博杜斯一样，鉴于罗马在莱茵河上游的军事压力，带着马科曼尼人逃往波西米亚。[③] 这种选择有其代价：放弃良田沃土，前景又一片茫然，还可能丧失与罗马商人的商业往来。从罗马势力范围迁徙出来的人们虽然仍有希望继续留在罗马商业圈中，但他们再也不能像以往一样做个一本万利的中间商了。[④]

这两个群体的主要区别在于文化。一般来说，东方附庸国在政治上更为老到，足以抽象地理解罗马军事力量的潜力，而欧洲大陆附庸国则较为落后，无法洞悉内情。东方的附庸国及其臣民不消等罗马军团进军城市，就能对罗马的命令做出应对，因为他们深知不服从会带来什么后果。也许这就是为什
么罗马人要建造学校为欧洲部落酋长的子嗣提供教育。当然也有一个更简 34
单的地理差异：欧洲陆地边界比黎凡特长得多。

军队的部署还有其他考量，需要因地制宜——也就是说，军队部署还须把人们对威慑做出反应的因素也考虑进去。此外，东方附庸国的君王通常享有对其臣民的稳固政治控制。只有稳固的政治控制才能确保臣民保持和君王一样的对罗马权力的认知(一种强加的观念约束)。相比之下，在组织并不完善的欧洲政治实体内，知情者(例如，公元 9 年的马罗博杜斯)的审时度势未必会制约那些有能力对抗罗马的人们。[⑤]

---

① Bowersock, *Augustus and the Greek World*, pp.51, 53.

② Josephus, *The Jewish War*, 1.20.4.

③ Dobiáš, "King Maroboduus," p.156.

④ 关于贸易与迁徙路线之间的关系参见 Wheeler, *Rome beyond the Imperial Frontiers*, pp.91-94.

⑤ Dobiáš, "King Maroboduus," p.161.

罗马军事力量的威慑力只能通过他人的认识来起作用(或是通过内部其他政治实体的决策和政治控制)。因而，对于政治未开化的欧陆民族来说是不起作用的，或者说是影响甚微的。[①] 其实在某种程度上，臣民拒绝服从罗马权威，因而帝国军事力量所产生的实际政治控制力便依其程度而相应减小。我们可以做一个大胆的概括：相对于精致复杂的东方政体，罗马军事力量直接无阻地转化为政治权势；而对付欧洲的原始民族，主要还是直接诉诸武力。两者的区别十分明星：潜在的威慑力并不会因为被使用而消耗，且它是无限的；而军事力量则只能直接指向某个特定的目标，不像威慑力可以指向多个，而且一旦被使用就会被消耗掉。

诚然，罗马的报复很快就会使他们的受害者乖乖听令。但事实上，这种武力诱导只适用于直接威胁。此外，诱导还受制于部落搬迁；并且其影响还会因为内部控制结构的松散而减弱。因此，在日耳曼切鲁西人对莱茵河下瓦卢斯麾下不幸的三个军团的战略伏击中，这三种不利因素都分明可见。[②] 不
35 过，虽然罗马外交努力坚持将北方边境部落转变为附庸，但却事与愿违。帝国和选定首领之间的直接政治关系是通过系统政策而培育起来的。[③] 如上所述，公民权是给予酋长们的标准奖励；另有一些酋长还能得到骑士头衔。若是此类举措无效，有形的物质刺激便会取而代之。通常情况下，在人们看来，向边境支付补贴意味着罗马的衰落，但事实上，早在元首制以前，这就是既定的政策，并在本书所涉及的帝国三大体系中起主导作用。[④]

然而，在混乱、野蛮的世界里，连用金钱和荣誉来巩固关系的做法也是不可靠的。阿米尼乌斯，瓦卢斯的背叛者和毁灭者，曾被授予罗马国籍，并担任

---

① 军事威慑概念参见 Luttwak，*Political Uses of Sea Power*，ch.1.

② 叙事资料见 Holmes，*Architect of the Roman Empire*，2：116-121. 另参见 Dyson，"Native Revolts in the Roman Empire，" pp.253-258，以及 Harmand，*L'Occident romain*，pp.86-93 的史事重构。

③ Chevallier，"Rome et la Germanie，" pp.271-273.

④ Gordon，"Subsidization of Border Peoples."

过切鲁西人的辅助部队指挥官。但他的岳父塞杰斯茨和他的兄弟弗拉维斯仍然忠于罗马。据史料称，塞杰斯茨就试图警告瓦卢斯有埋伏。[1] 然而他们的加入并不足以拯救瓦卢斯和他的部下。事实表明：在罗马压力下瓦解的本土社会权威模式太薄弱，无法支撑良好的附庸关系。塞杰斯茨显然是个合法的酋长，但和东方附庸相比，他对切鲁西人的控制程度要弱得多。

在“瓦卢斯灾难”这一可怕经历之后，罗马人仍没对政策和有关家族绝望。塔西佗在《编年史》中叙述道：在克劳狄的元首制时期，切鲁西人要求罗马为其选定一个王。弗拉维斯的儿子，也就是阿米尼乌斯的侄子，被选召为王，他接受罗马教育，也是个罗马公民，名为意大利卡斯。而后附庸体系在经历了整整一代的不懈努力之后终于站住了脚跟。公元 16 年，提比略决定把日耳曼尼库斯和他的远征军从莱茵河对岸撤回来，从而终止随公元 9 年的危机而来的报复行动，此时新的外交政策出台。即使罗马人并不打算征服这些土地，他们也不能简单地无视莱茵河与多瑙河对岸各部族的威胁。这些民族，不管大或小，都蕴含着巨大力量，若不加以管制，定会失去控制，并威胁到
帝国漫长而脆弱的边界，因为那里仍然没有设防。塔西佗（*Annals*，2.26）在给 *38*
提比略做的关于政策高于武力的演讲中就曾指出，虽然大多数政策早已出台，但是直到公元 16 年一项连贯的外交控制政策才首次浮现。

这项政策的第一个工具是操纵和分裂性外交。该政策旨在分化日耳曼民族，如果可能的话，让其相互倾轧。虽然这并不体面，但要北境安宁也无可厚非。[2] 然而，罗马人需要做的不止这些。一旦他们意识到日耳曼人所带来的威胁的严重性，就不会满足于试图通过外交手段来削弱他们。虽然日耳曼人杀戮成性（Tacitus，*Germania*，33），但是罗马清楚地意识到通过建立一个附庸链便能让日耳曼人物尽其用：防御帝国边界，抵御内陆腹地的野蛮人。

---

① Harmand，*L'Occident romain*，pp.86-93.

② Alföldi，“Moral Barrier on the Rhine and Danube，” pp.1-16.

这一体系的控制十分复杂，须通过部落首领来操纵部落，并通过个人威胁和个人引诱来控制首领；但是威胁整个部落的潜在力量长久存在。罗马通过金钱和人情交易笼络附庸酋长，助其获得权力和臣民支持，而后罗马再从其身上获得权势。[1] 一些酋长由罗马任命，而其他的则靠自己崛起；但在任何情况下，外交的任务都是维持两头控制：对内部和外部的控制。这需要很多小规模的边境外交，而我们对此知之甚少。然而可以肯定的是，该政策在长期以来都卓有成效——塔西佗（*Germania*，42）描述道："曾经强大的马科曼尼人和夸迪人皆为附庸统治者，他们通过武装援助和财政支持保持罗马的权力统治和控制。"

系统性的补贴政策在欧洲大陆的原始部族中不失为一种积极有效的政策工具。[2] 另一方面，罗马潜在的报复威胁则是消极的政策工具。如塔西佗
39 所述，造成这种局面的诱因如下：首先，公元 6 年潘诺尼亚叛乱的爆发迫使罗马人取消了入侵波西米亚的计划，此时罗马与马罗博杜斯及马科曼尼和解；不管是靠收买还是条约抚慰，他们确实在三年中安分守己，维持和平。然而，公元 9 年"瓦卢斯灾难"过后，马罗博杜斯拒绝配合阿米尼乌斯联合攻击帝国（*Annals*，2.45，46）。罗马撤退之后，在公元 17 年，日耳曼两大首领之间爆发了战争。

虽然马罗博杜斯依据同盟互利原则向罗马呼救，却惨遭拒绝，因而战败（*Annals*，2.46）。公元 18 年，马罗博杜斯被推翻下台，流亡罗马，在拉文纳舒适消磨了一生中最后的 18 个流年（*Annals*，2.46）。不久之后，卡图奥达施诡计接替了马罗博杜斯，而后又被赫曼杜里人打败。提比略最后出面，任命夸迪人首领范聂思兼任马科曼尼人的统治者（双方人民统称绥威），从而在多瑙河中游形成了一个完整附庸国。范聂思自然获得了定期补助，但照例又没有

---

① Thompson, *The Early Germans*, pp.93-99; Dobiáš, "King Maroboduus," pp.163-165.

② Gordon, "Subsidization of Border Peoples," pp.11-34.

得到保障。[①] 这可谓是一种巧妙的政策，能使附庸统治者敏锐地意识到他们的险峻处境。因此，当受到赫曼杜里攻击时，留给他的命运仍和马罗博杜斯一样，无非是到罗马避难虚度余生罢了(*Annals*，12.29)。

提比略的继任者盖乌斯(卡利古拉)剑走偏锋，重新试图征服日耳曼人；为此他于公元 39 年在莱茵河聚集兵力。关于这段插曲，苏埃托尼乌斯的叙述饶有趣味，但却不可信；事实上，盖乌斯没有采取行动。之后，盖乌斯的继承者克劳狄明显地又恢复了提比略的政策：公元 47 年，伟大将领多米提乌斯·科布洛(因尼禄而赢得盛名)被勒令停止对日耳曼北部乔西人的进攻。依照帝国扩张的永恒经典模式，虽然这次进攻源于对海盗卡尼内菲特斯突袭的反攻，但是明显演变成对日耳曼北部的大入侵。在克劳狄的命令下，军团从莱茵河右岸撤退了。一些小的边境战争不可避免，持续发生(例如公元 50 年与卡特人的战争)，但这显然是防御性的，即对越界袭击的“惩罚性反应”。 40

显然，在克劳狄、尼禄和提比略统治时期，罗马对日耳曼人的战略便是依靠附庸，虽然这些附庸并不牢靠(*Annals*，12.27，28)。在维护边境安全和地区稳定时，比起帝国军队，罗马更偏爱使用附庸，显然罗马是故意为之。事实上，虽然没有明文规定，这一做法仍在罗马元首间代代相传。这也许仅仅是出于本能——因为当代一些学者不认为罗马人也具有思辨和战略的观念。他们援引对个人名声的基本渴望(包括战利品)来解释一切行动。

罗马在东方的附庸管理记载得更为详尽。公元 17 年，提比略急剧调整在安纳托利亚东部的附庸国家结构：卡帕多奇亚的阿基劳斯(他的女婿被希律处决)因逆通安息而被废除；大约同一时间，科马基尼的安提奥库斯三世和希拉波里斯-卡斯塔巴拉的菲罗巴托皆去世了。[②] 提比略决定兼并这三个国家。卡帕多奇亚是面积最大的附庸国，而科马基尼也具有重大战略地位，因为

---

① Gordon, “Subsidization of Border Peoples,” p.23.

② Anderson, *CAH* 10:744-745.

北海
公元16年日耳曼尼库斯的进攻
弗里西人
乔西人
易北河
埃姆斯河
布鲁克特人
巴达维人
公元16年
伊底塔
维索之役
公元9年
瓦卢斯灾难
（3个军团覆灭）
切鲁西人
攸西派提人
奈梅亨
克劳迪亚第5军团
拉帕克斯第21军团
加辅助部队
维特拉
利珀河
诺伊斯
进军营寨
（公元16年被放弃）
科隆（奥皮杜姆·
奥比欧鲁姆）
威悉河
日耳曼尼第1军团
瓦勒里亚第20军团
加辅助部队
日耳曼
卡特人
莱茵河
计划于公元6年发动进攻
美因茨
（莫冈蒂亚库姆）
吉米纳第14军团
加利卡第16军团
加辅助部队
贝尔吉卡
莱茵河
马科曼尼人

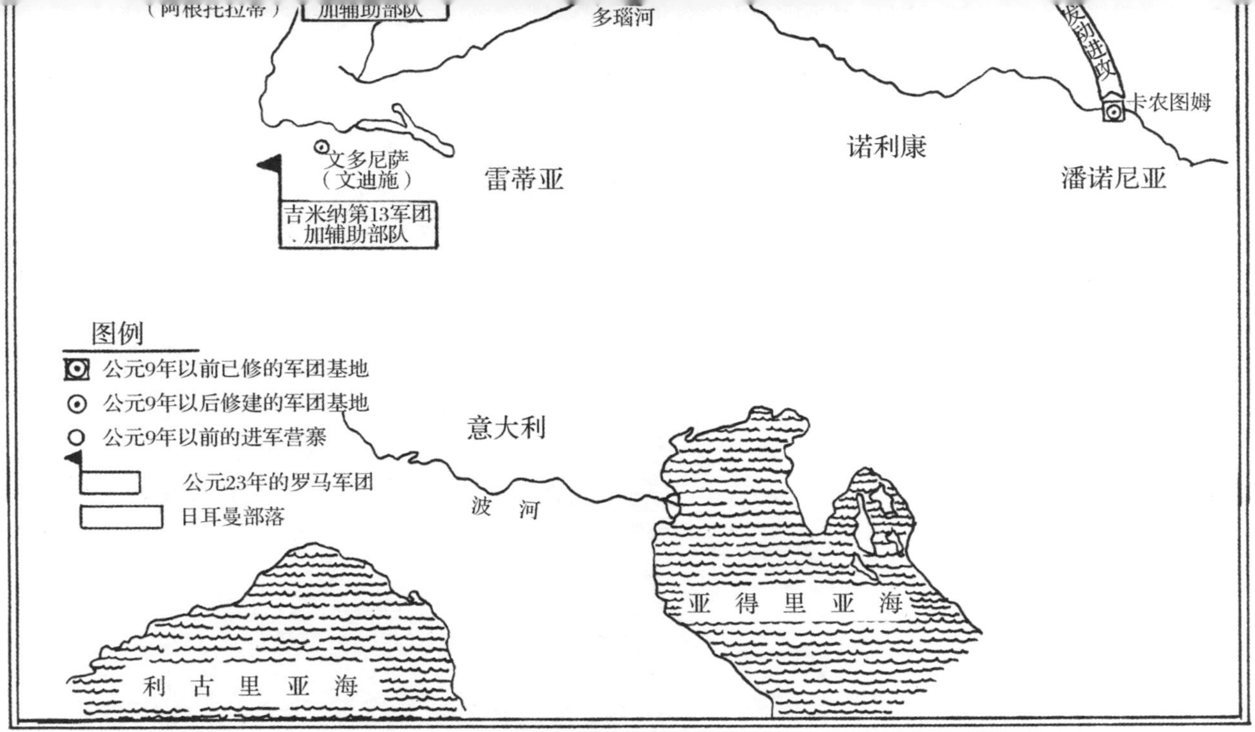

地图1.3　公元6—16年的日耳曼问题

流向安息的幼发拉底河中段三个岔口之一就在其领土范围内。① 提比略将卡帕多奇亚设为新省，科马基尼则并入叙利亚，还将被割让的土地西里西亚和利考尼亚赐予阿基劳斯二世。（这些举措被解释为对公元16年亚美尼亚定居点瓦解事件的战略性回应。当时，罗马附庸国国王弗拿尼被逐出了亚美尼亚。）②

盖乌斯大幅推翻了提比略的吞并政策。安提奥库斯四世被恢复了科马基尼的王权，再次成为附庸，同期成为附庸的还有西里西亚。色雷斯被谋杀的国王科提斯二世的儿子们一直都在罗马长大，是盖乌斯自幼的玩伴，他们都得到了领土赏赐：波利摩二世被给予了本都，名义上还被赐予博斯普鲁斯（事实上的统治者是米特里达梯）；科提斯三世被授予小亚美尼亚；罗梅塔尔凯斯则收到了色雷斯近一半的土地（另一半被另一个罗梅塔尔凯斯统治着，他是暗杀科提斯二世的瑞斯库珀利斯王的儿子）。最后，苏希慕斯被任命为以土利亚（浩兰高地）四分领地的行政长官。③

盖乌斯慷慨行为的受益人还有C. 朱利叶斯·阿格里帕一世，他是希律
41 大帝的孙子，并被誉为"东方冒险家"。曾被提比略囚禁的阿格里帕也被盖乌斯释放，还获得了丰厚的赏赐。公元7年他被给予了在约旦东部的一个小公国；一年后，他进一步被授予以土利亚的部分土地，实际上这些土地是从叙利亚行省中割让出去的；公元40年，他获得了艾比利尼、加利利以及佩里亚，至此，正如约瑟夫斯所描述的（*Jewish Antiquities*，18.7.2），几乎整个希律王国的北部都重新统一在他的统治之下。④

---

① 伊索格力（梅丽泰附近）那有一座通往尼西比斯的大道——位于卡帕多奇亚，然而在萨摩萨塔的渡口，它经由德萨和卡雷，纵跨美索不达米亚的道路——位于科马基尼。最重要的渡口在叙利亚东北部的久哥马（巴尔吉斯）经奥龙特斯河谷与地中海相连。详情请参见Scramuzza，*Emperor Claudius*，pp.193-195；Cary，*Geographic Background*，pp.181-182.

② Anderson，*CAH* 10：744-745.

③ Anderson，*CAH* 10：750（安提奥库斯四世），10：751（苏希慕斯和科提斯诸子）；又参见Charlesworth，*CAH* 10：660-661.

④ Josephus，*The Jewish War*，11.9.6；Garzetti，*L'Impero da Tiberio*，pp.98-100."东方冒险家"（"avventuriero orientale"）是著者用语，参见Charlesworth，*Five Men*，pp.3-30.

古代历史学家和现代历史学家都把盖乌斯的慷慨归因于个人野心与疯狂。这解释了公元 40 年他为何要罢黜并处决毛里塔尼亚国王托勒密，之后他便兼并了该国。[①] 盖乌斯的继任者克劳狄既不疯狂也未浪费帝国资源，但他却并没有否定盖乌斯的所作所为。相反，后继者的政策明显有意稳定盖乌斯留下的安排：波利摩二世已经无法控制博斯普鲁斯，米特里达梯取而代之成为统治者，波利摩二世则得到西里西亚作为补偿；于公元 40 年被盖乌斯废除的安提奥库斯四世又恢复了他在科马基尼的王位；阿格里帕一世（盖乌斯的宠臣）获得了犹太和撒玛利亚，进一步扩充了他的王国。应该指出的是，这些土地自希律之子阿基劳斯被废除后一直以来都处于帝国直接统治之下。[②] 这件事情从策略上来说是准确无疑的，这有利于加强对东方附庸国的统治。将格兰特给了阿格里帕一世，在一定程度上也是奖励他在保护克劳狄继承盖乌斯王位时所起到的作用。

附庸国需要迅速和持续的管理：不称职的统治者必须马上更换（如斯巴达的尤里克里斯），而死去的统治者则要马上为其找到继承者。然而，间接统治的方法经久不衰。如果说有进一步的兼并（公元 44 年，犹太再次被兼并；色雷斯于公元 46 年被兼并；在尼禄的领导下，本都也于公元 64 年被兼并），那就一定也会有归还，例如那些逐渐扩大的 C. 朱利叶斯·阿格里帕二世的土地。[③]（有证据表明克劳狄实际上任命了一名特别外交代表负责实地管理与附庸的关系。）[④]所以这些兼并不能被误解为扩张：它们只是在变革时期保持帝国霸权的表现。

在缺乏一个有组织的外交部的情况下，皇帝的工作量颇为繁重；但胡里奥-克劳狄显然愿意承受这种负担，同时也接受附庸体系一切的含混与复杂。 *42*

---

① Fishwick, "Annexation of Mauretania," pp.467-468.

② Anderson, *CAH* 10:752; Magie, *Roman Rule*, pp.540-553.

③ Anderson, *CAH* 10:752.

④ Scramuzza, *Emperor Claudius*, p.185. Tacitus, *Annals*, 12.21.

一切最终取决于附庸统治者个人。诸如波利摩一世和阿格里帕二世(一直掌权到公元93年)显然是间接统治的专家,既可靠又高效。

在西方较单纯的国度,为帝国效力的现实并没有隐匿于虚假独立画面的背后。塔西佗就曾提到一位英国酋长科吉杜努斯,根据碑文,他自称是“国王以及皇帝在不列颠的使节”(Rex et Legatus Augusti in Britannia)。[①] 唐纳斯之子科提乌斯也是如此:他对罗马人来说是科蒂埃阿尔卑斯的长官,对当地人来说就是国王。[②] 有人指出,这种双重身份是克劳狄的政治产物。[③] 如果真是这样的话,它将证实克劳狄或政策制定者们深谙间接统治的妙用。

军队的战术组织

波利比奥斯描述的公元前2世纪的军团是结构平衡的复杂构造[④]:除了核心重装步兵,军团还包括一个精良的骑兵队和相当数量的轻装步兵。[⑤] 军团的重装步兵包含三类:青年兵(hastati)、壮年兵(principes)以及后备兵(triarii)。前两类分别由1200人组成,士兵皆配备了复合椭圆形盾牌、长剑和短矛(沉重的投掷矛约9英尺[⑥]长,充当步兵的特色投掷武器)。[⑦] 后备兵则由大约600人组成,并配备了哈斯特(hasta)长矛。与元首军团不同,这些军团结构平衡而稳定,由1200名轻装步兵(velites)组成,士兵配备剑、小盾牌(parmae)和哈斯特轻枪(短而轻的标枪)。此外还有10支骑兵小中队,共计

---

① Dudley and Webster, *Roman Conquest of Britain*, p.184.

② Berchem, “Conquête et organisation par Rome,” p.231.

③ Charlesworth, *CAH* 10:682.

④ Parker, *The Roman Legions*, pp.9-20; Webster, *The Roman Imperial Army*, pp.27-30.两者都基于波利比奥斯第六部著作。

⑤ Harmand, *L'Armée et le soldat*, p.39.

⑥ 1英尺(foot)≈0.3米。——编者注

⑦ Coussin, *Les Armes romaines*.

300 骑。[①]

诚然，军队既无弓箭手也没有投石器，在远程进攻方面极为薄弱。骑兵特遣队作为部队有机组成部分所占比重很小，因而无法独立使用，只能用于巡逻、侦察和联络。然而，当盖乌斯·马略(公元前 157—前 86 年)改组军团时，并没有增加远程部队和更多的骑兵。相反，军团变得更加不平衡。轻装步兵被废除，骑兵特遣队也被逐步撤销：作为部队有机组成部分的骑兵特遣 43
队在尤利乌斯·恺撒战争时期已经荡然无存。[②] 后备兵也随新战术的产生而被撤除(虽然他们的武器并没有撤除)。新的战术以 480 人的标准步兵队为基础，其士兵配备两英尺长的西班牙双刃短剑以及投掷矛。[③]

除了一小支骑兵特遣队(120 骑)被重新引入，元首时代的军团在结构方面与先前基本相似。[④] 这些变化意味着军团基本上成了重装步兵特种部队。事实上，正如上文所指出的那样，士兵拥有双重身份，他们既是步兵又是作战工程师。[⑤] 在每个军团的总部都有工程学专家，他们能勘察运河，设计竞技场，规划道路，并且(最重要的是)建造或拆除城墙和防御工事。塔西佗(*Annals*，11.20)就曾描述道：当克劳狄下令要求多米提乌斯·科布洛停止对乔西人的报复行动时，科布洛命其手下在马斯河(Maas)和莱茵河之间挖出一条运河。在公元 69 年内战中的贝德里亚库姆战役后，维特利乌斯派遣吉米纳第 13 军团到克雷莫纳和博洛尼亚(Bononia)去建造露天竞技场(*Histories*，11.67)。所有的道路由军团建造，其中包括总部的测量师(mensores)。军队受过技能训练，被训练为半熟练或熟练的工人。他们的个人套件中装有基本的施工工具，其中包括一个特别设计的多用途镐(dolabra)。克劳狄时代头号

---

① 马里安之后的骑兵团信息参见 Harmand，*L'Armée et le soldat*，p.46. 亦见 Marin y Peña，*Instituciones militares romanas*，p.74，par.137.

② Parker，*The Roman Legions*，p.43.

③ 哈斯特长矛并未消失的证据参见 Coussin，*Les Armes romaines*，pp.359-360.

④ 数字的唯一证据参见 Josephus，*The Jewish War*，111.6.2.

⑤ Marsden，*Greek and Roman Artillery*，p.1：183.

大将科布洛总爱说是多用途镐为其赢得了胜利。元首制时期的军团还包括其他重要元素：使用投石器的弩炮和可以射出轻箭及弩箭的炮弩。这些武器在攻城战时作用尤为突出，但同时也用于战场的火力输出。

在适当的条件下，这种不平衡结构在军团中产生了最高程度的战术效率。然而，“合适情势”是高强度的战争：以近距离作战占领地面，或者对付地方的集中兵力，也包括军队人员精心布置的防御工事。同理，行军相对缓慢的军团步兵是不适宜进行游击战(或反游击战争)的，并且也确实不适合对
44 付难以捉摸的敌人，特别是西亚和中亚的骑兵。纯军团兵力在这样的低强度的战役中表现不佳。因为除非是森林和高地作战，此类战争需要小规模、可分散的部队，以及远胜于突击力的投射火力和尽可能多的骑兵。此外，这种战争也不需要军队中那样高度发展的工程技能。

军团兵力相对集中，由于军团内少有投掷矛，所以远程火力不足，毕竟若以手投掷，射程一般不超过 100 英尺。[1] 此外，军团骑兵只能提供侦察员和警戒哨——这不足以对付敌军防御骑兵，更不适合在战场上使用。同时，在骚扰敌军步兵方面也不尽如人意。毕竟轻装上阵的弓骑手能“打了就跑”，十分机动灵活。然而，集中的军团行进缓慢，只能以围攻或强攻方式来击垮对手。

像很早以前所指出的那样，鉴于军队的专业化程度和战术的局限性，辅助部队不仅是军团的添加物，更是一种补充。[2] 多亏了辅助部队，罗马人可以避免将其公民安排至不适宜的部队中，从而造成人力资源的浪费。例如，骑兵部队[3]、弓箭手、投弹手和投石器操作手就被编入辅助部队，这些部队在潮湿的天气里尤其有价值，因为弓箭不能长时间暴露在外。(在当时下雨天一般难以用弓，因为潮气易让弓弦受潮变软；其二是雨天视野不佳，难以

---

① Harmand，*L'Armée et le soldat*，p.62，引用出自 19 世纪法国士兵的叙述。

② Marquardt，*De l'Organisation militaire*，pp.156，192.

③ Vigneron，*Le Cheval dans l'antiquité*，pp.1:261-264.

射准。)[①]

与此同时，相对于敌人和盟友，军团步兵的特殊能力还能给予自身以更大的“升级优势”——在上文的分析中，我们说道：在高强度战争中，军团步兵总能压制辅助部队。军团步兵虽然不能阻止辅助部队逃跑，但是除非条件非常不利，在旷野中军团定能十拿九稳地击溃敌军。当然在西维利斯叛乱期间(公元 69—70 年)，不利因素就占了上风。阿劳迪第 5 军团和匹利米吉尼亚第 15 军团这两个军团兵力锐减，食物短缺，还被持不同政见的巴达维亚辅助部队围攻，困在下日耳曼的维提拉阵营中。根据塔西佗记载(*Histories*，4.12-80，5.14-26)，后来，日耳曼尼第 1 军团、加利卡第 16 军团、马其顿第 4 军团和匹利米吉尼亚第 15 军团这四个军团被迫投降或去投靠了叛军。

西维利斯叛乱与军团和辅助部队之间的战争性质相似：八个巴达维亚辅助步兵队揭竿而起，而西维利斯本人则既是辅助部队军官，又是部落首领(另外两个著名的叛军首领阿米尼乌斯和塔克法里纳斯也是如此)。虽然辅助部队在压力情势下起了异心也是常有的事，但是随之而来的罗马军团叛变肯定是独一无二的。据史料记载，不管是帝国时期还是共和国时期，辅助部 45
队固有的不可靠性不断涌现：依照弗朗提努斯的说法(*Strategemata*，2.7.3-5)，苏拉一直忠心耿耿，而普鲁塔克(*Grassus*，27.6，7)笔下记录的卡雷的克拉苏辅助骑兵却心怀不轨。公元 70 年，Q. 佩提留斯·赛里阿利斯前去镇压西维利斯，抵达战区时，他认为为了谨慎起见，在开战前先得把高卢辅助部队遣送回家，说单靠军团就足以应付。[②]

在罗马军队的二级结构中，由公民力量组成的军团通常高度自律，十分可靠。必要时它们能够控制辅助部队，并在高强度战争中发挥战术优势。这

---

① Harmand，*L'Armée et le soldat*，p. 77. 射程资料参见 McLeod，“Range of the Ancient Bow，” p. 14. Davies，“The Romans at Burnswark，” pp.105-106 论称投石器在罗马军队中不常见。

② Tacitus，*Histories*，4.71：“社会战争后，意大利人通通变成罗马公民，他们充当军团兵力，不再需要辅助部队。”

虽然只是军团的一个潜在功能，但是其作用非同小可。一旦辅助部队的可靠性得到保证——之后的改革使其更加完善——重装步兵和战斗工兵以及辅助部队的骑兵、轻装步兵和投射部队的组合，让罗马人在大多数地形对付敌人都保有战术优势。同时，它还让罗马军团在战略上占上风——即使需要时间——并给予罗马人“升级优势”，让他们无坚不摧，碾压所有敌军。

根据塔西佗的记录，当日耳曼尼库斯越过莱茵河追寻瓦卢斯诸军团残余——更重要的是，以这次报复行动重建罗马威望、重构罗马军事威慑时，他使用了两个军团八翼（alae）辅助骑兵和不少于 26 个辅助步兵队（*Annals*, 1.49）。显然，辅助部队配备方式并无标准可言：根据前军团士兵维乐留斯·帕特库勒斯所说，瓦卢斯的 3 个军团只带了 3 翼骑兵、6 队辅助步兵。

罗马武力的软肋在于骑兵。早在公元前 202 年，罗马人就曾依靠雇佣努米底亚骑兵来帮助对抗汉尼拔的骑兵大军。虽然历史上确实存在过一支罗
46 马公民骑兵队（如同直到“社会战争”为止分布于意大利各邦的同盟骑兵），但是依赖非公民骑兵的模式被一直延续下来。在元首制时代，军队的辅助骑兵以两种方式存在：其一，作为骑兵翼；其二，作为步骑混合队（cohortes equitatae）。两者都像一般的步兵辅助队有两种阵式：一种是拥有 512 人的五百人翼（ala quingenaria）；另一种则是人数为第一种近两倍的千人翼（ala miliaria）。步骑混合队一般由 380 名步兵和 120 名骑兵或是 760 名步兵和 240 名骑兵组成。[1] 然而，这些部队在弗拉维安时代之前毫无建树。人们甚至不确定它们是于何时组织起来的。直到弗拉维安时代之后，它们的作用才慢慢凸显出来。

古代的骑兵都没有马镫，就连罗马人的骑兵也没有（直到后期，东部罗马人才从阿瓦尔人手中获取这项技术）。有时人们认为所有的罗马骑兵队都是“轻”骑兵，即他们用弓或标枪进行远距离攻击，或者用矛或剑在近距离骚扰

---

① Davies, “A Note on a Recently Discovered Inscription.” Davies 提出五百人翼和千人翼分别有 480 名和 800 名步兵。

敌人——与“重装”但不一定身披铠甲的骑兵相反，后者配备了长矛，长期以来都用作打击力量，意在对准敌人要害发动冲锋突击。[①] 为此人们争辩道，没有马镫，骑兵很难冲破坚实的步兵团，因为没有骑手可以在与步兵接触时保持平衡(但是，其实每个骑手都知道，不管有没有马蹬，只要双膝用力就能留在马鞍上)。诚然，前进的封闭式步兵战术自斯巴达后大有发展，而简单的骑兵冲锋几乎已过时了。因为即使是最好的骑兵冲锋也无法冲破机密列阵的步兵所树起的盾牌和矛尖之墙。事实上，罗马人既使用重装骑兵(虽然并没有穿上装甲)又使用轻骑兵，因为这些用于对付那些训练不足、军纪差的步兵部队仍然是非常有效的。[②] 此外，没有马镫并不会阻止对敌方骑兵的冲击，特别是对轻骑兵的冲锋。

不仅如此，事实上，可能击败训练有素的步兵团的骑兵战术也已设计出来了：那便是配备长矛的重装骑兵和弓骑士(即轻骑兵)的联合使用。安息骑兵部队就曾用这种战术，并在公元前53年的卡雷战场上歼灭了克拉苏的7个军团。[③] 此战术将突击和箭雨完美结合起来，弓骑士释放大量箭雨，攻击罗马人的阵列，而长矛重骑兵冲锋追击，迫使罗马军队保持在封闭的队列中，从而确保他们不断遭受箭雨的攻击。这样一来，步兵既不能上前对付弓骑兵又 47
无法离阵避难(哪怕适合避难的地形近在咫尺)。一旦骑兵意识到即使没有马镫也可以完成冲锋，辅助骑兵的价值就凸现出来了：他们可以进行侦察、反侦察和追击活动，并且在打破轻骑兵集中阵营上还能大有作为。再者，他们在对付军纪差的步兵时也能发挥重要作用。

罗马依靠辅助骑兵只是因为他们的公民骑兵(也许还包括马匹)质量低劣。另一方面，他们对辅助投射步兵(弓箭手、投石手和标枪手)的依赖也有

---

① Vigneron, *Le Cheval dans l'antiquité*, p.235.

② 参见 Josephus, *The Jewish War*, 111.5.5.约瑟夫斯所述的“康特斯”(重长矛)是一种突击类型的武器，正规的辅助部队骑兵会配备此长矛，这与附庸国部队和非正规部队截然不同。

③ Vigneron, *Le Cheval dans l'antiquité*, pp.297-299.

其目的：帝国得以保留了罗马重装步兵的“比较优势”。鉴于罗马长期人手短缺，若将公民编入轻装步兵部队是很低效的。轻装步兵在意大利外是很容易获得的。就此，也有非常古老的先例：李维记录了在公元前217年，从锡拉库扎（Syracuse）招募了1000名弓箭手和投石手。而在恺撒的高卢战争期间，出现了“古典三杰”——克里特的弓箭手、巴利里克的投石手以及努米底亚步兵（长枪兵？）。在元首制时代他们仍然是辅助部队的组成部分。[①]

根据拿破仑三世发起的一场19世纪的实验，在一位强大和训练有素的人手中，罗马投掷矛的最大射程约100英尺。根据同一试验，一把木质核心，外在为肌腱、内部为白骨角的组合弓的最大有效射程为175码[②]至190码。[③]（射程更长的也有被援引，但那些可能是指特殊的弓、弓箭手和不适用于战争的“飞”箭。）古代复合弓的最大精确和有效的射程不超过65码，但这仍然几乎是罗马投掷矛射程的两倍。比起罗马投掷矛，弓的最重要的好处在于它更为强大的火力而不是它优越的射程：行军中的战士可能只能携带几支投掷矛（一般大概两支），而弓箭手却能带许多箭。

投石手和弓箭手具有同样的功能——为推进（或撤退）的步兵提供掩护和火力支持。在攻城战以及机动作战中，如果条件允许，轻型投弹可以依靠
48 投石机补充。由于精心打造的防御工事将抵挡所有射击（当然最庞大的投掷机除外），所以通常情况下投石机在攻城战中的任务是为攻城槌和其他突击器械的推进提供火力掩护。投石机在野战中也有足够机动性，至少在牢固和平缓的地面上十分灵活：公元14年，日耳曼尼库斯部队在强行渡河时，使用“托尔门塔”（tormenta）投石机将卡特人逐离对岸；根据塔西佗（*Annals*，1.56，11.20；参考 Suetonius，*Gaius*，46）的记载，在两年后的另一个事件中，日耳曼尼库斯使用投石机掩护罗马军队进攻切鲁西战士驻守的一个工事，迫使切鲁

① Cheesman，*Auxilia of the Roman Imperial Army*，p.8.

② 1码（yard）≈0.9米。——编者注

③ Marsden，*Greek and Roman Artillery*，pp.9，10；McLeod，“Range of the Ancient Bow，” p.8.

西人不敢抬头，并中止了火力投射。

虽然我们不知道作为军团有机组成部分的投射武器的标准数量，但是很有可能是每队列6件（即每个军团至少60件）——主要是箭射石弩，其余是更重的“投石弩”（Ballistae）。由此看来，辅助部队通常没有火器部队或攻城武器。虽然没有确凿的证据，但是很明显，允许其拥有这类武器将违背“升级优势”的原则；原始辅助部队中存在火器的现象仍需要解释：根据塔西佗在《编年史》中的记录，当西维利斯和他的辅助部队被围攻在维提拉的罗马营地时，他们使用了由罗马囚犯和逃兵制造的攻城武器。[1] 举一个现代的例子：1857年印度士兵哗变后，英国在印采取的主要预防措施之一就是不让大多数印度军团持有火器。

虽然辅助部队补充了军团的技能，因而混合辅助特遣部队实际上就是“平衡”的多用途野战军，但是在高强度战争中，罗马军队总体上仍然享有比较优势：在战道修筑和途中防御工事的掩护下，罗马军团能缓慢而无情地在战略上纵深侵入敌方领土；与密集部队进行全面战斗；最重要的是，在进攻和防御性围攻战中发挥着重要作用。[2] 随着部队集中度和战斗强度的增加，罗马人的战术优势也随之提高。[3]

这种战术结构因素具有重要的战略意义：罗马军队作为一种战争工具，显然十分适合攻打要保护固定资产的敌人——固定资产主要是城市，但也包括耕地，甚至是灌溉系统。反之，罗马军队不适合对付没有固定资产、兵力不集中的敌人。对罗马人来说，伐木取道通过森林和沼泽到达原始日耳曼人的 49
乡镇是没有任何意义的，因为日耳曼人的真正实力在于其农村性和分散性：即使失去了所有的城镇，对日耳曼人来说也不会是一个严重的打击。同理，罗马的能力也不是很适合打击东方的安息人或是后来的萨珊人。虽然他们

① Marsden, *Greek and Roman Artillery*, p.184.

② Thompson, *The Early Germans*, pp.131-140.

③ Thompson, *The Early Germans*, pp.146-149.

都有一些重要的城市，但是其主要作战力量来源于骑兵，源于伊朗高原的小牧民。伊朗高原夏季酷热、冬季严寒，罗马士兵完全无法适应。因此即使罗马人征服并洗劫了包括首都泰西封在内的安息重要城市，安息人也不会被击垮。

与达西亚人、萨尔马提亚人以及阿拉伯和北非的游牧民族的较量也是如此：没有人能抵挡住罗马侵略纵队的无情前进，但罗马帝国也不能有效地运用他们的力量对抗广泛分散于农村的基地，毕竟这些地方的人的生活和力量不取决于城市的经济和社会结构。因此，如果罗马人选择坚持进攻，那便只能对所有分散村庄进行灭绝式的扫荡。由于人们缺乏固定的生活模式，所以罗马难以用规则去约束控制他们，因而和平事实上是先造出一片荒原。因而在图密善对北非纳萨莫尼人的战役结束时，他向元老院报告说，战争已经取胜了，纳萨莫尼人已不复存在。[①]

如果这种对罗马军事能力的分析是正确的，那么帝国扩张上地理限制的军事技术原因就不言而喻了。这些限制的功能并非纯粹体现在空间上、距离上或是人口统计上，也体现在其性质上——这最重要——它们既适用于强制性的外交也可用于战争。作为战争工具的环境因素在制约军队的功效的同时，也决定了其作为一种外交控制工具的功用。针对有固定资产要保护的政治实体，罗马军事力量所产生的“武力威胁”是最为有效的。由于罗马人可以挪用或摧毁这些资产，他们也可以在不做这些事情的情况下，征服这些资产业主，从而将他们转为附庸。虽然无论是战争还是外交胁迫，罗马军队的训
50 练、武器和技术都是极为有效的，但是在北非的半沙漠地区、欧洲中部未开垦的林地、今天的乌克兰平原、干旱的伊朗高原以及阿拉伯的沙漠里，罗马军队却无计可施。罗马军团可以保证对上述土地相邻耕地的控制，但要完全渗透这些地方却是极其危险的。

---

① Syme, *CAH* 11:146, based on Dio, 67.4.6.

军队的战略部署

据苏埃托尼乌斯所述，直到图密善禁止这种做法为止，罗马大军由数个大约 6000 人的军团组成，这种大单位的结构还进一步被部署在各地的部队阵营所强化：例如，在莱茵河边界的莫冈蒂亚库姆（美因茨）、维特拉（克桑腾）和奥利弗姆·奥比欧鲁姆（科隆）。因为辅助部队跟随军团，所以罗马军队的力量集中在帝国周边的几个点上，内地留下很少的兵力，甚至没有兵力，并且周围兵力分布也非常不均匀。因此，公元 6 年，28 个军团有 4 个在西班牙，5 个在莱茵河畔或更远处，2 个在雷蒂亚，5 个在伊利里库姆，3 个在默西亚，另有 9 个在北非、埃及和叙利亚。[①] 公元 9 年，瓦卢斯军团惨遭埋伏，西班牙驻军被减少到了 3 个，日耳曼驻军增加到了 8 个，雷蒂亚的被取消了，伊利里库姆驻军保持不变，默西亚驻军减少到 2 个。另有 1 个军团依然驻守北非，2 个军团驻守埃及，4 个驻守叙利亚。根据塔西佗的记载（*Annals*，4.5），这种军团分布一直保持到公元 43 年罗马入侵不列颠。[②]

显然，东西方附庸国家的发展不平衡有其军事意义：在东部，附庸国家高度发达（并且在公元前 20 年，亚美尼亚定居点在罗马和安息之间留下了一个纵深缓冲地），罗马的安全由几个素质平平的军团确保，同时由附庸兵力作为强有力的补充，因为这些附庸们知道罗马在其他地方的兵力有多厉害。相反，在西方，帝国外围的日常安全只能由罗马士兵自己去守卫。老于世故的东部首领们很容易就能明白罗马军队的强大，但是对日耳曼人和达西亚人来说，必须亲眼看见才能相信。

由于东方附庸承受了帝国内部和外围安全保障的负担，罗马人便能保持

---

① Syme, "Some Notes on the Legions under Augustus," p.33, n.1.

② 在两个新军团被征召以及准备入侵不列颠之前（公元 42—43 年），部署结构未曾改变。参见 Parker, *The Roman Legions*, p.129.

自己惊人的军事力量——当然也正是这股集中的力量产生了强大的武力威慑，反过来又震慑附庸国。驻守在叙利亚的4个军团虽然规模很小，但力量
51 集中——自相矛盾的是，先前当罗马人想要控制小亚细亚广阔的领土时，军队本可能被分散。此外，安息仍是罗马视野内唯一的大国，军事力量的分散定会带来严重的危险。由此我们便能看出帝国在此期间的部署策略。从安全体系的角度来看，罗马必须意识到中央储备兵力缺乏和周边军团部署选择的问题，因为帝国安全体系仍依赖于复杂而脆弱却又非常高效的附庸体系。帝国曾有一个战略后备，但它被部署在边界，安营扎寨在可能出现威胁或机会(即征服的机会)的地方。在这个时候，军团实际上并非用于保卫他们的防线，而是如果任何地段出现威胁，其通常就可以从其他地方撤出，前去增援；所以并不存在日耳曼人、达西亚人和安息人联合攻击帝国的危险。[①]

鉴于这些政治环境，帝国的防御战略必须应对两种威胁。其一是地方性威胁。这种威胁在较长时间段内都保持稳定(如自公元9年到公元69—70年的日耳曼人危机)。其二是零星的威胁。这种威胁不可预知(如本土叛乱)，因此，在中央战略储备中保留大量兵力无疑是资源的浪费。这样的储备只有在它可以及时部署以增援遭受攻击的地段时，才优于使用边界抽调的临时兵力。然而，在罗马帝国，战略重新部署难以在短时间内完成。在常受威胁的地方，需要的不是可调度的储备兵力，而是常驻部队；在威胁零星且难以预料的地段，储备兵力则难以及时到达现场，而且损失通常产生得也比较早。所以，更为有效的做法是取消储备兵力而将所有部队部署在边界或其附近，随时处理军事或外交问题。

帝国地理状况特殊——地中海周围的一个空心圆环——因而，罗马人没有防守者通常所享有的防御优势，即更短的内部交通，除非海上运输可行。在没有早期预警系统的情况下，如果敌方已建好防御工事，罗马部队行军速

---

① 普林尼的书信(LXXIV)中提出达西亚人和安息人联合进攻的可能性，部分学者觉得这个设想极有可能。参见 Sherwin-White, *Letters of Pliny*, p.662.

度不过每小时 3 英里(每天大约 20 英里)。这一限制意味着战略储备部队起
不了大作用,无论敌方入侵持续一月还是两月;不论有无中央储备兵力,罗马 52
军队应急反应缓慢,很少能快速派出援军,帮助正在成功遏制敌人的军队。

该系统还带来了额外的风险。首先,总是存在的主要威胁——即使未经商量,也可能会在周边多个地区同时爆发。此外,还有一个非偶然性的危险:一旦军团从一个地段撤出,奔赴消除另一地区的威胁或集结进攻兵力时,行省暴乱分子和边界外的敌人就会趁机反叛罗马,或是对帝国领地发起突袭。这种事情时有发生,因为罗马部队从一个地段的撤出与先前潜伏的危机之间存在着一种因果关系。此外,还有引起进一步连锁反应的风险,例如在公元 6 年,潘诺尼亚平原起义爆发,当时正值军团从伊利里库姆撤军,企图集结兵力对马罗博杜斯发动两头攻势并对波希米亚实行战略包围。提比略负责指挥 5 个军团,他率领部队在西北线从卡农图姆(如今维也纳东边 50 英里处)推进,实际上部队已经越过多瑙河,这是南翼部队。第二翼部队从美因法(位于莱茵河地区)向东推进。两翼军队准备在易北河会合。如果塔西佗(*Annals*,2.46,11.16)和维乐留斯·帕特库勒斯记录无误的话,这次军事行动有多达 15 万人的部队参与,可谓声势浩大。正是在这种背景下,起义爆发了。[①]

留守西斯卡(也就是现在克罗地亚的锡萨克)的小部分罗马军队被叛军围攻,当时叛军已控制了行省的大部分地区。当时默西亚行省长官 A. 凯基纳·塞维鲁正带着他的部队北上,本想试图加入提比略进攻马罗博杜斯的计划,却不料中途前往平息叛乱。然而,他自己在多瑙河边境的行省已失去了两个军团,那时,达西亚掠夺者已经渡河侵入默西亚。提比略被迫取消入侵波希米亚的计划,转而奔赴伊利里库姆作战,塞维鲁也被迫停止援救,以便回到默西亚。到最后,罗马人花了三年的时间,用尽所有力量,才征服了伊利里库姆。在公元 8 年,可能有超过 10 万士兵参与镇压叛乱:10 个军团、70 个辅

① Syme, *CAH* 10:369-373; Holmes, *Architect of the Roman Empire*, 2:111-115; Dyson, "Native Revolts in the Roman Empire," pp.250-252.

53 助步兵队、10 支翼骑兵队，以及大量非正规军队——主要是由附庸国国王罗梅塔尔凯斯一世提供的色雷斯骑兵。[①]

考虑到罗马人不得不面对零星和广泛分布的威胁，对马罗博杜斯的进攻计划带来的连锁反应只是一个例外，即使这十分重要。早期元首的治国经验就是节省军事力量并成功地维护帝国的安全。

结　论

在共和国时代，罗马人一般通过不断扩张来解决愈演愈烈的帝国安全问题。然而，这种扩张主要是霸权控制而非领土占领。罗马战争和罗马胜利带来小程度上的领土扩张，之后通过附庸体系，更加深远地延伸罗马外交控制。然而，在共和国时代晚期，罗马政治生活中的新势力出台了新政策。领土扩张的节奏明显加速，并在奥古斯都统治下达到了顶峰。

奥古斯都显然没有在自己的一生中践行自己让塔西佗记录下的著名遗训（塔西佗本人强烈反对），即反对进一步征服。[②] 在奥古斯都的指令下，征服战争遍及四面八方，广阔的领土被兼并，即未来诸行省默西亚、波兰、诺利康、雷蒂亚、科蒂埃阿尔卑斯和滨海阿尔卑斯。这些最后的吞并是早就应该采取的安全措施，从而阻止萨拉西人的掠夺，但对于其他地方的征服并不是出于安全的考虑。然而，不到万不得已，奥古斯都一般不会出台政策兼并管理高效的附庸国：朱迪亚在公元 6 年被兼并，但只是因为在希律家族中找不到适合的继承人——朱迪亚意义重大，不可能轻易地托付给一位小亚细亚的附庸主。

---

① Syme，*CAH* 10：372.

② Brunt，*review of Meyer*，*Die Aussenpolitik des Augustus*.禁止令资料见 Tacitus，*Annals*，1.11.异议参见 *Agricola*，13.当然，塔西佗是在争斗悬而未决的时候写完的，参见 Syme，*Tacitus*，pp.1：10-29.

公元前 31 年，在屋大维获得最终胜利后，他对 60 个军团和残军进行裁军，因而在很大程度上，在胡里奥-克劳狄时代罗马军队实力基本保持不变。这一时期的罗马皇帝可以通过征兵来扩大军队的规模，但是他们拒绝这样做，这一点证实他们接受这一自我强加的战略限制，也正是这一点驱使帝国继续利用灵活的外交控制工具，即众所周知的从共和时代一直沿用的附庸体系。

由于帝国对兵力的节省，奥古斯都军事机构不仅足以捍卫帝国，还足以 54
支撑霸权扩张；在任何时候，帝国都可以通过抽离部署在边境的部队的方法为征服战争集结大量军队，尽管这样做有些危险。例如，公元 6 年，在只有 28 个军团的军队构建中，不少于 12 个军团被集结起来，用以进攻波希米亚。根据塔西佗(*Annals*, 2.46)所述，这场战役旨在将罗马权威带到易北河。[①] 诚然，这 12∶28 的比例着实太高了，并很可能招致严重的风险，但是罗马战略体系无疑具有高度的弹性。

有观点认为，甚至在公元 6—9 年伊利里库姆和日耳曼大危机发生之前，奥古斯都的政治目标也仅限于在易北河建立一个有限的"科学"的边界——"汉堡—布拉格—维也纳"边界。这一观点在某种程度上已过时。[②] 一些学者认为奥古斯都并没有设置这样的限制，他仍在全力追求亚历山大与罗马的梦想，即征服世界。也许事实就是这样的：奥古斯都从小就野心勃勃，希望在 18 岁的时候征服罗马。但内战持续了很久，足以消磨任何好战的精神，毕竟他保持相对较小的军队规模的做法并不符合任何征服世界的梦想——无论他如何错误估计了从罗马到世界尽头的距离。事实上，虽然与此无关，但罗马人的地理知识十分贫乏，在罗马人眼中，甚至征服中国也是可行的：罗马人认为从莱茵河到维斯瓦河的距离要小于从比利牛斯山到莱茵河的距离(636 罗马里[③]或 686 罗马里比 920 罗马里)，罗马人甚至认为后二者是平行

① Parker, *The Roman Legions*, pp.82-85 and passim.

② Syme, *CAH* 10:353.

③ 古罗马长度单位，1 罗马里(Roman mile)约为 1.5 千米。——译者注

的。同样，他们还认为从维斯瓦河到远方的中国的距离不到从比利牛斯山到莱茵河（比如，约为 2560 或 2660 英里）距离的 3 倍。因为恺撒用了 10 年时间，凭借不超过 10 个军团的兵力就征服了高卢，所以征服日耳曼似乎也是完全可行的——公元 9 年，罗马人就曾回答道，只要只是一个地理深度的问题，而非抵抗强度问题，那么征服便是可行的。[①]

诚然，奥古斯都体系非常适合支持在前线的有限进攻，与此同时，在特定的战线上，还能从整体上确保帝国周边安全。克劳狄在征服不列颠时就是充
55 分运用了这种灵活性。只要存在接受罗马权势威胁的人民和文化，并且附庸国能承受帝国过去扩张所带来的安全负担，那么进一步的扩张就是可行的——当然征服只能循序渐进，一次一个，并且扩张之地还不能太辽阔。毕竟奥古斯都军团规模较小，可以征服的地方实在有限。

① Tierney, "The Map of Agrippa," pp.154-160.

第二章

从弗拉维安王朝到塞维鲁王朝：从苇斯巴芗到马尔库斯·奥列里乌斯的“科学”边境与“阻断式”防御

56 尼禄于公元68年去世时，另一人已经宣称据有他的位置。可这位新皇帝加尔巴直到10月才抵达罗马，并于公元69年与世长辞。卢西塔尼亚前省长M.萨尔维乌斯·奥索虽然是加尔巴的随从，却借禁卫军之手将其谋害，转而自己称王。当时还有一人要崛起称帝，那人便是下日耳曼和第4军团的首领奥鲁斯·维特利乌斯。争帝之战以自戕和谋杀收尾，帝国随即爆发内战。

上、下日耳曼一共7个军团：4万人和至少同等数量的辅助兵力。维特利乌斯手握重兵，足以拿下罗马并把控帝国政权。相反，奥索手头没有什么兵力，也没有哪个军团依附于他，因为他以前的卢西塔尼亚行省并没有任何军团。罗马卫队最多4500人，加上尼禄新招募的退役水兵军团(辅助第1军团)，再者就是一些来自多瑙河边防守备分队及相关辅助部队。然而，这是远远不够的。因此奥索还雇用了2000名角斗士为其效力。

奥索真正希望拥有的是多瑙河军队的5个军团以及附近达尔马提亚的2个军团。这些人都愿意为其效劳。如果说莱茵河各军团拥立维特利乌斯为候选人，那么多瑙河上各军则会以奥索为首。维特利乌斯的企图削弱了日耳曼的边境防御，因其不断派遣士兵到意大利争夺帝国政权；而奥索的霸业也削弱了多瑙河的边境防御。然而，奥索的计划缓慢，处事也过于迟钝。在意大利北部克雷莫纳附近的贝德里亚库姆，两军碰面了；兵力更多的维特利乌斯大获全胜。公元 69 年 4 月，罗马迎来了当年的第三位皇帝。虽然这位皇帝凶残嗜血，但根据史料记载，他是成功的，或者至少看似成功。

维特利乌斯果敢胆大，先发制人，因而击败了奥索。可他后来却因谨慎小心和广泛准备而失败。公元 69 年 7 月，在维特利乌斯进入罗马时，埃及的两个军团在行省总督的鼓动下，宣布立 T. 弗莱维厄斯·苇斯巴芗为王。

苇斯巴芗在辅助部队和附庸部队的支持下，率领一支由 3 个军团组成的 57
军队在犹太战争中大获全胜。他得到了埃及、叙利亚和所有东部附庸君主的支持——金钱和军队。他的后方没有危险，无须像西边的对方一样担心被颠覆。他的儿子提图斯留守朱迪亚指挥，毕竟朱迪亚还是作战场所，也是弗拉维安帝业的权力基础：在朱迪亚的作战部队还能威慑叙利亚和埃及，使其保持忠诚。

苇斯巴芗留在了埃及，并将血腥的内战转交给其他人去处理。他的代理人挑起了在莱茵河的巴达维亚辅助部队的动乱，从而吸引牵制了维特利乌斯的部队；此外他还切断了埃及给罗马的粮食供应——也许仅仅这个就能迫使维特利乌斯投降。与此同时，2 万士兵从叙利亚出发，行走在通往罗马的漫长道路上。公元 69 年 10 月，维特利乌斯和弗拉维安的军队再次在贝德里亚库姆兵戎相见。叙利亚军队还没有到达意大利，苇斯巴芗仍待在埃及，但多瑙河的军队已失去奥索，不能指望获得维特利乌斯的青睐，于是投奔弗拉维安。潘诺尼亚部队赢得了贝德里亚库姆的第二场战役。恐怖接踵而至，那些以苇斯巴芗名义作战的部队并不受他控制，靠近战场的克雷莫纳被当成外国城市而惨遭洗劫。来自潘诺尼亚的蛮族也正向罗马推进，将所到之处搞得混乱不堪。公元 69 年 12 月，维特利乌斯在罗马被谋杀，元老院投票决定将大权赐予苇斯巴芗。但直到公元 70 年 10 月，苇斯巴芗才进入罗马城。

内战还造成了另一个损失。为了拖住下日耳曼的维特利乌斯的部队，西维利斯带领的强大的巴达维人，被教唆以弗拉维安帝业的名义造反。附庸部落首领西维利斯共有8个辅助部队，队伍由他在罗马服役的部落成员组成；此外，他让日耳曼自由民加入，以增强实力。在公元69年年末，维特利乌斯身亡，罗马人不再需要外人帮助去相互拼杀。然而，西维利斯为其个人目标仍旧继续战斗，还笼络了一些高卢人：声称要创造一个高卢帝国。

莱茵河的4个军团兵力耗尽，饥肠辘辘，士气低落，最终因被围攻或叛乱而一败涂地。西维利斯赢取了对莱茵河下游地区的控制。然而，河对岸的高卢人依旧保持着他们对罗马的忠诚，另一侧的日耳曼自由民也没有入侵毫无防备的帝国。两方的克制实乃明智之举。弗拉维安率领9个军团前来打击叛军，还谨慎地留下了自己的辅助部队以防不测。这股力量势不可当。西维
58 利斯叛乱被镇压了，但是莱茵河边界却也瓦解了：其队伍不是被疏散了就是被歼灭了，冬季的营垒被烧，罗马的声望和威慑力都严重受损。

苇斯巴芗王朝的野心昭然若揭。他有两个儿子，并决意将帝国传于弗拉维安家族。公元79年，苇斯巴芗去世，长子提图斯继承王位，但是公元81年提图斯就驾崩了。次子图密善继承了哥哥的王位。史料对前两个弗拉维安倒是十分友善，但对这第三个弗拉维安却没什么好话。只要权力受到威胁，图密善就会立即镇压。然而，古代独裁者缺乏现代独裁者的官僚机构和监视技术，故而镇压也不是很可靠。于是在公元96年，图密善便被谋杀了。

从公元70年内战结束到26年后图密善被谋杀，这一期间并没有大的征服战争。在不列颠，罗马控制区已延伸到北方，但不列颠岛并没有被完全征服，蛮荒的苏格兰下面的狭长土地上也未曾建立起一个固定的边境。在日耳曼，莱茵河边界被全面重建，但随着罗马控制河对岸后又被全面遗弃。在一系列的边境整治战役中，莱茵河以东和多瑙河以北的地方，道路、营地和堡垒都被建立起来，以驱赶敌对民族并包围、占领河流之间的肥沃土地。不像那些伟大的征服战争，弗拉维安的一系列战役未能激发罗马人固有的尚武精神

中的热情。因而公元 83 年图密善对付日耳曼卡特人卓有成效的边境战争被当时的评论员嘲笑不已。

公元 85 年，多瑙河中游训练有素的日耳曼人在戴凯巴路斯的统治下越过边境进攻默西亚。图密善随后对日耳曼人的战争不胜不荣亦不输不耻。至此，从战术上来说可谓不输不赢，但公元 89 年日耳曼和萨尔马提亚人从达西亚上游入侵，同时上日耳曼总督 L. 安东尼乌斯·萨特尼努斯企图谋反。这种情况下，图密善无心再和戴凯巴路斯一较高下、决出胜负——如果他真的有一个计划的话。

公元 96 年图密善的被害让罗马皇帝之位空置，但内战并没有接踵而至。因为卫队和军团的力量之间相对平衡（我们可以推断但不能证明），或者可能因为内战的痛苦记忆，下一个皇帝由元老院自由选举。元老院的举荐总是参照相同的标准。这次的人选便是年事已高、身份高贵、受人尊敬又非军队出身的 M. 科齐乌斯·涅尔瓦，但主要还是因为他年事已高。在这之后，每当形势所迫，年迈的贵族就会被元老院选中，好似元老们希望确保能够很快再次行使选举的特权。

现役军队指挥官手握军权，年长贵族一般毫无防备之力。因而元老院提 59
名者们很快便丢了性命。但涅尔瓦或其顾问倒是聪明人。叛变消息传到罗马后，不羁的卫队当众羞辱了新皇帝，随后涅尔瓦立即收养了 M. 乌尔比库·图拉真——一位杰出而受人尊敬的上日耳曼军长——作为他的儿子和后继者。事实上，在公元 98 年涅尔瓦去世以前，图拉真就已是帝国的新统治者。不得不说，收养造就了家族继承和权力的顺当移交，头脑简单的战士和王朝观念极强的外省人倒也可以欣然接受。可以说这种权力移交的做法要比权力的自然继承更加安全可靠，其结果也让元老院满意。

图拉真是个优秀的军人，人们翘首盼望着征服战争。这一次，他们没有失望。公元 101—102 年，与达西亚人的战争虽然最终和解了，但这却标志着胜利：达西亚成了罗马的附庸国，而戴凯巴路斯则为附庸国国王。然而，这位领导者却不适合扮演这一角色。公元105—106年，战火重燃，因为戴凯巴路斯的桀骜不驯已然耗尽了图拉真的耐心。战争十分惨烈，但最终罗马大获全胜，多瑙河对岸广阔的达西亚成为帝国一个新的行省。

然而东方才是罗马征服者的天然竞技场。亚美尼亚的定居点再次被击破：安息王朝家族在没有得到罗马批准的情况下，又一次占据了亚美尼亚的王位。虽然安纳托利亚的边境守卫井然有序，但是却只有卡帕多奇亚的2个军团以及叙利亚的3个军团在守卫。防线没有由附庸国提供的地理纵深，因此不可能是一个安全的边界。一旦安息军队可以在亚美尼亚自由集结，他们便能向西方或是向南方出击。要知道，向南便是叙利亚——帝国的核心行省。无论从战略必要性还是从个人野心上来说，这场战争必然爆发。公元114—117年，图拉真的军队不仅征服了亚美尼亚，还拿下了美索不达米亚的大片领土。事实上，图拉真一直打到了安息首府泰西封，征服之广，远胜自奥古斯都之后的任何罗马统治者。可好景不长，灾难纷至沓来。后方起义爆发，安息从伊朗腹地发动反攻，迫使图拉真迅速撤离所有征服之地。在最终失败降临之前，图拉真便一命呜呼了。他于公元117年病死在回罗马途中的西里西亚。

P. 埃利乌斯·哈德良是图拉真的养子和继任者，他遵循巩固帝国统治的政策，停止对外征服。除了达西亚被保留，其他所有在东部的征服土地都被摒弃了。哈德良延续了收养的传统，将安东尼·庇护（公元138—161年在位）收为养子，后者又收养了两个儿子——卢修斯·维勒斯（公元161—169年在位）和马尔库斯·奥列里乌斯（公元161—180年在位）——作为共治皇
60 帝。众所周知，安东尼时代安定稳固、防御全面、边界安全，可谓帝国的黄金时代。这得归因于几个长寿的好皇帝以及有利的政治背景。在经受住了公元69年的大危机之后——当时帝国几乎濒于解体——弗拉维安、图拉真、哈德良以及安东尼等诸位皇帝似乎实现了帝国永恒的安全体系，罗马统治下的永久和平。然而，在后来的几年里，在伟大的斯多葛派皇帝马尔库斯·奥列

里乌斯执政晚期，战争、入侵和瘟疫粉碎了安东尼时代的和平。从那时直到帝国终结，除了相对短暂的间隔得以喘息，帝国始终处于水深火热之中。

体系概述

在共和国和早期元首制时代，罗马战争艺术最典型的特征便是行军营地。每天行军结束后，部队都会集结在一个事先经过精心挑选的地点。在那里，他们会劳作三个多小时：挖一条外围障碍壕沟，建造防御围墙，组装栅栏[①]，并搭建帐篷。虽然考古证据表明，在幸存的各遗址中[②]，外围的样式复杂多变，但是其布局显然遵循一个标准的方案：帐篷依照单位整齐地分布在面对总部营地中心的T形道路旁，此外防御围墙内缘和第一行帐篷之间还留有较宽的沟。[③]

现代评论家经常指出，营地所提供的防御力量与经过一天行军后为修造其所耗的功夫相比，可谓毫不相称。[④] 无疑，这一累人而耗时的例行营地建设，大大降低了罗马军队的战略机动性。因为罗马军队似乎从一大早就出发，一直行进到晌午，剩下的时间还要用来建设营地和休息。[⑤] 然而，虽然由便携式双尖木桩搭建的脆弱栅栏、不过3罗马尺[⑥]深的浅沟和只有6罗马尺高的围墙根本抵挡不了重大袭击，但是低估标准行军营地防御的战术效用的做法绝对是错误的。根据高技术性和高可信度的设防手册《军事营寨筑城

① Harmand, *L'Armée et le soldat*, p.132, n.240; Webster, *The Roman Imperial Army*, pp.170-171.

② 例如参见下述著作中的营地描述："Romans in Redesdale"。

③ Harmand, *L'Armée et le soldat*, pp.121-128.该作者在书中第99—135页对营地进行了详尽的描述。

④ 例如 Webster, *The Roman Imperial Army*, p.171："这栅栏只是一道挡住游荡者和野兽的篱笆。"相似描述还出现在 Harmand, *L'Armée et le soldat*, pp.129-134.

⑤ Adcock, *Roman Art of War*, p.13.

⑥ 1罗马尺(Roman foot)≈30厘米。——译者注

学》的记载：

> 在相对安全的地方，壕沟是为了维护纪律。壕沟一般是V形或布匿形[①]。V形是指两侧从顶部倾斜而下，在相同的角度一同变窄直至底
> 61 部。而布匿沟渠则是外侧垂直敷设，另一侧如V形一般倾斜。沟渠应该至少有5英尺宽，3英尺深。还须在正门前掘一条长60英尺的类似沟渠，并与大门保持相同的宽度。由于这沟渠十分短促，故名为提图勒姆(titulum)……在不太安全的地方，还应该筑起一道由草皮、石块、瓦砾组成的6～8英尺宽的围墙，再加上一道女儿墙，也就足够了。此外，还应该沿提图勒姆和其他沟渠，在大门前再筑一道防御土墙，这建筑便是传说中的圣地防御。[②]

即使是有限的防御工程(尤其是尖头木桩)也足以破坏骑兵的冲锋势头；事实上，通常没有骑兵会试图对这些障碍发起冲锋。此外，军事营寨筑城的60罗马尺的边距(其中外围与第一行的帐篷之间的距离达50罗马尺)将提供相当大的保护以免受箭或投掷矛的侵害。再者，如果营地受到攻击，宽阔的道路可确保部队有条不紊地集合，避免士兵在散落着辎重的小空间中瞎跑而造成混乱和恐慌。

然而，现代评论者所强调的阵营防御战术的缺点确实存在。以堡垒方式，在被围困的阵营驻兵的做法，绝非出自罗马人之手：军队一旦集合，就必须冲出去同敌人公开作战，这时训练有素的步兵的冲击便可以充分发挥作用(配有投射武器的辅助部队只在阵营围栏后面才有用武之地)。可是，却是非战术功能使得罗马行军营地不仅仅是单纯的防守外围，而赋予了它“在现代战争中无与伦比的重要性”。[③] 事实上，行军营地就是一种强大的心理

---

① 布匿形：一种柱面形状。

② 参见由Gilliver翻译的“Roman Art of War,” p.243.

③ Harkness, *Military System of the Romans*, p.xlix.

手段。[①]

对于冒险进入敌对领土和不熟悉环境的部队来说，营地防卫的熟悉环境将提供一种安全感。由于壕沟、围墙和栅栏阻挡了流浪的当地人和野兽的侵犯，队伍便可以放心地洗漱沐浴，查看装备，相互交谈，打闹玩耍。同时，这种安全感还能让战士们睡个好觉，为第二天的行军或战斗养精蓄锐。此外，野外部队所积累的疲倦也能得到缓解。 62

其实，行军营地还是一个节省劳力的手段。虽然修建营地要花费大量劳力，但是营地一经建成便可提供夜宿，并且还能最大限度地减少守夜人数。夜间行动的目的无非是打扰敌人睡觉；虽然造成的伤害很小，但是这种深夜来扰、打了就跑的作战却会使遭受袭击的部队身心俱疲，一定程度上也会迫使越来越多的人被派去守夜，这当然是以牺牲睡眠为代价的。由此可见，行军营地就保持部队力量方面还是有很大价值的。因为（如果我们的史料来源是可靠的）在 80 人左右的百人军团中，只需 16 人守夜站岗。（只有那些参与过战斗的士兵才能真正体会睡眠的军事价值。）

有时，行军营地还能为军队提供战术保障。如果罗马军队在野外被击败，他们便能躲进营地，休养生息，他日再战；[②]但这还得战败部队有一个完整并且方便就近抵达的行军营地才行得通，而这往往是不可能的——标准的做法是一旦失去营地就拆毁防御。从某种程度来说，这种做法是有道理的。要让败北之军有序撤离，避免溃逃，是十分困难的。营地却可以提供一个自然的集结点和重新部署军队的现成的框架。罗马行军阵营将露营的战术优势和士兵宿营地的便利完美地结合了起来。[③] 除此之外，还有额外的好处：只要有更多的时间和劳力，就可以强化外围的防御工事。罗马行军营地的制度

---

① Adcock, *Roman Art of War*, pp.13-15.

② Adcock, *Roman Art of War*, p.15. 参见 Harmand, *L'Armée et le soldat*, p.129, n.226, p.130, n.228, and pp.129-134.

③ Adcock, *Roman Art of War*, p.14.

富有特色，是军队力量的关键因素，其显著的特点便是在压力下的特殊韧性。

苇斯巴芗及其继任者所推行的安全政策在哈德良和他的继任者的统治

63 下达到了顶峰，并被看作是将帝国转变成一个大规模行军阵营的尝试。这个比喻恰如其分：在他们的政策下创建的边界防御就像那些行军营地，并不充当总体屏障，而是作为帝国防御机动战略中的一个固定要素。

第一步是划定帝国边界。虽然在某些情况下，自然屏障为胡里奥-克劳狄帝国提供了分明的边界；但是在许多地方，边界难以精确判定。一位现代学者指出，帝国缺乏边界标识，并进一步推断帝国边境的概念可能并不存在。①

罗马边界肯定是不同于今天的，因为我们当下的边界是接受政治统治的标志。在罗马的边界地带，通常没有势力能与其抗衡，罗马能自由辐射其影响力。因此，在直接军事控制下的行省之外，还有一个政治控制区，而后者反过来让位给具有更大影响力的地方。一个现代史学家认为罗马人都是头脑简单的掠夺者，不会考虑太多。②

由于海洋或广阔的沙漠并没有给予帝国的界限以明确的定义，所以我们只能根据主观的政治判断确定帝国的控制范围。对于那些没有真正控制的遥远部族，宣称对其享有含糊的宗主权的做法，确实能让罗马得到一种心理满足，但是这些空洞的权力宣告往往不太容易与明确扩大了帝国权力版图的附庸关系区分开来。一些现代史学家认为罗马人妄想整个世界已经是他们的了。③ 即使奥古斯都夸下海口声称印度已臣服，这也不过是罗马人的夜郎自大；但与这些虚假的宗主权声明并行，倒有着非常相似却更为有理的权力宣示，例如在朱巴的毛里塔尼亚和希律王的朱迪亚。

到哈德良时代，这一切都随着他的边境防御工事的竣工而改变了。帝国的陆地界限被明确划定，即使没有地界石标示，人们也能清楚区分哪儿是罗

---

① Isaac, *Limits of Empire*, p.396.

② Whittaker, *Frontiers of the Roman Empire*, pp.17-18.

③ Whittaker, *Frontiers of the Roman Empire*, pp.10-30.

马，哪儿不是了。[①] 几乎所有附庸国家都已被兼并了，外围设防连同河流和海 66
洋等自然屏障确保了帝国的边界安全。

帝国权势的无形边界已经在许多地方让位于有形的物理前沿边防：在不列颠，泰恩—索维线上建起了一道界定罗马领土的复合防御工事——“哈德良长城”(其防御功能远远超过一堵墙)；在日耳曼，一道不太精致的由沟槽或栅栏构成的屏障被建起来，横跨莱茵河和多瑙河上游汇合的点形成了突出基地；北非战壕土墙体系(也作“阿非利加工事体系”，Fossatum Africae)已被建立，它沿现在的阿尔及利亚的撒哈拉大沙漠的边缘，长约 750 公里。在多布罗加(现代的罗马尼亚境内)，一道延续不断、归属不明的城墙构成稍短的外围，从多瑙河的阿克西波利斯(拉索瓦)一直延伸至托米斯海岸。这是一个典型的“科学性”边界，可能也是帝国时代的第一个连续边界——如果它确实是建立于图密善时期的话。[②]

帝国亚洲东部从黑海到红海的边界上并没有连续的城墙体系，除了一个有趣的例外：在美索不达米亚北部，一条 15 英里的双沟城墙连接起西部哈布尔河和东部的辛加尔高地，从而阻断了从南部直接通往重要城市尼斯比思的便捷通道。[③] 但并没有证据表明帝国在努米底亚的北非战壕土墙体系向东延伸进入的黎波里塔尼亚、昔兰尼加或埃及(或向西延伸至毛里塔尼亚)。正如我们将看到的那样，“设防边界”(这里指防御边界)仍然有一部分是“敞开的”，这解释了那些被配备完整外围屏障的地段的真正的军事目的。因为，这类障碍的缺失并不意味着没有“设防边界”(从线性周长的意义上讲)：构成“设防边界”的基本元素不是墙、栅栏或篱笆，而是连接边境驻军的道路网以及

① Schlumberger, *Syria*, pp.20, 71.

② Forni,“Limes,” p.1280. 参见 Frova,“The Danubian Limes,” pp.25-26，该文作者赞同“小土石工事”的论断。

③ 参见 Wheeler,“Roman Frontier in Mesopotamia,” p.126 以及同书第 115 页的地图。

地图 2.1　公元 2 世纪的边界

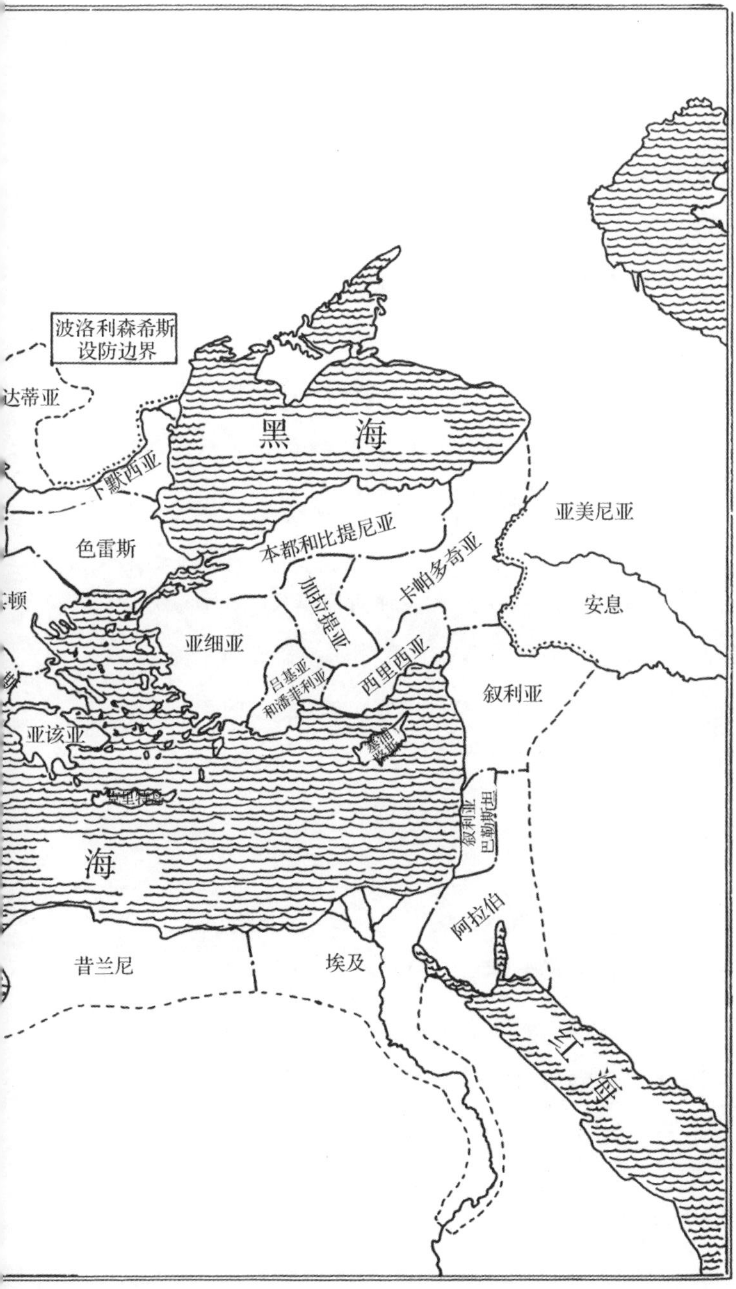
波洛利森希斯
设防边界
达蒂亚
黑　海
下默西亚
亚美尼亚
色雷斯
本都和比提尼亚
卡帕多奇亚
加拉提亚
安息
亚细亚
吕基亚
和潘菲利亚
西里西亚
叙利亚
亚该亚
叙利亚
巴勒斯坦
海
阿拉伯
昔兰尼
埃及
红　海

连接边境区域和帝国内部的网络。[①] 一个现代学者因否认“设防边界”是一个防御边界而出名，[②]这与其道路网络的原始意义相反，但是考古学家发现了长期精心设防的边界，并有直接的叙事证据佐证这一点。[③]

67 过渡到第二个外围防御体系并非突然，却也没有得到普遍应用。从苇斯巴芗开始的几任皇帝，皆根据当地情况加强部分特定边防。在苇斯巴芗时期，罗马人兼并了东部最后几个附庸国；在图密善时期，又附上现在日耳曼的维特奥（莱茵河对岸的突出之地）；在图拉真时期，他们吞并了达西亚，且与安息人互相角逐；在哈德良时期，他们巩固了行省，并建立了著名的横跨英格兰最北端狭长地带的长城。罗马皇帝并不想放弃作为外交控制工具的附庸体系。然而很明显，他们也的确看到了附庸体系的脆弱，明白附庸体系无法保卫帝国的安全。

我们可以在历届帝王的罗马战略中发现一种明确模式：对军事力量以及军事基础设施日益依赖的领土安全。事实上，罗马人对附庸体系的依靠越发减少，相反越来越多地依靠军事力量和基础设施来捍卫自己的帝国。

边境防卫：战术维度

弗拉维安时期建立的外围防御需要在接下来的三个世纪里继续投入完善。在每段设防边界中（无论是否提供连续的屏障），道路网络、堡垒大小以及用于观察和发信号的塔，根据防御方案和威胁的变化，被反复拆建。多亏了历代考古学家的辛勤劳作，罗马边境政策的有形元素即使不完整也仍然连贯地展现在我们面前（虽然仍有许多已知却尚未发掘的遗迹）。虽然考古学、

---

① 边防含义见 Forni, “Limes,” pp.1075-1083.这里所讲的水平防线和 Forni 书中第 1081—1082 页内容相对应。

② Isaac, “Meaning of the Terms Limes and Limitanei,” pp.125-147.

③ Gichon, “45 Years of Research,” p.189, 转引自 *Vita Hadriana*, 12.6, and Ammianus 23.5.2.

金石学、钱币学和文学上的证据被大量收集整理起来,但是对于这一阶段内罗马边防的目的和帝国的战略意义,学界依然有争议。

罗马人十分理性,绝不胆怯,可他们建立的固定防御经常被人们认为是无用的[①]、败坏士气的,正是因为这些固定防卫的存在,导致了致命的"马其诺防线心态"。[②] 这些判断不仅反映了人们对公元3世纪罗马防御体系崩溃的认识,还似乎反映出一种根深蒂固的对防御战略和军事防御工事的偏见—— 68
一种在研究哈德良和其政策的历史学家中常见的偏见,也是一种在当代军事分析家讨论当下弹道导弹防御体系中存在的偏见。正因如此,克劳塞维茨才经常被误解。[③]

这种分析所包含的最常见的谬误,就是按绝对价值评估防御体系。如果防御能被突破,那它便是"无用的";只有坚不可摧的防御才是有价值的。这种评价纯粹是误导性的,其不啻将不能战胜一切抵抗形式的任何进攻体系都视为是无用的。也许除了爱情,世上任何实物,包括防御体系,都必须以相对价值来进行评估:其资源成本应与其军事"产出"相比较,而军事"产出"也不只是镇压或渗透。此外,任何防御体系的价值,必须根据所要对付的威胁类型来进行评估。一种体系可能在抵御低强度的威胁时是最有效的(包括渗透、打了就跑的突袭等),而另一种则对大范围入侵威胁最为有效。因此,每个体系应据此评估,因为防御体系通常仅针对某种特定的威胁,仅提供些有限的屏障;而在其他情况下,只能吸收、偏转或过滤更大或更小强度的威胁。

无论是墙壁、栅栏、篱笆还是土方建造的障碍,提供线性屏障的罗马边境防御主要还是应对低强度威胁,包括越界渗透和侵入。这些障碍当然不可能

---

① 例如 Alföldi,*CAH* 12:213; Pflaum,"Forces et faiblesses," p.96; Swoboda,"Traian and der Pannonische Limes," p.197.参见 Berchem,*L'Armée de Dioclétien*, p.104.

② Weber,*CAH* 11:312-313; Watson, *The Roman Soldier*, p.67,评论了维吉迪乌斯对防御的"执念";Wells, *German Policy of Augustus*, p.246,批判了马其诺防线。事实上,如今在对罗马边境的分析中,照例必会提及倒霉的马其诺防线。

③ 参见 *On War*, pp.357-359.

为帝国提供完全防御，应对全面性攻击。相反，设防边界无论是“敞开式”还是“封闭式”（即提供连续障碍），都是充当机动打击力量的基线，旨在于防御策略框架内，以战术进攻方式，抗击大规模进攻。一般来说，小规模、地方性的威胁主要依靠固定防御和最小限度的兵力（卫士部队）解决，而更严重的威胁则依靠集中在后方的机动部队去解决，他们会去拦截侵略者跨越边境的破坏攻击，或是阻挡敌人的聚集入侵。

在这个时期里，针对高强度威胁的边境防御运作方式是机动的、具有进攻性的，而不是静态和防御性的：战斗发生在边界之外而非之内。换言之，
69 沿着设防边界建造的固定防御工事，只是作为在发生重大攻击时，配合进攻行动的辅助型基础设施，因此其作用也应据此评估。毫无疑问，在当时，边境防御基础设施并不能为该地段的驻军提供庇护。若要证实这些论断，首先我们必须将屏障元素（墙壁、栅栏、篱笆和土方工程）置于整个防御体系的其他组成部分之中，无论是“开放式”还是“封闭式”，他们都存在于每段设防边境之中。①

瞭望塔和前哨堡垒。它们能提供反渗透监视，并能为即将到来的大规模攻击提供早期预警。瞭望塔通常被纳入障碍要素（如果有这个要素的话），例如沿不列颠哈德良长城每隔540英尺分布的塔楼。虽然这些塔楼提供了稠密的监视覆盖，但很少在预警方面起到作用。②

另一方面，前哨堡垒一般位于边界之外。在哈德良长城以北的主要路线上常有这样的堡垒。其中三个（布仁斯、内瑟比和比尤卡斯尔）已被证实是哈德良时期所建。③ 在现代阿尔及利亚的北非战壕土墙体系中，系统各部的建造时间不太确定，但外部监视区域和积极防御区已被合理确认出来，它伸出

---

① Lander, *Roman Stone Fortifications*.

② 关于塔楼研究见 Birley, *Research on Hadrian's Wall*, pp. 103-110. 亦可参考 Breeze and Dobson, “Hadrian's Wall.”

③ Birley, *Research on Hadrian's Wall*, pp.227-233.

边界以外60—80公里。[1]

通信联络。这是第二个功能要素，大体上基于相同的物理结构，是一个双向信号系统，将前哨和监视塔与在后方（有时位于深后方）的辅助堡垒和军团堡垒连接起来。通信联络依靠烟火信号，这就要求在外围堡垒或塔楼上能清楚地看到后方。[2]（人们发觉在苏格兰，起伏的地面有时会遮蔽视线，这时半圆形延长的安东尼长城似乎就起到了信号塔基底的作用。）[3]即使在没有外围屏障的地方，通信网络依旧存在：图拉真纪功柱上的一个场景显示，沿着没有墙壁或其他障碍的多瑙河，也有一系列正规模式的信号站。[4] 在不列颠，两个兵团堡垒约克-伊布拉库姆和切斯特-德瓦，分别驻扎在哈德良长城后方100英里和140英里处。其间一行垂直轴线的信号塔群将哈德良长城的卡莱尔段与维克特里克斯第6军团在约克的堡垒连接了起来。[5]

驻军和作战储备。系统中的第三个不可缺少的因素便是守卫、巡逻部 74
队、辅助部队以及军团（尽管不一定总有军团）。他们住在按等级递增的警卫据点、辅助堡垒以及军团要塞中。军团要塞这一术语用来描述士兵基地，但在这个阶段，帝国还未在营房和服务建筑群（构成士兵“要塞”）周围建造精细的防御工事。

道路。道路是系统的根本要素：在每个保卫区段中，“横向”和“垂直”道路网络纵横，垂直道为跨越边界提供穿透轴线，以及用于通信、增援、部队流通与补给的后方路线。凡是在没有线性屏障守卫的设防边界（例如，在叙利

---

① Baradez, *Vue Aerienne de l'organisation romaine*, p. 359. 参见 Berchem, *L'Armée de Dioclétien*, p.44，文中对前哨壁垒和阿非利加工事体系本身的连贯性表示怀疑。

② Webster, *The Roman Imperial Army*, pp.246-248. 此通信方式弊端参考 Forbes, *Studies in Ancient Technology*.

③ Robertson, "The Antonine Wall," p.102.

④ Richmond, "Trajan's Army," pp.34-36.

⑤ Richmond, "A Roman Arterial Signalling System."

亚边境），横向外围道路便充当了防止渗入和大规模入侵的巡逻路线。①

当边界的外围线短于内线时（例如雷蒂亚跨多瑙河的设防边界），水平的边境道路还充当快速省道。事实上，基于快速集中的移动部队，帝国这一阶段的边境防御严重依赖于道路网的密度和质量。最典型的要属安纳托利亚东部边境的东西向垂直公路，它是弗拉维安王朝重组边境的第一步，并将通往边境的道路与安纳托利亚的西部连接起来。②

无论它们的概念整体有多么令人印象深刻，无论它们保存得有多么完好（随着继续挖掘，注定还要出土更多），③罗马设防边界的物理要素不过是其系统骨架：罗马人没有划定其范围，包括巡逻、交易和外交的"整个移动复合体"都从属于该系统，并且随着设防边界的壮大，它的辐射范围远远超出了其所涵盖的范围。④

设防边界的布局很是清晰，帝国在这一阶段形成了欧洲和努米底亚的线性屏障；而这些墙壁、栅栏、篱笆或土方并非旨在提供类似于中世纪城堡墙壁一般的战斗平台。首先，设防边界的外形就不适合充当战斗平台。例如，哈德良长城的堡垒走道宽度不超过6英尺，如此窄小的过道绝不可能会是一个令人满意的战斗平台。墙的厚度（堡垒走道减去栏杆的距离）从5英尺6英寸到最多10英尺不等。⑤ 而且，在上日耳曼与雷蒂亚的栅栏、篱笆和墙壁以
75 及北非战壕土墙体系那儿，根本没有堡垒或护墙。因此，虽然这些结构在防止渗透时显得非常有用，但是却不适于应对严重的威胁——严重的威胁只能靠进攻去解除，而无法只靠防守。

线性障碍明显不适合用作抗击大规模进攻的战斗平台，因而人们有时说

---

① Poidebard, *Trace de Rome*。其他有关开放的边防信息参考 Bowersock, "A Report on *Arabia Provincia*," pp.236-242 和 Euzennat, "*Limes* de Volubilis."

② Magie, *Roman Rule*, p.1:571.

③ 参考网址：http://www.deutsche-limeskommission.de/index.

④ Lepper, *Trajan's Parthian War*, p.108.

⑤ Birley, *Research on Hadrian's Wall*, pp.84-85.

它是"象征性的"防御。[①] 这种说法显然轻视了线性屏障的作用，如若将它们单纯地看成边界标记，那么建造需要大量资源和长期努力的线性屏障，无疑成了浪费资源的疯狂非理性行为。然而，事实上，罗马线性屏障——绝非首创[②]——至少有两个单独的战术功能。

首先，线性屏障提高了监测的可靠性，同时还减少了阻止低强度威胁（特别是渗透）所需的兵力。通过树立无法在短时间内跨越的障碍，墙壁、栅栏或篱笆增强了监视效果，这种作用在夜间尤为明显，因为在夜里驻守炮塔或瞭望塔的哨兵的视觉观察范围会大大减小。屏障也为小型巡逻队提供安全，保护他们免受伏击；这意味着巡逻单位的规模即使很小也相对安全。

有人质疑，哈德良长城这类精心设计的军事防御工事主要是出于经济目的而非出于安全的考虑。[③] 这种观点主要针对商业活动频繁的边境，不过就这点而言，事实的确如此。然而，这种狭隘的观点妨碍了对这种边防工事的正确理解。需要注意的是，哈德良长城的筑造目的是"控制而非阻止敌军的行进"；[④]因为如果没有能力限制敌军行进或干脆让敌军停下，并在必要时击退它们的攻击，就不可能真正地控制行军。我们必须把这一时期的罗马边界结构放在整个安全机制的背景中来观察。这种机制在应对普通出入境或是较低程度威胁时，呈现出一种包容性；但在应对较高程度威胁时（例如渗透或入侵），变得密不透风。

线性障碍的第二个战术作用，主要针对程度较高的威胁，例如弓骑士的大规模突袭，或是直接入侵。对于骑兵部队来说，这些障碍是难以跨越的：哈德良长城前有一条 30 英尺宽、至少 9 英尺深的 V 形壕沟保护；越过这条沟，

---

① 例如 Berchem，*L'Armée de Dioclétien*，p.126；相似描述另见 Wheeler，"Roman Frontier in Mesopotamia，" p.126.

② Harmand，*La Guerre antique*，pp.177-178.书中附有前罗马线性驻防和军队功能的表单。

③ Whittaker，*Frontiers of the Roman Empire*，pp.91，121.

④ Breeze and Dobson，"Hadrian's Wall，" p.77.

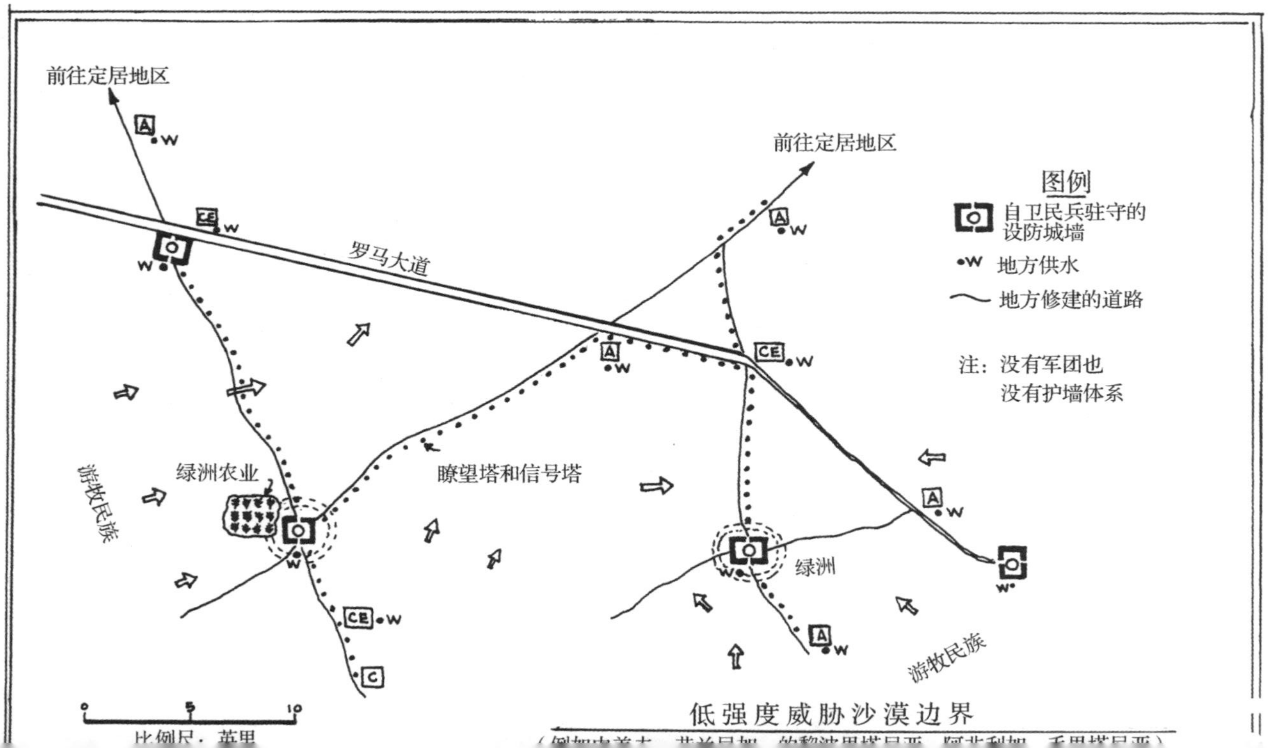

前往定居地区
前往定居地区
图例
自卫民兵驻守的设防城墙
地方供水
地方修建的道路
注：没有军团也没有护墙体系
罗马大道
绿洲农业
瞭望塔和信号塔
绿洲
游牧民族
游牧民族
0 5 10
比例尺：英里
低强度威胁沙漠边界

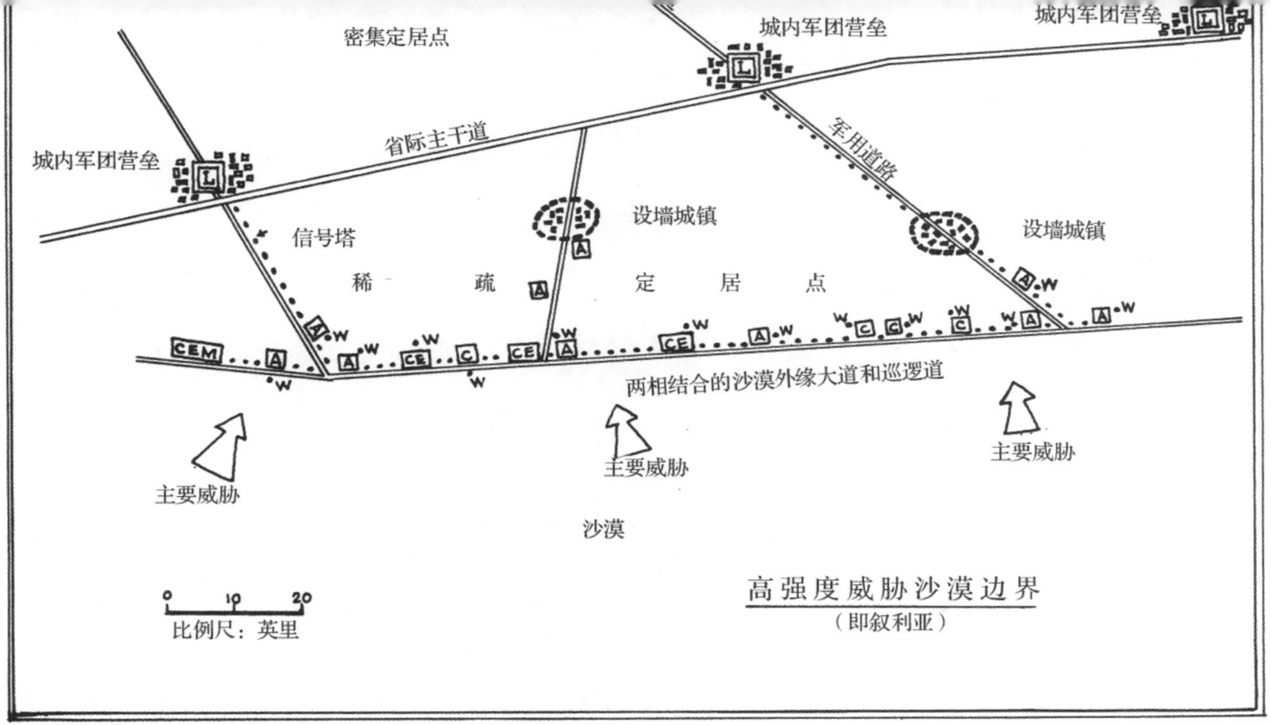

图示2.1　边境组织模型（一）

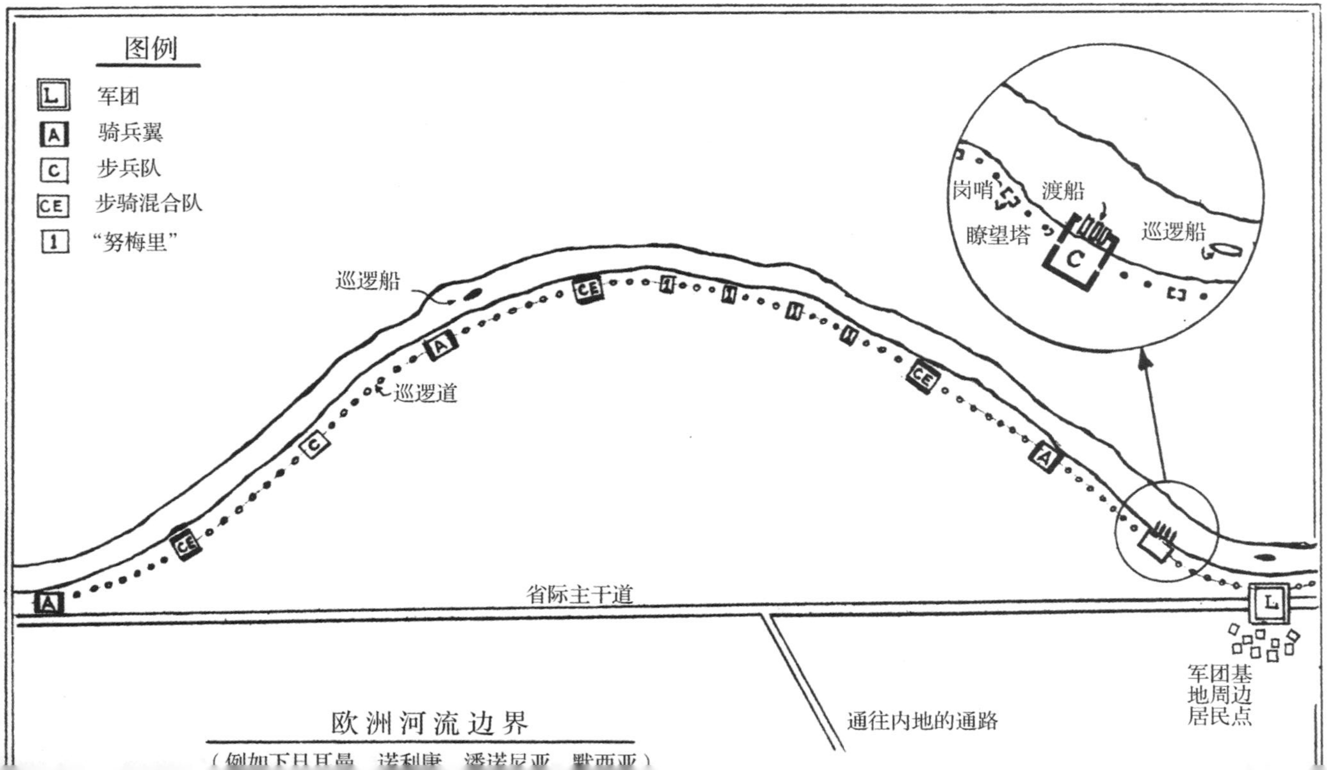
图例
军团
骑兵翼
步兵队
步骑混合队
“努梅里”
巡逻船
巡逻道
岗哨
渡船
瞭望塔
巡逻船
省际主干道
军团基
地周边
居民点
通往内地的通路
欧洲河流边界

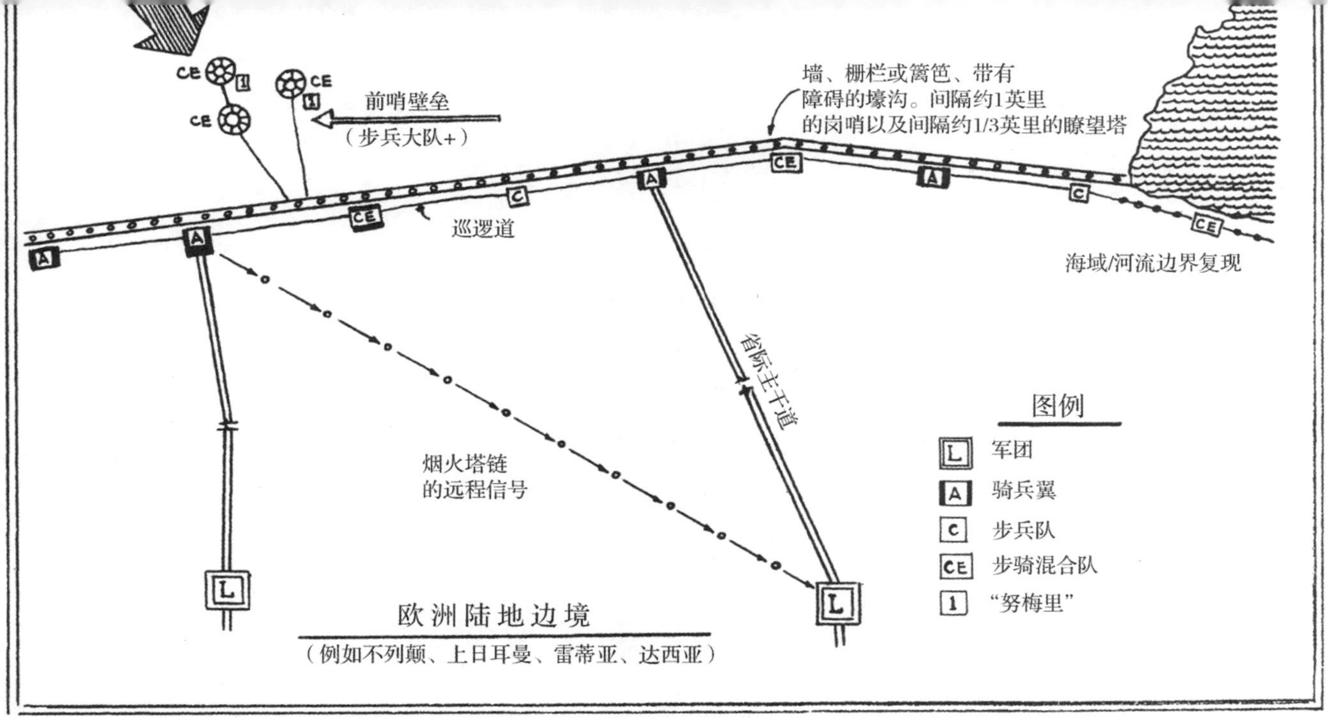

图示2.2　边境组织模型（二）

76 再跨过一条6～20英尺宽的护堤，才能看到20英尺高的长墙。[①] 上日耳曼和雷蒂亚的栅栏和篱笆一般较低些（约12～13英尺）；而北非战壕土墙体系的重建段则显得有些参差不齐：障碍沟宽4～6米不等，深2.3～3.4米，墙高约为2～2.5米。[②]

在北非战壕土墙体系中，低墙的高度与身高较高的人相差无几，让人感觉不会对掠夺者造成多少障碍——对还原论者来说，罗马的所作所为根本毫无战略可言，他们甚至认为这些障碍根本没有任何作用，是画蛇添足。[③] 然而，正如一位研究罗马边境的专家所指出的那样，确实有需要建设障碍以抵御游牧民族："干旱、疾病或其他部落的压力往往是游牧民族被迫从沙漠入侵城市的重要原因。这意味着城市需要一个永久性的守卫。"[④]

事实上，任何骑手都知道，在驰骋中没有墙或沟渠是能轻松越过的——更不用说是墙与沟的组合防御。当时的叙述资料也认为即使是相对较浅的壕沟和低墙，也足以阻止弓骑士掠夺者，让他们垂头丧气，[⑤]使其不能依靠突袭一举侵入定居地区；相反，掠夺者被迫下马，以便破墙填沟，使其坐骑通过。此外，一旦进入屏障，突袭者还难以快速找到出口——除非他们回到原来的入口。这时只要派遣一支部队去封闭最初的突破口并派出巡逻队确认突击队的位置，守卫就可以捕获在防线范围内的掠夺者，或是阻滞其逃跑。在对付这种威胁时的主要战术问题在于敌人一向难以捉摸，而即使防御体系无法阻止他们，也至少能在内部困住他们。[⑥]

说到这，笔者想起一个有趣的例子：在哈德良长城墙体内侧的壁垒，由顶宽20英尺、底宽8英尺、深10英尺的平底战壕所组成。要是算上土堤，壁

---

① Birley, *Research on Hadrian's Wall*, p.79.

② Baradez, "Compléments inédits," p.200.

③ Whittaker, *Frontiers of the Roman Empire*, pp.147-148.

④ Gichon, "45 Years of Research," p.186.

⑤ Gichon, "Roman Frontier Cities," p.201.

⑥ Simpson and Shaw, "Purpose and Date of the Vallum," p.40. 参见 Thompson, *The Early Germans*, pp.114-115.

垒的宽度可达 120 英尺。[①] 只要人们相信这精心构筑的壁垒先于城墙出现， 77
这个屏障就可以被解释为城墙的替代品，虽然质量不怎么样。然而，一旦考古学能证明挖掘壁垒和建立城墙是同时进行的话，或者前者要晚于后者，[②] 那就有很多解释工作要做了。

显然，它是无用的第二道防御：部队被迫退回城墙，如果躲进防御工事，只会使其变得更易遭受攻击。有一个适合还原论者的猜测解释道，壁垒作为民事管辖权的界限，伫立在哈德良墙军事区的前方，充当着一个海关检察点的角色。然而，由于壁垒高高耸立，在角楼上可以轻易地观察到任何情况，那么这样一个巨大的建筑仅仅用于司法目的，就让人太难以置信了。

有人尝试将前沿体系的线性要素与防御高强度威胁的边防战术联系起来，但这种做法并不是很有说服力。所有的线性防御在抵御低强度威胁时最为有效；而在与敌军集中的大规模战争中，几乎作用全无，要想拦截敌方的主要兵力，守卫或巡逻是远远不够的，唯一的办法是在防御屏障外，以大军对抗。就大规模进攻而言，墙壁、栅栏、篱笆或外围道路（例如，在叙利亚的设防边界上）并不是第一道防守，而是最后的防线。

实际上，最初哈德良长城的结构是战术策略中的重要一环：沿墙建造的堡垒提供了三扇双闸城门，最后一个开口在屏障的远侧；很明显，这些门可充当出击点，提供移动和进攻防御。此外，毋庸置疑，前哨堡垒可在拦截时提供早期预警和安全基线。结果，我们得到了一个战略防御和进攻战术以及作战方法的成功组合。这使系统变得富有主动性和弹性，这无疑是十分关键的。换言之，哈德良的墙体看起来像是以固定静态的方式应对动态威胁的侵入，但它的大部分实际力量是机动的，因此具有集中野战部队进攻敌人的内在能力。

---

① Richmond, “Hadrian's Wall,” pp.51-52.

② Birley, *Research on Hadrian's Wall*, pp.118-125.

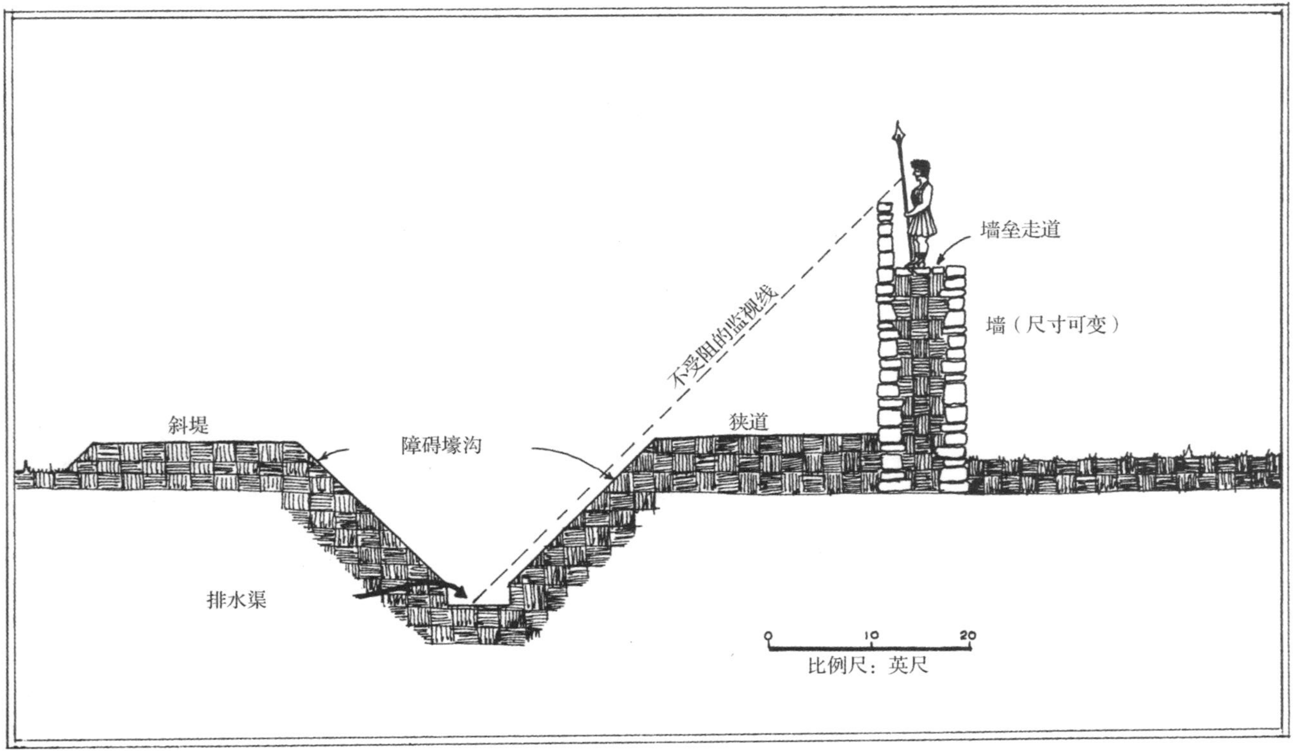

图示2.3　哈德良长城：壁垒体系

然而，不熟悉军事行动的历史学家可能完全忽略了这一点。因此，帝国在这一阶段的罗马边境政策遭到了他们的诟病，他们认为沿着设防边界的兵力部署像是一道不具弹性的"警戒线"，必然会被突破。他们还引述拿破仑 78
("东方的封闭体系更有害")和克劳塞维茨的话来证明其观点。然而，警戒线部署的本质是在所有拦截沿线上均匀分布可用防御力量。

诚然，警戒线的攻击者享有集中打击、分散防御的充分优势，就像所有机动纵队对抗所有静态防线那样：即使进攻方在整体上属于劣势(也许还是严重劣势)，但是它仍然可以在选择的渗透点上取得压倒性的优势。正是出于这个原因，所有有能力的战争实践者和进步的理论家都一致认为，在针对机动部队的大规模战争中，均匀分布的警戒线部署一直存在固有的劣势。确实，当防御处于无法克服的劣势之时，只有选择警戒线部署才是合乎理性的。例如，一支军队若仅由步兵组成，那么在与骑兵部队对抗时，任何策略都没有成功的希望，唯一可行的防御便是形成一条连续的拦截线。同样，在指挥和控制(或他们的通信手段)方面严重弱于攻击者的防御部队时，警戒线可能是防御力量的最佳部署形式；再者，防御部队在移动作战中只能智取，这时防御方若能采取警戒线战术，那么他们至少还能拖住敌人。在不存在这种缺陷的情况下，自愿采取警戒线战术，则必然会导致力量的扩散，这无疑是指挥官决策的失败。

在帝国的这一阶段里，这些建制上的劣势并没有影响罗马军队。其在整体的机动性上没有劣势：虽然军队的核心仍然是重装步兵，但也含有大量骑兵部队。在公元 2 世纪下半叶，罗马军队至少包括 10 个千人骑兵队和 90 个五百人骑兵队，共计大约 5.5 万。[①] 此外，步骑混合队中的轻骑兵，每个千人队中有 240 名，每个五百人队有 120 名。虽然在公元 2 世纪的下半叶，罗马 40～50 个千人步兵队和 270 个五百人步兵队中，究竟有多少步骑混合队无精

① Birley, "Alae and Cohortes Milliariae," p.57. 千人队和五百人队的单位力量分别为 1000 和 500。

确数据资料，但据估计其比例可能相当大。例如，在不列颠，7个经证实的千人队中有5个是千人步兵队，而在46个五百人队中也有31个是骑兵营。[1]
80 也许人们可能认为不列颠不具典型性，但是在公元104—120年，下日耳曼有6个步骑混合队且数量与所有的五百人步兵队相等。在更早些时候，例如公元70—83年，甚至有碑文记载，当时帝国有11个五百人步骑混合队，却只有8个步兵队，此外还有1个千人步骑混合队和2个千人步兵队。[2]（据估计，在公元2世纪，罗马军队各种类型的骑兵总数共计约8万。）[3]

显然，罗马军队总体上并不缺乏机动性。据统计，在公元2世纪，哈德良长城的前线指挥部（斯坦威克斯骑兵要塞）共可部署约5500名翼骑兵和大约3000名轻骑兵。[4] 这对一个仅宽73.5英里的地段来说，已经是一股相当大的兵力了。另一方面，公元104—120年，下日耳曼拥有约3700名骑兵。[5]

当然，重要的不是部分边境部队的绝对机动性，而是所有部队的相对机动性。在一些地段，罗马人面对的主要威胁确实是弓骑士（或是在东部区段的骑兵部队），但在别处，组织松散的农村地区并没有能力供养大量骑兵。在巴尔干，从草原来的萨尔马提亚人主要在马背上战斗，他们配备了沉重的康特斯长矛（冲击武器），很像重装骑兵。[6] 然而，直到进入公元4世纪，日耳曼人军队主要还是以步兵为主。[7] 罗马人的敌人中，能够派出大型骑兵军队的只有安息。

单以辅助骑兵去衡量罗马部队的机动性很容易造成误解；同理，拿他们的重装部队对比野蛮人的轻装部队，也是错误的。[8] 实际上，辅助部队只负责

① Davies, "Cohortes Equitatae," p.751, n.1.
② Alföldy, "Die Hilfstruppen," p.151.
③ Cheesman, *Auxilia of the Roman Imperial Army*, p.168.
④ Birley, *Research on Hadrian's Wall*, p.272.
⑤ Alföldi, "Die Hilfstruppen," p.151.
⑥ Tacitus, *Histories*, 1.79.
⑦ Thompson, *The Early Germans*, p.116.
⑧ 参见 Watson, *The Roman Soldier*, pp.62-64. 文中 Waston 怀疑装备重量有误。

日常安全，他们没有装备厚盾也不配备沉重的背囊。此外，罗马指挥官还会严格规定"携行标准"——那时候与现在一样，长官会限制士兵收集和保存物品的数量，从而保证军队的机动性。（苏埃托尼乌斯在《提比略》中描述了提比略在准备越过莱茵河时，亲自检查背囊重量，以确保它不是太重。）

罗马军队在指挥、控制和沟通方面也不存在劣势。罗马军队纪律严格， 81
职权分明，相比组织松散的武士帮派，拥有更为灵活的指挥和控制系统。在联络方式上，罗马信号传输方法也远非敌人所能比拟。

如果说无法证明警戒线部署存在内在的劣势，那么为什么罗马人像一些权威学者断言的那样要采用它？事实上，罗马人并没有采用这些战术。罗马部队在阻截线上分布不均；相反，他们集中兵力保持机动打击力量。虽然部队有时部署在防御地段之后，有时又沿防线分布，但是罗马军队总是集中在警卫据点、辅助炮台和军团"堡垒"上。例如，哈德良长城沿线的部队原始结构如下：

维克特里克斯第 6 军团驻守约克，而维克特里克斯第 20 军团则在德瓦（切斯特）。这些力量并非沿警戒线的静态部署，他们远离前线，被集中在深后方（离墙壁大约 100～140 英里处）。值得注意的是，在切斯特，军团以传统的兵力节省方式被部署在铰链位置：军团同样可用于支持分布在威尔士堡垒中的辅助部队［连同在不列颠的第 3 军团以及在伊斯卡西鲁鲁姆（Isca Silurum）的奥古斯塔第 2 军团］或连同维克特里克斯第 6 军团，一起支持北方地段。[①]

辅助翼骑兵和步兵队被部署在 3 个（哈德良）前哨堡垒和 16 个墙垒之中，总计约 5500 名骑兵、1 万名步兵。这些力量虽然驻守在防线上（和军团不

① Parker, *The Roman Legions*, pp.155,162. 威尔士直到罗马统治结束为止都未被平定，仍需要一支占领军。Jarrett, "Roman Frontier in Wales."

同)，但却作为集中的打击力量，而非沿线均匀地散布。[1]（据说，这些辅助部队都接受驻扎在斯塔尼克斯的佩特里纳骑兵翼(Ala Petriana)司令部队的指挥，而骑兵翼部队本身就不可小觑。[2]）

守卫和哨兵不到 3000 **人**。这是军队中唯一被稀疏分布的部队，因而属于静态作战部队。守卫和哨兵驻守“百里堡”(每隔一罗马里就被修造的小堡垒)中，并在炮塔上瞭望，监察两个“百里堡”之间的动静。这些炮塔内部面积只有 14 平方英尺[3]，因此，须由从相邻两个百里堡中抽取的卫兵轮流值守。[4]

82 以上细分揭示了军队部署的本质。在该区部署的近 3 万名士兵中，只有不超过 10%的兵力用于静态防御，[5]而这绝不是一个很大的比例。事实上，它只相当于机动野战部队为后方安全而分配的人力比例。

帝国外围的其他部分也有相似的力量分布：多数为机动性力量，少数为静态力量。例如，在雷蒂亚跨多瑙河的设防边界上，公元 2 世纪下叶的兵力结构包括兵力集中递升等级的四个元素：在栅栏或接近栅栏处的瞭望塔(Wachposten 或 Blockhäuser)上驻扎一小波人；在沿线间隔稍远处建有更大的警戒点(Feldwache)；然后是间隔更大的小要塞(Zwischenkastelle)；最后便是部署整个骑兵翼和步兵队的标准辅助城堡(castella)——辅助城堡主要位于

---

① 参见 Birley, *Research on Hadrian's Wall*, p.272.该作者认为步兵总数为 13000 名，但其中包含了 3000 名百里堡守卫(milecastleguards)；其还提出这些部队还可能隶属于独立单位“努梅里”(numeri)。参见 Frere, *Britannia*, p.137.书中 Frere 认为 16 个墙垒士兵总数应为 9500，这数据与 Birley 的数据不符。

② Richmond, “Hadrian's Wall,” p.47.

③ 1 平方英尺(square foot)≈0.1 平方米。——编者注

④ Birley, *Research on Hadrian's Wall*, p.271，其选用了较大的数字——3000 人。Frere, *Britannia*, *p*.137，援引兵力为 1500 到 2000 人，并指出没有证据表明，这些士兵像 *Birley* 所说的那样，隶属于“努梅里”而非正规的辅助部队。亦可参见 Birley, *Research on Hadrian's Wall*, pp.106-109.

⑤ 除了 Birley 的 *Research on Hadrian's Wall* 第 272 页所给出的数据外，还有 11000 人可入编参军。

防线上，但有时也远在幕墙[1]之后。[2] 此外，公元179—180年，该地段得到了在卡斯特里古纳（雷根斯堡）的意大利卡第3军团的支持，构成唯一的主要打击力量。

上述兵力结构并非最初（即弗拉维安时期）在不列颠、上日耳曼或雷蒂亚的边境防卫计划中的结构。在该方案中，辅助炮台经常被放置在外围之后，同时，因为还没有线性屏障，所以外围本身仅以瞭望塔和前哨堡垒为标志。在这两种情况下，后弗拉维安时代趋向将堡垒移动到外围，放弃防线之后的旧堡垒。这一变化曾经与哈德良边境政策联系起来，并引发了很多讨论：设防由于剥离了由辅助堡垒链组成的第二防线而失去了灵活性。但最近的考古证据表明，这种变化只是在一定程度上弱化了灵活性。[3]

在任何情况下，战术批评都没有意义，因为在当时，允许贯穿纵深守卫防线的策略绝不属于罗马战术。罗马人无意将敌人困在外围和内部防线之间进行歼灭。相反，罗马战术要求前沿防御：目的是拦截敌人越过外围。因此，“哈德良”式的重组仅仅意味着将辅助拦截力量部署在出击位置，而不需要从堡垒花上几个小时，奔赴这些点位。

至此我们便可以重现罗马边境防卫方式的概要了。在面对进攻方（进攻 83
方会选择特定的渗透点，从而形成压倒性优势）的机动纵队时，部署在每个地段的部队并非扮演被动的边线防御角色；相反，它们显然是打算从堡垒出发，拦截攻击者的主要部队，即中等级别的威胁。在针对高于或低于中等程度的

① curtain，（连接棱堡、塔楼等的）悬墙或石墙。——译者注

② Forni，“Limes，” pp.1212-1213.这里指的是安东尼统治后期。阿伦堡建于安东尼·庇护统治时期，普芬茨（Pfiinz）和克兴（Kiisching）也与同期重建，它们都在周边防线之后。参见Schönberger，“Roman Frontier in Germany，” p.170.

③ 相对于现在而言，这趋势在上一代人以前更为明显。参见Brogan，“The Roman Limes in Germany，” pp.17-18；Schönberger，“Roman Frontier in Germany，” pp.164-165.也可参考Demougeot，*La Formation de l'Europe*，pp.189-190.不列颠资料参见Richmond，“Hadrian's Wall，” pp. 45-46，55；Birley，Research on Hadrian's Wall，pp.134-155，书中论述斯坦盖特——最初的壁垒链在其上修筑的防线.

威胁时，战术有所不同：在面对小规模入侵和单一渗透时，在“百里堡”中的士兵足以应付；但在敌人大规模入侵的情况下，罗马将让辅助部队出击遏制威胁，与此同时罗马大军也将奔赴前线，以支持防御。

通常边防执勤小队不供大规模机动部署。这些部队为野外机动部队提供了后方区域的安全，但不能因此就说其是一条“非弹性边界警戒线”。[①] ——无论在战术层面还是作战层面上来说都是这样。因为，警戒线防御的本质是将兵力分散在防线上，从而使兵力低程度地集中，而此时罗马边防兵力从根本上来说仍然是机动性的；因而，罗马大军能像任何野战部队一样迅速集结。同时，罗马军团势力的核心仍是重装步兵，这将让罗马军团在敌我双方都集结重兵时占据优势：在所有其他条件都相当的情况下，罗马人更加青睐集中系统，因为他们的部队在高水平强度战争下，攻无不克，战无不胜。[②]

后弗拉维安时代的防御体系和胡里奥-克劳狄时代存在巨大差异。后弗拉维安时代，在不受附庸部队保护的地区，帝国投入了更多抵御低强度威胁的日常安全兵力。虽然罗马军队机动性和集中能力很高[虽然据苏埃托尼乌斯(*Domitian*,7)所说，军团不再部署在多个军营之中]，完全保留了对抗大规模战争的能力，但是罗马部队现在有了另一种军事能力：他们可以提供阻断式防御来对抗低强度的威胁。两种兵力结构都可以确保在战场上的终极优势，这也是帝国生存的必要条件。然而，只有第二种兵力结构可以在远至边境地区提供高水平的公民安全。

从古至今，在功能上，这两个安全维度截然不同；其产生条件更是互相矛
84 盾。单一渗透入侵和小分队掠夺者不可能依靠跋山涉水或是野外行军的罗马大军来拦截。另一方面，稀疏分布的拦截线仅能在全线边界上提供阻断式防御，因而无法阻挡大规模进攻。战场优势需要兵力的集中，而提供阻断式防御则要求部队线性分散，这样一来，除非有第三方介入，否则冲突无法解

① Alföldi, *CAH* 12:213.

② Thompson, *The Early Germans*, pp.146-149.

决。这时，设防边界的边境基础设施便发挥了作用，因为其道路、瞭望塔、守卫哨岗、墙壁、栅栏和篱笆都系统地建立在边防线上，并能起到很好的防御作用。通过高效省力的装置，这些基础设施解决了兵力集中与分散的矛盾。它们使军队能够以最低限度的兵力来对抗低强度的威胁，并提供阻断式安全保障，同时，还能保存大部分军队的兵力，以应对大规模战斗。

战场优势是战略生存不可缺少的条件；要想在敌对环境中生存下去，就得击败它所面临的高强度威胁。然而，战略优势并不自带“阻断式安全属性”。即使不排除所有小规模渗透，帝国也可保留对疆土的控制权。

在胡里奥-克劳狄时期，帝国没有线性防御基础设施，所以若不将罗马军队分散成无数个小分队驻守边界，就难以保证边境地区的日常安全。事实上，军团和辅助部队被紧凑地部署起来，往往驻守在多个军团阵营之中。各军团基地之间相距甚远，毫无积极防御可言。实际上，还得靠附庸国家和部落去提供边境安全，并在源头上压制住越界渗透。考虑到帝国对这些附庸国家和部落的政治组织和控制水平，充分有效的阻断式防御是难以实现的。仅靠附庸难以阻绝所有潜在入侵者和武装掠夺者。

尽管无人防守的边境常年不安全，但是胡里奥-克劳狄体系却是完美高效的（就当时帝国的目标而言）。然而，很多证据表明，在公元 2 世纪，帝国的目标发生了改变。因此，终极安全战略仍然是必要的，并有进一步的要求：帝国需要将帝国行省居民与敌对野蛮人隔绝开来（甚至在外围地区也是如此），以保护平民的生命财产的长久安全。线性障碍的目的尤其是要把外部 85
蛮族与内部蛮族分开，因为境内蛮族正在向罗马人转化。[①] 经济发展、城市化和政治一体化都需要高保障的日常安全，这就要求将帝国行省居民与边界线外附近居住的野蛮族亲隔绝开来。

那么，如何解释东安纳托利亚、叙利亚、巴勒斯坦、阿拉伯、埃及、昔兰尼

---

① Morris, “Vallum Again,” p.50. Birley, “Hadrianic Frontier Policy,” pp.26-33，其中有关议题得到了进一步的讨论。

加、的黎波里塔尼亚和毛里塔尼亚的“开放式”设防边界呢？毕竟那里既没有长城也没有栅栏。此外，为何努米底亚一心追求阻断式安全，而帝国的其余地区却似乎根本不在乎？在回答这两个问题之前，我们必须首先注意到这样一个事实：在欧洲，莱茵河和多瑙河的边界并不受线性障碍的保护，瞭望塔和信号站全由河流巡逻船队代替。冬天多瑙河冻结，河流巡逻舰队无法航行；因而冬季也是最危险的时候，因为没有河流巡逻舰队的帮助，陆上监视系统运作十分低效。①

亚细亚和阿非利加的沙漠边界也存在相似的情况，因为沙漠地带也不需要连续的障碍以抵御低强度的威胁。当然，在条件适宜时，许多游牧部落也会突袭边境地带（直至20世纪，掠夺突袭都是沙漠居民的主要产业）；但这并不意味着该地需要线性防御，因为沙漠中没有需要保护的大面积耕种区域。在叙利亚、阿拉伯、巴勒斯坦和撒哈拉边境地区，只有偏僻的城镇和零星几个绿洲农业小岛；因而单独派兵保护这几个地方，要比保护整个地区更为实际有效。因此，可以说，帝国的沙漠边缘没有真正意义上的边境，也没有任何政治统治的边界的划定区域。②

唯一让罗马人进行稳固控制的地方只有那些独立区，因为它们需要帝国的庇护。例如在以色列内盖夫沙漠中的尼特扎纳、哈鲁察、雷霍沃特和希夫塔等城镇都是茫茫沙漠中的设防岛屿，贫瘠的沙漠则不需要保护，因为它对罗马人、当地人或突袭的游牧民族而言没有任何价值。③ 在这些定居点的外

---

① Starr, *Roman Imperial Navy*, pp.135-137（默西亚舰队），pp.138-141（潘诺尼亚舰队），以及pp.144-152（日耳曼尼亚舰队）.

② Mayerson, "Saracens and the *Limes*," p.39.

③ Gichon, "45 Years of Research," p.189; Gichon, "Roman Frontier Cities," pp.195-207; Gichon, "Origin of the *Limes Palestinae*," pp.178, 184. 更多资料可参考 Applebaum and Gichon, *Israel and Her Vicinity*, pp.37-47.参考 Euzennat, "Limes de Volubilis"：毛里塔尼亚的敞开式设防边界布局精似棋盘。同样，就的黎波里塔尼亚设防边界而言，虽然我们知道它没有任何连续不断的线性屏障，但是道路修筑早在公元15—16年就已开始了。参见 Goodchild and Ward-Perkins, "Limes Tripolitanus."

围，房屋鳞次栉比，形成一道环形防线；就算是弓骑士也不会涉险突袭。因此，这些城镇不需要围墙。塔楼预警即将到来的攻击，通信系统负责召唤移 88
动部队，再加上公路网，足以确保沙漠城镇的安全。其实仅其存在就足以证明小镇是安全的，因为除非拥有可靠防御，任何定居者都不可能在沙漠游牧民族的袭击范围内生存下去。

从毛里塔尼亚到叙利亚的整个沙漠地带中，零星分散的水源决定了农业也相对零散；因而所有这些区域可能都由梯队点状防御保护。在叙利亚设防边界，这意味着该系统可以进一步有效地抵御来自安息的高强度威胁；毕竟要防住安息，没有良好的道路和大量兵力，单靠一个线性障碍是不可能做到的。[1]

在最初易受攻击的数十年中，现代以色列的安全问题为我们提供了一个相似案例：当时，以色列在苏伊士运河—西奈半岛地段面临来自埃及的高强度入侵威胁，但在与哈希姆王国毗邻的约旦河边界却只存在低强度的渗透威胁。因此，以色列人必须建立两个截然不同的防御体系：他们将一支大型机动部队驻扎在西奈半岛深处，而在运河上只布置了一条由相隔甚远的小观察据点组成的防线（即巴列夫线）；在约旦边境，巴勒斯坦游击队所造成的威胁不太严重，所以也就只有一条不间断的栅栏、监视装置和地雷布成的防线，阻止敌人渗透到西岸居民居住地区。相比之下，以色列人完全不需要在运河对岸设防以防渗透，因为那里根本没有平民居住，只有一望无际的沙漠。

然而，努米底亚的南缘也面临着沙漠，为什么却要修建北非战壕土墙体系这一线性障碍呢？它是罗马最长的障碍，与其他沙漠之地的点状防御截然不同。在这里，军事因素仍然受制于水力：北非战壕土墙体系与水利工程息息相关，因为水利工程使得农业发展告别单一的零星分散模式，而向沙漠的

---

① 道路是叙利亚设防边界最主要的公共设施，参见 Chevallier, *Les Voies romaines*, pp.160-165.

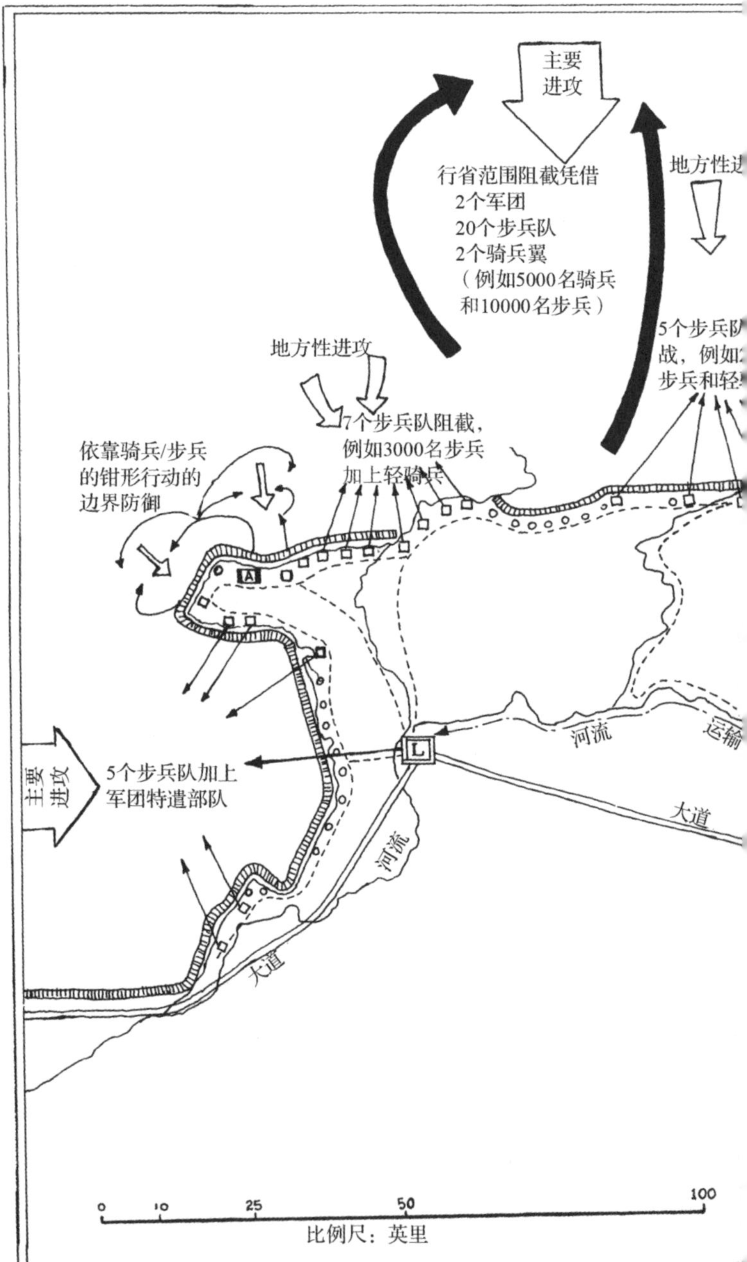
主要
进攻
行省范围阻截凭借
2个军团
20个步兵队
2个骑兵翼
（例如5000名骑兵
和10000名步兵）
地方性进攻
7个步兵队阻截，
例如3000名步兵
加上轻骑兵
依靠骑兵/步兵
的钳形行动的
边界防御
A
L
河流
运输
大道
主要
进攻
5个步兵队加上
军团特遣部队
河流
大道
0 10 25 50 100
比例尺：英里

图示 2.4　前线防御战术

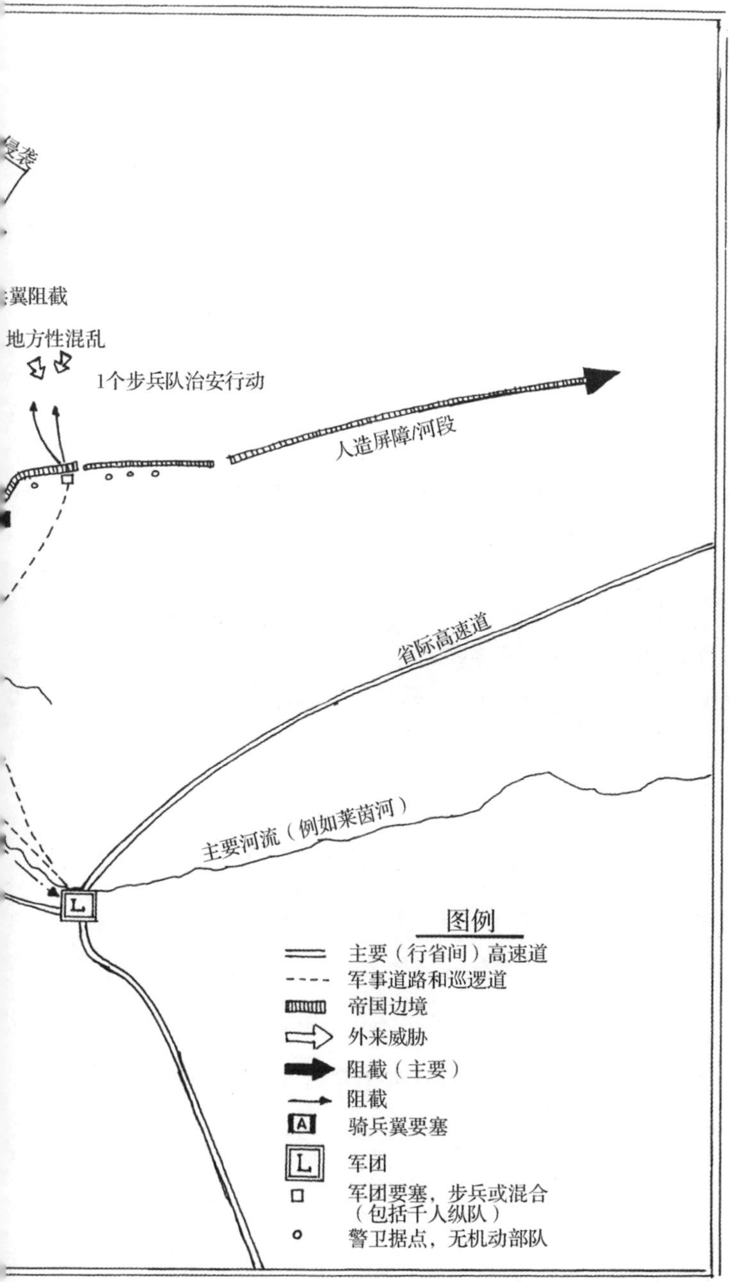
地方性混乱
1个步兵队治安行动
人造屏障/河段
省际高速道
主要河流（例如莱茵河）
L
图例
主要（行省间）高速道
军事道路和巡逻道
帝国边境
外来威胁
阻截（主要）
阻截
A
骑兵翼要塞
L
军团
军团要塞，步兵或混合（包括千人纵队）
警卫据点，无机动部队

其他地方扩散。[1] 努米底亚线性防御工事和其水力基础设施都基于相同的边界定居防御方案：古往今来，沙漠生存的两个必要条件是水源和安全。由于建立定居点与防御工事是同时进行的，整个系统除在边界区域建造闭合的
89 循环灌溉和防御体系外，必定还有别的目的。这一目的，若要合乎理性，就必须在北非战壕土墙体系的上述两方面之外，为边境后方领土提供高水平的安全保障，即保护边境和地中海沿岸之间的地区免受季节性游牧民突袭的侵害。

如果不能保障平民生命和财产安全，就不可能发展经济，从而维持城镇。如果没有北非战壕土墙体系工事来遏制游牧民袭击的长期威胁，努米底亚就永远都不会发展，也就不会有广泛的城市化和与其政治伴生的罗马化。此处甚于其他地方，连绵的边界障碍一望无际，其目的显而易见：它们不是为了庇护被“马其诺防线心态”折磨的军队，而是要通过创造一个接受罗马理想并恪守帝国权威的社会环境，让平民生活能够得到发展，从而促进帝国的长期生存。此外，北非战壕土墙体系也可以作为关税壁垒，为帝国提供征收关税的机会。这样一来，帝国就可以对牧民带入帝国出售的动物收税，还能向到罗马寻求牧场的游牧民收取季节通行费，从而增加帝国财政收入。[2]

然而这些税款并非由海关职员收取，而是由在警务地段的宪兵队来征收的。这些宪兵除了征收税款，同时还要履行重要的安全职责，即监视游牧民的越界情况，阻拦好战或武装精良的游牧民群体过境。[3] 游牧民族的季节性迁徙过境（特别是在种族关系紧张时期）可能对安定区域带来破坏性的影响。例如，安纳托利亚东部的亚美尼亚城镇就曾被土库曼人大肆破坏；后来的库尔德游牧者也一路掠夺打劫、割剥元元，所过之处皆成一片废墟。

---

① Baradez, Fossatum Africae, pp.163-208，特别是 pp.202-208；Baradez, “Organisation militaire romaine de l'Algerie.”

② Fentress, *Numidia and the Roman Army*, p.112.

③ Cherry, *Frontier and Society*, pp.60-64；Gichon, “45 Years of Research,” p.189.

边境防卫：战略维度

尽管边境战术具有进攻性，但毫无疑问，在帝国战略层面，兵力部署呈一种单薄的线性模式，因而罗马的军事力量也被分割成了一个个地区军队。到哈德良时期，这些军队已经获得了独立的身份（艾克希特斯、日耳曼尼库斯、雷蒂库斯、诺里奇、达尔马提亚、摩尔斯克斯、达奚克思、塔尼库斯、海思巴尼科斯、马勒泰克斯、卡帕多西克斯和塞里阿克斯）。[①] 这些军队，每一个都围绕 90
长久驻扎的核心军团组建起来，并在适当的情况下配备舰队，从而为地面部队提供水运支持（当时几乎没有海战），[②]其部署也为了应对经中央评估的区域威胁。鉴于事后看来，公元 2 世纪下半叶，集中性的威胁在莱茵河和多瑙河流域变成现实，并在两代人之后，威胁到帝国的生存，批评家们指责这种部署，因为它既无弹性又内在脆弱。但在哈德良时期，不存在全局性的威胁，因而没有理由为了子虚乌有的地区性或全局性威胁，就放弃阻断式边境防卫这一长期的政治优先政策而选取更具“弹性”的兵力部署。

军区兵力分布唯一的替代性选择是中央集中部署：大部队不是部署在边界的外围，而是集中部署在内部通信线的关键传输点上。当然，要想采用完全集中的部署策略，仅使用精简兵力部署边境守卫，让所有其他部队保持为一个单一的、不可分割的战略储备，是不可能的。这样的部署只有在运输快速的情况下才行之有效。即使在今天，某些预防性部署还是必要的，因为其可以应付那些突发的威胁。例如，尽管拥有时速 600 英里的空运飞行速度，美国国防部还是认为韩国太过偏远，无法高效部署位于中央的“专用”部队。因为部署也具有政治职能，所以美军也必须驻扎在战区，造成一定程度

---

① Garzetti, *L'Impero da Tiberio*, p.437.

② 唯有在黑海，默西亚舰队和本都舰队才不得不对付海上敌人——小规模的海盗。参见 Starr, *Roman Imperial Navy*, pp.127-128.

上的兵力浪费。

只有在总防御面积较小（与交通工具的速度相关）的情况下，根据敌军兵力差异重新部署各地段间的兵力才能在短时间内完成。事实上，在外围的重新部署可能会先于威胁出现。举个例子，在被围攻的小堡垒中，部队通常能够通过更短的内部捷径，在城墙之间重新部署兵力，有时甚至在敌军完成进攻力量的集结之前，就能完成防御。

然而，罗马帝国不是一个被围困的小堡垒。无论罗马有多大，都不能将
91 它看作堡垒，因为任何堡垒都具有较短的内线通信优势。事实上，帝国的地理形状极为不利：中心是中空椭圆的地中海，而地中海虽然可以当作快速通道，同时却也是一个巨大的障碍。（周边越接近圆，则优势越大；若周边越近似于窄矩形，则优势越小。）

虽然海运要比陆运快得多，但是却受制于天气。从11月到3月，海运实际上是暂停的；即使是罗马人最大的船只亚历山大谷物船，也得等到4月才能出航。[①] 从奥斯提亚到北非最近的点（邦角半岛，Cape Bon）需要两天的航程，从西西里岛（墨西拿）到亚历山大需要六天的航程，而从奥斯提亚到直布罗陀海峡一般需要七天；但这些速度（平均速度分别为6节[②]、5.8节和5.6节）都是例外——这一点毫无疑问，而这也是它们被记录下来的原因。[③] 据计算，顺风时，舰队的正常速度为2～3节，若是逆风则会减慢到1～1.5节。

然而，与部队在陆地上行进的速度相比，这样的速度还是很高的：携带标准背囊走在水平地面上——或被铺平的道路上——罗马军队可能每天行军大约15罗马里，[④]而船舶每天平均可行27英里。此外，海上距离往往短于

---

① Casson, *Ships and Seamanship*, p.270.参见 Amit, "Moyens de communication," p.218.

② 节：速度单位，1节等于1海里每小时，相当于1.852千米每小时。——译者注

③ Casson, *Ships and Seamanship*, p.285.

④ 这相当于长途行军（magnumiter）（无休日）而非10000步的常规行军（justumiter），参见 Chevallier, *Voies romaines*, pp.224-225.Amit在"Moyens de communication"中，基于维吉迪乌斯就"古人"声称罗马战略机动性为每日20～24罗马里的信息，推算出罗马机动性为每日30至36公里，这速度似乎过快，不像是行军，倒像是演习。参考 Watson, *The Roman Soldier*, p.55.

陆地距离。例如，从普特欧力（Puteoli，靠近那不勒斯）海军基地到亚历山大海军基地，即使以 1 节的最慢速度航行，也耗时不到 42 天。然而，若是在陆地上不间断行军，则将耗费大约 180 天的时间，外加 2 天的海运；若完全陆上行军，取道亚得里亚海顶端的阿奎利亚（Aquileia，的里雅斯特附近），则至少需要 210 天。当然，拿直线的海上距离去比较环绕半个地中海的路线确实比较极端。例如，从罗马到安提俄克（Antioch）共计 1860 英里陆地路程，外加 2 天海运[从布林迪西出发一直到艾格纳提亚（Egnatia）登陆]。若走海路，以 1 节的速度行驶，海上航行只需要大约 55 天，然后再加上 2 天的陆路跋涉。而陆地行军将耗费大约 124 天的陆上行军，外加 2 天海路。其比例为 1∶2.2，而罗马—亚历山大路线的比例则为 1∶4.3。

一旦这一比例有任何进一步的缩小，海运便不可取。古代水手无法与恶 94
劣的天气抗衡，即使在航行季节，船舶也可能会延迟出航，有时不得不等待几个星期才能起航。此外，长时间的海上航行也有害健康。然而，尽管如此，军队还是经常选择海运，甚至还有特别的运输船负责马匹运输。①

与以美索不达米亚或伊朗高原为中心的古代帝国不同，罗马帝国没有真正的内在界线。罗马到科隆大约要 67 天的行军，安提俄克到安息关键地段则更为遥远，因而在边界上出现新的威胁到中央体系做出回应之间，其延迟长得叫人无法接受。如果罗马人以现代方式将其部队部署成一个单一集中的战略储备，那么他们的敌人就能够肆意入侵蹂躏行省，并在罗马援军到达之前撤离现场。② 因而批评与哈德良相关的部署策略——这实际上跨越了整个弗拉维安—安东尼时代——是毫无道理的。各地段相距甚远，再加上罗马战略机动性的严重限制，使得区域部署策略成为不二之选。正如我们所看到的那样，无论军队是实际上部署在边境，还是呈梯队部署于后方，这都无关紧要。唯一的问题是军队分配是否幸运地规避了所有不可预知的轻度威胁。

---

① Marin，“Hippagogi.”

② 远距离效果参见 Millar，“Emperors，Frontiers，and Foreign Relations，” pp.7-11.

地图 2.2　罗马帝国的战略机动性

潘蒂卡派
卡尔西登至潘蒂卡派最少需要10天
利亚到迪拉丘姆陆路需10天
迪拉丘姆
卡尔西登
罗马至安提俄克陆路需124天（加上2天海路）
安提俄克
赛琉西斯
普特欧力到亚历山大里亚至少9天，一般需要41天
罗得斯
罗得斯至亚历山大里亚至少4天
普特欧力至安提俄克最少15天，一般需要55天
阿波罗尼亚
亚历山大里亚

罗马于公元2世纪的战略部署或多或少对应了目前正在分析的帝国的第二阶段。其概述可以从军团的分布中看出端倪。[①] 这些概述必须经由谨慎的推断，因为士兵和辅助部队之间没有明确的关联——至少从数量上来看，二者同样重要。如表2.1所示，公元2世纪，士兵部署几乎没什么变化，尽管有图拉真战争和更大的动乱，即两代人之后爆发的马尔库斯·奥列里乌斯战争。在"瓦卢斯灾难"之前，奥古斯都军团的原始数量为28个，到这个时代结束仅增长到30个。区域分布变化反映了体系的弹性比起公元2世纪经历了更具戏剧性的变化。然而，东部军团数量增加了一倍，从先前的4个增长
95 到了8个，这显示了放弃附庸体系解决方案的后果：罗马人需要多派出4个军团来提供以前希律所提供的边境安全。

在这一时期的不列颠，虽然防守前沿从哈德良长城向前移动到了安东尼长城，但是军团数量没有任何变化；事实上，安东尼长城到2世纪末再次遭到遗弃。[②] 北部前线直到马科曼尼战争以前，数量始终保持不变，为4个军团。之后，在公元165年，意大利卡第2军团和第3军团分别被调到了诺利康和雷蒂亚。[③] 在中央前线上，图拉真征服达西亚之后的地段的防御重组（以及建立可能是最科学的"科学"前线）导致了整合多瑙河军队兵力保持在10个军
96 团左右。[④] 在东部前线，公元106年，罗马增加两个军团以兼纳巴提安阿拉伯。在巴提安阿拉伯归入行省后，罗马便将驻扎在埃及博斯特拉的昔兰尼加第3军团调派过来驻守新行省。[⑤] 另一个军团可能于公元120年（费拉塔第5

---

① Parker, *The Roman Legions*, pp.119, 158, 168. 参见 Watson, *The Roman Soldier*, pp.15-16, 基于 *Inscriptiones Latinae Selectae*（后简称 *ILS*）2288（= *CIL* 6.3492）. 参见 Szilágyi, "Les Variations des centres de prépondérance militaire," pp.119-219. 该作者通过将公认的军团数目增加了一倍，笼统地计算了辅助部队的数量，当然他也恰当地注意到那些没有军团的地方。

② Parker, *The Roman Legions*, p.167.

③ Parker, *The Roman Legions*, pp.156-158.

④ Parker, *The Roman Legions*, Bowersock, "A Report on Arabia Provincia," pp.232-233. Parker 估计第一次和第二次达西亚战争前夜，图拉真在多瑙河流域分别有12和13个军团。

⑤ Millar, *Roman Near East*, p.93.

表 2.1　军团部署(公元 23 年至 192 年)

	23 年	约 106 年	约 138 年	约 161 年	约 192 年
不列颠	0	3	3	3	3
北方前线	8	4	4	4	6
下日耳曼	4	2	2	2	2
上日耳曼	4	2	2	2	2
雷蒂亚/诺利康	0	0	0	0	2
中央前线	7	12—13	10	10	10
上潘诺尼亚	3	3	3	3	3
下潘诺尼亚	0	1	1	1	1
达尔马提亚	2	0	0	0	0
上默西亚	0	3—4	2	2	2
达西亚	2	2	1	1	2
下默西亚	0	3	3	3	2
东方前线	4	6	8	8	8
卡帕多奇亚	0	2	2	2	2
叙利亚	4	3	3	3	3
朱迪亚	0	1	2	2	2
阿拉伯	0	0	1	1	1
驻防军	6	4	3	3	3
埃及	2	2	1	1	1
阿非利加	1	1	1	1	1
西班牙	3	1	1	1	1
其他	0	1—0	0—1[a]		
总计	25	30	28—29	28	30

[a] 希斯帕纳第 9 军团(西班牙第 9 军团),其驻地(如果该军团仍存在的话)不明。

军团)被部署至朱迪亚，并且在当时可能也已经归入了图拉真麾下，虽然确切的日期无法考证。[①] 然而，在那之前的犹太叛乱中(最后一次叛乱于公元135年被压下去)，其间一个(或可能是两个)军团被歼灭。[②] 因此，弗雷滕西斯第10军团(从尼禄时期就一直驻扎在朱迪亚)也永久留在那里，使得驻军数量增加了一倍。

根据塔西佗的记载(*Annals*，4.5)，公元23年，军团部署发生了明显的变化。军团从帝国巩固的内部区域转移到外围边境，其作用也从维护内部安全变成了应对外在威胁。达尔马提亚是个贫困的国家，国土被山区一分为二，道路艰难；其驻军也在尼禄时期减少到一个军团；[③]而最后一个达尔马提亚军团——弗拉维亚·菲利克斯第4军团也于公元86年前后被图密善撤回，以应对达西亚战争。在公元6—9年达西亚大叛乱被平定之后，达尔马提亚地区也似乎彻底平静了。无独有偶，部署在埃及和西班牙的军团也大大减少，从元首制初期的10个军团缩减到胡里奥-克劳狄时代末期的3个。之后，狄奥塔里纳第22军团，于公元132—135年的犹太叛乱期间，遭到歼灭或撤销，这又导致了军团进一步减少。[④]

从军队部署表中，一位学者发现外围安全第二体系完全是镜花水月，在塔西佗时期，大多军团都已经部署在了边境。这种观点完全是误解，军队部署位置的变化并不是公元2世纪军团战略体系的突出特征。事实上，正是军团战略目的的变化以及帝国阻断式边防的建立，才使公元2世纪区别于其他

---

① Eck，"Zum konsularen Status von Iudaea im fruhren 2.Jh.，" BASP 21 (1984)：55.

② Schäfer，*Bar Kokhba War Reconsidered*，p.118.

③ Parker，*The Roman Legions*，p.135. 书中猜测说克劳狄第7军团于公元42—66年被调至默西亚，仅留下克劳狄第9军团驻守达尔马提亚；可以肯定的是，克劳狄第7军团在公元42—66年被调至维米纳休姆。参见 Wilkes，*Dalmatia*，p.96.

④ 直至公元6年，起初的4支军团有3支都留在了埃及。参考 Syme，"Some Notes on the Legions under Augustus，" p.25. 公元前27年，西班牙有大约6支军团，可到了公元前13年只剩下了4支，等到公元9年，只残存3支。同书，p.22.克劳狄统治时期解散了一支军队，另有一支军队在内战中被击垮。参考 Parker，*The Roman Legions*，pp.131，144.

时期。公元 2 世纪帝国增加了大量的边境基础设施，以限制跨境；同时还提供从行省到边界的安全通道。阻断式边防的目的不仅仅是在敌军侵入帝国领地后将其击败，还希望将敌人隔绝在外。在两种体系下，大多数军团留在原地，但是在弗拉维安王朝第二任皇帝和塞维鲁王朝时期，军队常常被派出去执行任务，军队不仅要拦截侵入威胁，还要担任警卫和巡逻的职责，从而为帝国提供阻断式安全保障。

虽然仅凭一小部分军团就能牢牢掌控帝国的核心行省，但是仍需更强大的兵力来守护帝国的外围。正如我们所见，这反映了罗马安全政策的变化， 97
即从依靠附庸体系发展到依赖直接的军事力量。这种转变看似保险，到头来却是十分脆弱的。

不列颠从公元 43 年罗马征服战时期开始，一共需要 4 个军团驻守，到了图密善时期则只需要 3 个。[1] 然而，无论是弗拉维安时期增加的 4 个军团，[2]还是埃及、西班牙和达尔马提亚的重新部署，都不足以提供多瑙河边境和改组后的东部战线所需的额外兵力。因此，在莱茵河上部署的军队遭到了大幅削减——也可能是因为在河对岸的日耳曼人变弱了。[3] 当时，就下日耳曼而言，军团的数量减半，只剩两个，并且辅助兵力也有所减少，如表 2.2 所示：[4]

---

① Jarrett and Mann, “Britain from Agricola to Gallienus,” pp.179-181. 在 *Agricola* 第 24 节中，塔西佗记述了他的英雄友人友善拘留一名因反对可能征服爱尔兰的事件而流亡的爱尔兰酋长。毋庸置疑，征服爱尔兰将有助于罗马大军包围不列颠：此事揭露了罗马企图全盘征服的图谋。关于阿格里科拉图谋的意义，参见 Birley, “Britain under the Flavians,” pp.10-19.

② 公元 37 年(盖乌斯时期)到公元 79 年(苇斯巴芗时期)，共有 8 个新的军团被组建起来。公元 70 年，有 4 个军团被废除。参考 Bersanetti, *Vespasiano*, pp.75-79. 这样一来苇斯巴芗治下剩下 29 个军团。公元 80 年，多米提人(Domitian)组建了弗拉维亚·密涅瓦军团，参考 Parker, *The Roman Legions*, p.150. 然而，在安息之战中多米提人军队被击溃，这样军团总数又变回 29 支，直到图拉真组建了第 30 个军团。同书，p.156.

③ Ferrill, *Roman Imperial Grand Strategy*, p.22.

④ Alföldi, “Die Hilfstruppen,” p.151 and (third century) p.161.

表 2.2　下日耳曼的辅助部队

	公元70—83年	公元104—120年	3世纪
骑兵翼	6	6	7
千人步兵队	2	1	1
千人步骑混合队	1	0	0
五百人步骑混合队	11	6	5
五百人步兵队	8	6	7—8
努梅里	0	0	4

据悉，下日耳曼军团驻军从大约2.2万减少到了1.1万左右，而辅助兵力也从大约1.55万人精简到了1万人（到3世纪，仅有少许增加，兵力大约为1.05万人）。需要注意的是，在这一时期始终没有骑兵翼，千人步兵队减少了一半，并且千人骑步兵队也从该地区撤离了。可以这样推测，骑兵翼是精锐部队，总会被部署到关键点位上以应对威胁。① 显然，下日耳曼在这些点位之列——它不像上日耳曼和不列颠，分别拥有弗拉维亚第2军团骑兵翼和佩特里纳骑兵翼。

在所有战线上，士兵部署模式的变化不仅反映该地段事态进程，还预示
98 阻断式边防新战略的出现。弗拉维安王朝时期发起的安全政策明显已经成熟，其主要特点是刻意选择最佳的区域外围，这一选择不仅出于战术和地形上的便利考虑，更广泛意义上而言还有其战略目的——换句话说，“科学”边界。

到这里，我们首先要承认：罗马人的地理知识非常贫乏。许多当代史学家执意旁征博引，以证明罗马人不可能有任何合理的战略。就这个问题，史学家的看法既正确又错误：众所周知，罗马人没有真正的地图，更不用说是精确的地图了，他们完全依赖于行程记录。其中一个著名的行程记录是《波

① Birley, “Alae and Cohortes Milliariae,” p.60.

伊廷格古地图》(*Tabula Peutingeriana*)。该记录显示了跨帝国路线和官方坐骑中继服务站；现存的长达6.75米的公元13世纪羊皮纸卷轴事实上是公元4世纪或5世纪的拓本。拓本本身可能来自马尔库斯·普撒尼·阿格里帕的地图。G.鲍尔索克有充分证据证明这地图来自公元前12年的石碑。[1] 这种行程记录对旅游计划非常有用，而对规划边境或部署军队却毫无用处。在这个基础上，有些人认为罗马人毫无战略可言。然而，缺乏准确的地图并没有什么关系：毫无疑问，罗马人拥有进行大范围领土勘察所需的一切必要技能和设备，当然出于财政目的，罗马人也经常出去勘察，他们甚至还有距离测量机。[2]

只要涉及边境，有没有地图都不打紧。哈德良长城将不列颠一分为二，因而不再需要冒险进入野蛮的苏格兰，所以罗马人也有策略，他们不是在黑暗中瞎撞。再如，在北部前线的莱茵河和多瑙河提供了非常明显的边界，因而根本不必在地图上再去形象化；在干旱地区，降雨量(雨量如果不能让小麦正常生长，那至少要能维持大麦生长)划分了边界，当然也就不再需要地图注明了；在叙利亚/美索不达米亚以及安纳托利亚东部，与安息的纷争已划定了边界，也就不再需要地图注明了。

关于罗马时代的战略概念这一问题，争论的重点在于如何定义"战略"。我认为战略不是纸上谈兵，而是如何理解对抗双方的斗争冲突——冲突现象学——它根本不需要空间维度，就像武器和反武器之间的永恒竞争一样。事实上，如今战略的空间维度相当有限，而在某些方面古往今来总是如此。

正是对抗力量斗争冲突产生了战略上的矛盾逻辑，而这与常识的线性逻 *99*
辑是截然相反的。战略要维持矛盾：崎岖道路在战争中是有利的，因为它出其不意，可将敌人打个措手不及；如果战斗的白热化时间拉得过长，也可能功败垂成。同样地，如果你想要和平就得做好战争的准备。这便是悖论规则。

---

① Bowersock, *Roman Arabia*, pp.169-170.

② Cantor, *Die römischen Agrimensoren*.pp.99 - 111,237.

其实，战略是不透明的，也从来没有透明过，但是战略总是决定结果，不管人们知不知道它的存在。历史上有人理解，也有人不解；战略无法学习，只能意会，凭直觉领会。①

相比之下，从未参加过实际的军事计划或决策的学者，似乎总认为战略是一种系统化的群体思维方式，它以理性选择为指导，而其结果，会在正式文件中逐项列出。当然，由战略本身逻辑驱动的决策，或（更多情况下）粗暴地由谋求或撤退权力导致的冲突所驱动的决策，会以合理方式呈现出来，但是这也就是全部了。战略实践不可能适用于任何地方并能为任何人所应用。战略是特定文化的表现形式，它是无情的、反英雄的、严格的唯物主义罗马帝国文化的产物。罗马文化丰富的内涵，能教人抵御外敌，安抚人心，把控权术，君临天下。如果你比较过罗马帝国哈德良边界和亚历山大帝国的边界，或是拿破仑帝国鼎盛时期的边防，应该不难发现：罗马人善于管理把控，运筹帷幄（罗马人从不打代价高昂却没法获利的战争）；而后两者则只是自负和扩张主义的产物。

在不列颠，罗马人放弃完全征服的想法，将边境固定在哈德良长城早期的索尔韦—泰恩河防线上。此前，在公元79—84年，罗马人在不列颠总督朱利叶斯·阿格里科拉的指挥下已经渗透到更远的北部，跨越了克莱德—佛斯防线。② 这次扩张，不仅比索尔韦—泰恩河线圈入了更多土地，而且边界还更短。然而，科学的边防并不意味着尽可能多地圈入领土，而是要纳入最佳
100 数量的领土——换句话说，就是要圈入政治、经济和战略上都有利可图的领土。因此，最短界线不一定是最佳边界。要是碰巧拿下桀骜不驯的民族居住的地形复杂的领地，例如克莱德—佛斯线所划定的，那当然是得不偿失的。因此，罗马人非常明智地选择了撤退，塔西佗（*Aistories*，1.2）对此极为不满，

---

① 温斯顿·丘吉尔在22岁时出版了 *The River War*，经历了几年的苦学，充分展现出他惊人的战略才能。

② Jarrett and Mann, "Britain from Agricola to Gallienus," p.180.

他夸张地批评道“perdomita Britannia et statim omissa”——一征服不列颠，就立马抛弃。

哈德良长城及其基础设施竣工20年后，克莱德—佛斯线被重新占领，并于公元142年建造安东尼墙，以划定和保护新的边界。根据零碎的证据，有人争辩说，这一进展是由组成哈德良长城外交缓冲区的附庸部族的瓦解导致的。[1] 新的设防体系更加简单，但从某种程度上来说，功能更加强大。大约两英里间隔的堡垒弱化了哈德良长城的“百里堡”（milecastles）和炮塔的作用；相反，一堵高约10英尺的简单城墙取而代之，其间还伴有一条被木质矮防护墙遮蔽的6英尺长的巡逻轨道。在其后方，并没有建立与垒墙等效的壁垒，但建有不可或缺的障碍沟（大约40英尺宽、12英尺深），以及围墙后面的外围道路。[2]

在地图上，安东尼长城看起来像线条，似乎比哈德良长城更为“科学”：首先，它距离更短，仅37英里，而哈德良长城约为73.33英里。当然，安东尼长城也有一个显著的缺点：罗马在边境实行的平定政策要求居民和地形适应帝国发展，从而达到“自我罗马化”，让民众回应罗马的统治、罗马的思想以及罗马的物质文化。另一方面，外交要求那些生活在边境之外的人对威胁和劝诱做出反应。然而，克莱德—佛斯线两边的居民和地形都不符合这些条件；因此，安东尼长城后方的战火也从来没有平息过，而前方也仍旧动荡，这是因为安东尼长城没有形成附庸体系的缓冲区域。

公元158年，哈德良长城的修复工作正在进行之中。[3] 当时克莱德—佛斯线已经崩溃，或是在民众叛乱爆发之后才全线瓦解。[4] 不列颠的兵力已经严重不足。据统计，将边境推至安东尼长城所增加的兵力以及公元114年所 101

① Steer, “The Antonine Wall,” p.36.

② 有关结构的描述参见 Robertson, “The Antonine Wall,”尤其是 pp.100-103.

③ Jarrett and Mann, “Britain from Agricola to Gallienus,” p.189.

④ Steer, “The Antonine Wall,” p.38.

增加的堡垒也不过是危险的权宜之计：一些堡垒被撤空（例如，威尔士撤军）；其他堡垒人员配备也十分少，还可能配上低等的努梅里（虽然这一点未被证实，但事实上很有可能在当时努梅里都不单独成立），同时，还须依靠分遣队以及军团不断的快速重组。然而，到了公元162年，安息战争的爆发使得增援不列颠驻防军已无可能。[①]

尽管安东尼长城一度被重占并重修过，还在塞维鲁（全名塞普蒂米乌斯·塞维鲁）统治下延伸至苏格兰低地，[②]但是哈德良最初的边防防御方案到该世纪结束时被证明是正确的，因其长城再次成为边境，直到罗马统治结束。

在日耳曼，最初征服莱茵河的目标在"瓦卢斯灾难"之后便被放弃了，但是公元16年后的撤军并没有退到"科学"边界处，毋庸置疑，莱茵河可不在"科学"边界上。诚然，在河岸陡峭的高地，莱茵河地形有利于监视和防御。此外，莱茵河河流舰队还可以给部队提供有利的水运支持，为边境巡逻对抗低强度威胁增添力量。[③]

一位学者认为，河流不适合充当防线。[④] 而另有一位学者指出，罗马长官们并没有把河流描述为"军事战线"。[⑤] 这些评论显示，学者缺乏专门的军事知识：河流本身虽并不会去捍卫什么，但是它们确实形成了一条现成的边界，也确实帮助没有全球定位系统的罗马士兵进行高效的巡逻；河流还能用于运送补给给河边前哨和堡垒（比陆地的推车或骡子更加经济）；它们还使得增援沿河堡垒和观测塔成为可能。此外，凭借在河流前线各段的上游保留储备兵力，增援部队可以通过水运加速，以立马奔赴现场。

---

① Simpson, "Roman Forts," p. 33 and passim. 更多细节信息参考 Simpson, *Britons and the Roman Army*, pp.119-121.参见 Frere, *Britannia*, pp.160-161.

② Birley, "Excavations at Carpow," pp.258-261.

③ Starr, *Roman Imperial Navy*, pp.144-152.

④ Whittaker, *Frontiers of the Roman Empire*, p.61.

⑤ Mattern, *Rome and the Enemy*, pp.1-23.

在多瑙河附近发现的碑文记载，康茂德放置前哨用以拦截入侵。[①] 其作者清楚地认识到，河流防御工事主要还是针对低强度的威胁，即跨境盗窃和侵入突袭。另一碑文描述默西亚的统治者提比略·普拉蒂乌斯·西尔瓦努斯·艾利亚努斯被带到河岸"国王"处并向其致敬的故事。 102

然而，作为战略前沿，多瑙河有一个严重的缺陷：L形的莱茵河—多瑙河线，于温多尼萨的铰链处，形成了一个底部约180英里、顶部170英里的楔形，直入帝国领地。因此，里贾纳帝国（雷根斯堡）和蒙哥提阿克姆（美因法）之间的边境被延长了250多英里，这还没算上两条河的九曲连环。结果，经由奥古斯塔，从日耳曼到潘诺尼亚平原边界的战略重新部署的最短路线增加了10天左右的路程。更糟的是，内卡河山谷和黑森林的深楔形成了一个现成的入侵轴，危及阿尔卑斯山北侧交通，还将到意大利北缘的行军距离缩短至一周。

即使没有地图，罗马人显然也能够想象帝国辽阔的边界，连续的边境整顿运动逐渐改变了莱茵河-多瑙河的边界。通过考古学对此地段的调查研究，我们可以清楚地看到，虽然罗马皇帝们的性格千差万别，但这并没有影响到帝国这一延续性政策。[②] 边防修筑方法也有明显的连续性。道路和堡垒是成套修造的，并通过典型的罗马"工程学攻势"，集中建在三个关键的铰链点上，即在美因法（苇斯巴芗麾下的辅助军团第1军团和吉米纳第14军团）、斯特拉斯堡（奥古斯塔第8军团）以及温迪施（克劳狄第11军团）。[③]

首先，在苇斯巴芗统治下，而且确实是紧随西维利斯叛乱（约公元70年）后，秩序在日耳曼被重新建立，位于莱茵河右岸、美因茨对面的维特奥桥头堡（威斯巴登和霍夫海姆）的旧要塞得以重建和重新入驻。从莱茵河右岸到南

---

① Millar, "Emperors, Frontiers, and Foreign Relations," p.8.

② 不过侧重定有不同，参见 Schönberger, "Roman Frontier in Germany," pp.157-158, 164-165.

③ Schönberger, "Roman Frontier in Germany,"p.155.关于总体战略见 Syme, *CAH* 11:160-161; Harmand, *L'Occident romain*, pp.226-227.

海德堡，其他堡垒也被一路建立起来；同时，莱茵河左岸的旧堡垒可能已被撤空，就像莱恩根海姆。[①] 这样的举措可能是与有限桥头堡战略相一致的（比较哈德良长城以外的前哨堡垒），或者这些举措是为了完成其他雄心壮志，即开辟美因茨-奥格斯堡轴线，借此横跨莱茵河-多瑙河突出部。然而，大约在公
103 元 74 年，罗马人在温迪施-罗特威尔轴线上打开了一条突入线，它将莱茵河-多瑙河突出部一分为二，从而使莱茵河-多瑙河轴线与斯特拉斯堡-图特林根轴线的毗连成为可能。此外它还将为美因茨-奥格斯堡轴线改造提供侧方安全（连同沿多瑙河林茨到奥博斯蒂姆并一路向西到达埃莫金根沿线的苇斯巴芗堡垒也被修筑或重建起来）。[②]

公元 83—85 年，图密善向日耳曼宣战，根据弗朗提努斯（*Strategemata*，1.3.10）提供的一些精确数据，[③]我们可以得知，此次战役渗入领土长达 120 英里，并在陶努斯山的顶峰建立了边界防御，用以支配——现在多用于保护——土地肥沃的维特奥。这是图密善对卡特人的战争，塔西佗（*Agricola*，39）嘲讽道，[④]它是假战俘的虚假胜利。因为，若是缓慢移动的攻势充分利用了军团战斗工程师的能力，这条防线倒是极为有效，但事实上它很难抓获许多战俘。它确实是一项巨大的工程，目的是在从莱茵河沿岸到陶努斯山和东南主干道的汇合处建造堡垒、道路和瞭望塔；这无疑展现了工程连贯的规划和系统详细的筹备。在工程后方留有一条有组织的边界，并由巡逻部队、一系列小公路堡垒、塔和辅助堡垒

---

① 莱恩根海姆（Rheingönheim），德国地名。Schönberger，“Roman Frontier in Germany，” pp.155-156.

② Schönberger，“Roman Frontier in Germany，” pp.156-157.

③ 拉丁原文：“*Imperator Caesar Domitianus Augustus，cum Germani more suo e saltibus et obscuris latebris subinde impugnarent nostros tutumque regressumin profunda silvarum haberent，limitibus per centum viginti milia passuum actis non mutavit tantum statum belli，sed et subiecit dicioni suae hostes，quorum refugia nudaverat.*”参考 Forni，“*Limes*，” p.1080.

④ 参见 Syme，*CAH* 11：162-163。Harmand 持反对意见，见 Harmand，*L'Occident romain*，pp.228-229.然而 Schönberger 认为新的陶努斯山设防边界不过是公元 89 年至 90 年大举侵犯不成遗留下来的垃圾产物。见 Schönberger，“Roman Frontier in Germany，” p.158.

提供安全保护。[1] 新设防边界其中的一项好处是控制了进入新维德盆地和维特奥的通道。根据塔西佗(*Germania*,29)的记载,维特奥属于马蒂亚斯人的领土,他们已与罗马建交,此前易受卡特人的骚扰。

多瑙河达西亚之乱和上日耳曼特使L. 安东尼乌斯·布罗克·萨特尼努斯的权力篡夺之战一度造成了工程的中断;此后,图密善的边境整治攻势在公元90年前后被大规模恢复。在这个阶段,莱茵河-多瑙河突出部终于被削减掉,此外,"防御重地"也被封闭。新的堡垒从塞利根施塔特一路建到了奥伯恩堡和内卡河;沿着奥登林山的边缘,一连串小堡垒和守望塔巩固了连绵的设防边界道路。在河流的流经之地,更大的队列堡垒再度出现,从塞利根施塔特到内卡河河畔的温普芬,一直延续到孔恩。然而,位于孔恩的内卡河防线和多瑙河设防之间的连接方式仍是个谜;但是可以肯定的是,取道孔恩,从波兰到日耳曼的捷径现在已可使用,并且海登海姆—费明根到多瑙河的路线似乎也已开通。[2]

直到安东尼时代,莱茵河和多瑙河之间的最后防线才建立起来。那时,从米尔腾贝格、韦尔茨海姆、希尔伦霍夫到艾宁的防线业已建立,并仿照哈德 106
良长城建造出一条遮蔽巡逻小道、连接塔、小堡垒以及辅助基地的栅栏,用以强化加固防御工事。(事实上,从米尔腾贝格到韦尔茨海姆的直线设防是安东尼式的,而希尔伦霍夫-伯明翰防线更像是哈德良式的。)[3]

这庞大的工程具有惊人的累积性,新前沿的最终形式实际上是纵向部署的：堡垒和道路处在以莱茵河和多瑙河为底,希尔伦霍夫为顶的三角设防边界后方。在那里,雷蒂亚段边界与上日耳曼地段相交汇,交汇点大约在多瑙河北部31英里处,离莱茵河东部大约64英里。这条终极防线的加固耗时一个多世纪：开沟渠、设障碍、修墙壁,还改进了监视塔;此外,在设防边界雷蒂

① Schönberger, "Roman Frontier in Germany," pp.158-159.

② Schönberger, "Roman Frontier in Germany," pp.161-162.

③ Schönberger, "Roman Frontier in Germany," pp.168-170.

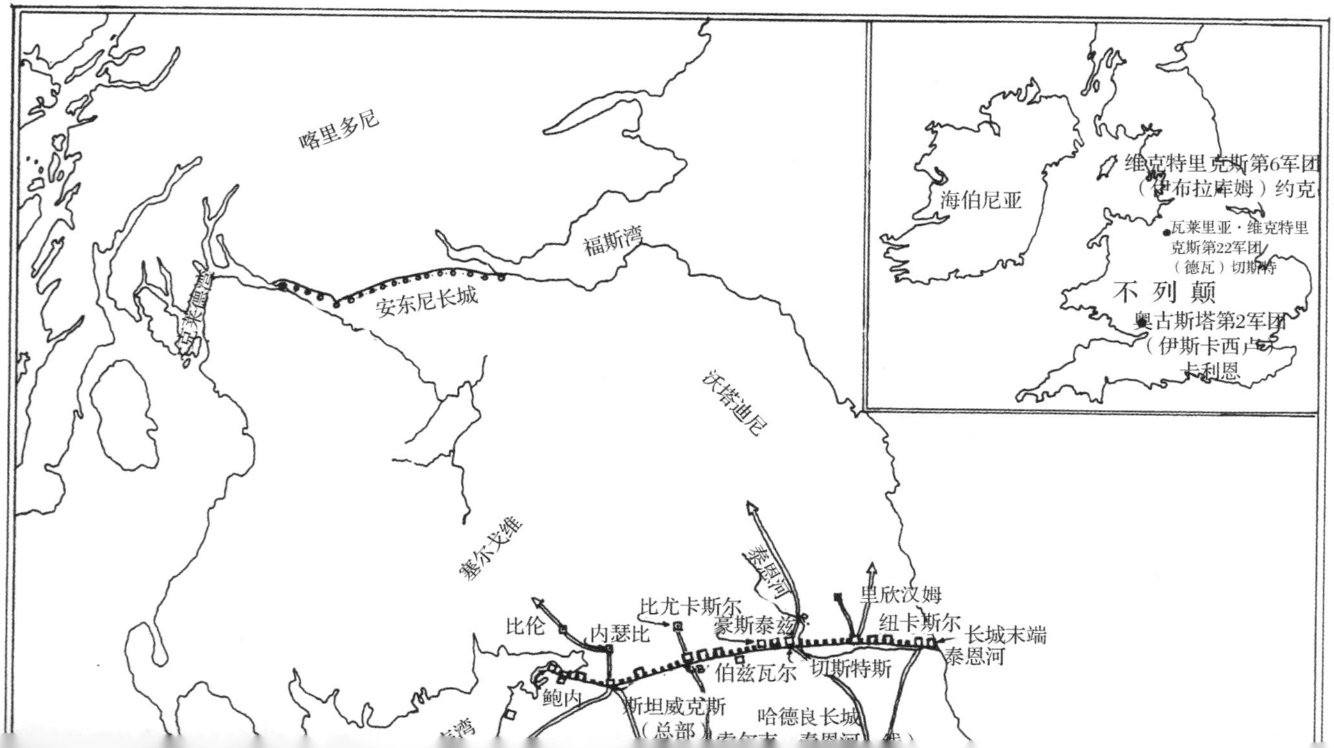

喀里多尼
福斯湾
安东尼长城
沃塔迪尼
塞尔戈维
泰恩河
比尤卡斯尔
里欣汉姆
比伦
内瑟比
豪斯泰兹
纽卡斯尔
长城末端
泰恩河
伯兹瓦尔
切斯特斯
鲍内
斯坦威克斯
（总部）
哈德良长城
海伯尼亚
维克特里克斯第6军团
（伊布拉库姆）约克
瓦莱里亚·维克特里
克斯第22军团
（德瓦）切斯特
不 列 颠
奥古斯塔第2军团
（伊斯卡西卢）
卡利恩

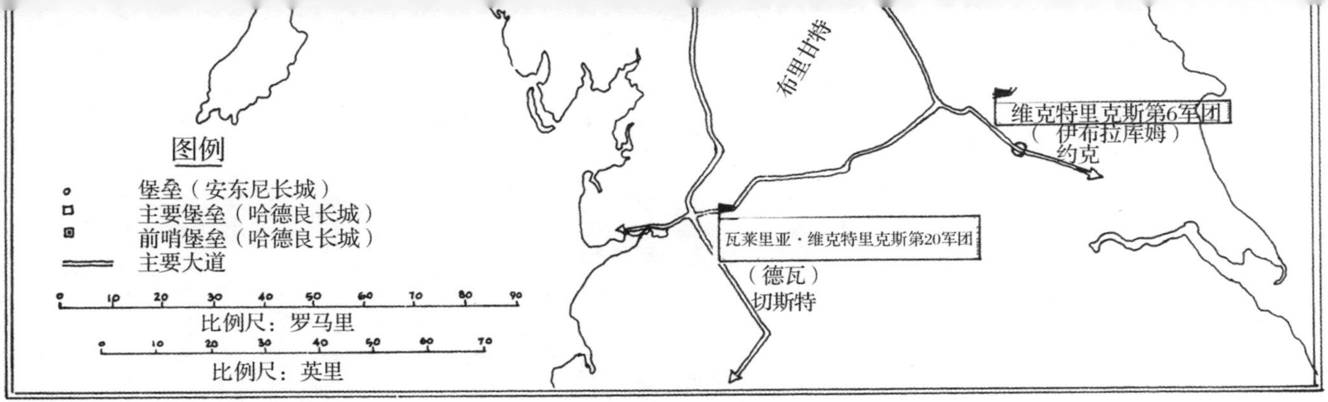

地图2.3　罗马不列颠的长城边境

亚段，石墙最终取代了栅栏。[①]

在莱茵河-多瑙河老防线上，加入新的艾宁-陶努斯山防线，可谓是军事上的一大进步。然而，其设计逻辑在地图上并不明显。图密善在陶努斯山上的设防绝非各点间的最短路线；相反，它形成了一个尴尬的隆起，直达阿恩斯贝格一个狭窄地区。虽然在安东尼边防建立时（取决于远东的洛尔希），缅因下方设防边界南部被留在了后方，但是缅因北部奇怪的钩状防线未被替换，而是被保留下来作为永久的边界。在陶努斯山的图密善设防边界显示了战略高于战术，并要在直线边界引人注意前，优先发展经济，加速罗马化进程。

在战略层面上，陶努斯山设防边界能够阻碍来自日耳曼北部、易北河西部和莱茵河上游地区的侵略。[②] 同时，陶努斯山设防边界向外突出，而不是一个向内的楔子，这就使得该设防边界无法横跨各地段以延长战略重新部署的路线。在作战层面上，陶努斯山设防边界由密集的堡垒、道路和瞭望塔组成，虽然造价高昂，却能从莱茵河谷和维特奥击退卡特人——帝国在整个地区最危险的邻居——从而有效地简化整个上日耳曼边境防御问题。这反过来又使得行省驻军得以减少。无论入侵者是从卡内河南方而来，还是向莱茵河西
107 部推进，美因法的兵力（到公元89年由两个军团构成）和分布在突出部的辅助兵力，都足以集中对付卡特人。为了将兵力集中在正确的地方，罗马人需要及时的突袭预警，新的边境正好可以提供此类预警，从而化解大规模危机并限制小范围威胁。

罗马化的政治经济目标只能通过推论来揣测：陶努斯山-缅因边界圈入了维特奥，一个高产的可耕地。在罗马人到来之前，森林已被清除，土地也已被开垦，十分适合农耕。农业生产力的提升可以造就经济的繁荣，当然其也需要一个安全的环境，以免受渗透和掠夺者的威胁。只要满足上述条件，农业便可以反过来为城市化提供物质基础，从而加快罗马化进程。正是因为陶努斯山—缅

---

① Schönberger, "Roman Frontier in Germany," pp.174-175.

② Stade, *CAH* 11:528-529.

因边界的维特奥地段放弃了直线边防明显的军事优势，该地段才暗示出边境政策中边防构建的其他动机。阿庇安认为（*The Foreignwars*，7），罗马人希望通过谨慎行事以保持帝国的长治久安，他们不会向贫穷的野蛮人部落无限扩散帝国的政治影响力，毕竟这得不偿失，且毫无利益可言。关于在何处建立"最佳"边界这一问题，大家都有理性的考量，但意见不一。

因此，在罗马边境政策中存在着一个连贯的模式，包括优先次序的层次结构：首先，边境应促进帝国大陆区域之间的战略中转；其次，边境应将难以定居、难以城市化和罗马化的地区（如苏格兰）排除在外；第三，它应该包括适合定居的土地——正如阿庇安所观察到的那样，这样的土地能提高帝国在人力和资源方面的实力；最后，边境应尽可能短，以便减少前哨和巡逻所需的人力（因为此时的罗马人将派遣集中的机动部队去对抗大规模威胁，针对这种威胁，边界的长短并不重要）。此外，在陶努斯山-缅因边界，还有另一因素需要重点考量。这一因素在某种程度上，与战略中转的要求截然相反：面对多个在设防边界之外的强大敌人时，依靠在这些敌人之间构成一个突出部以将 *110*
其隔开是有益的。此外，这一突出部还将为它基底处的道路和人口增加安全属性，可谓一举两得。因此，在这种情况下，边界的长度往往不那么重要。

在陶努斯山的图密善设防边界所能达到的战术，在达西亚的图拉真设防边界也一样能实现。直到图拉真征服达西亚之前，帝国的边防一直都沿着多瑙河一路延伸至黑海三角洲。[①] 一系列军团基地从雷蒂亚延伸到现在的保加利亚，基地之间的间隔由辅助堡垒密集的网络覆盖，并延伸至如今罗马尼亚的多布罗加。两个多瑙河舰队，从铁门[②]起在多瑙河上游巡逻的潘诺尼亚舰队和在下游运作的米西卡舰队，充当了多瑙河左岸的瞭望塔、信号站以及巡逻队。

---

① 横跨多布罗加的周边短捷径除外——倘若它是在图密善时期确立的话。不管怎样，图拉真前线边境肯定到达了多瑙河三角洲边缘，参考 Longden，*CAH* 11：233（驻扎在特洛斯米斯的军团基地离多瑙河河岸不到 10 英里。）

② 铁门（Iron Gates），多瑙河峡谷，在塞尔维亚与罗马尼亚两国之间。——译者注

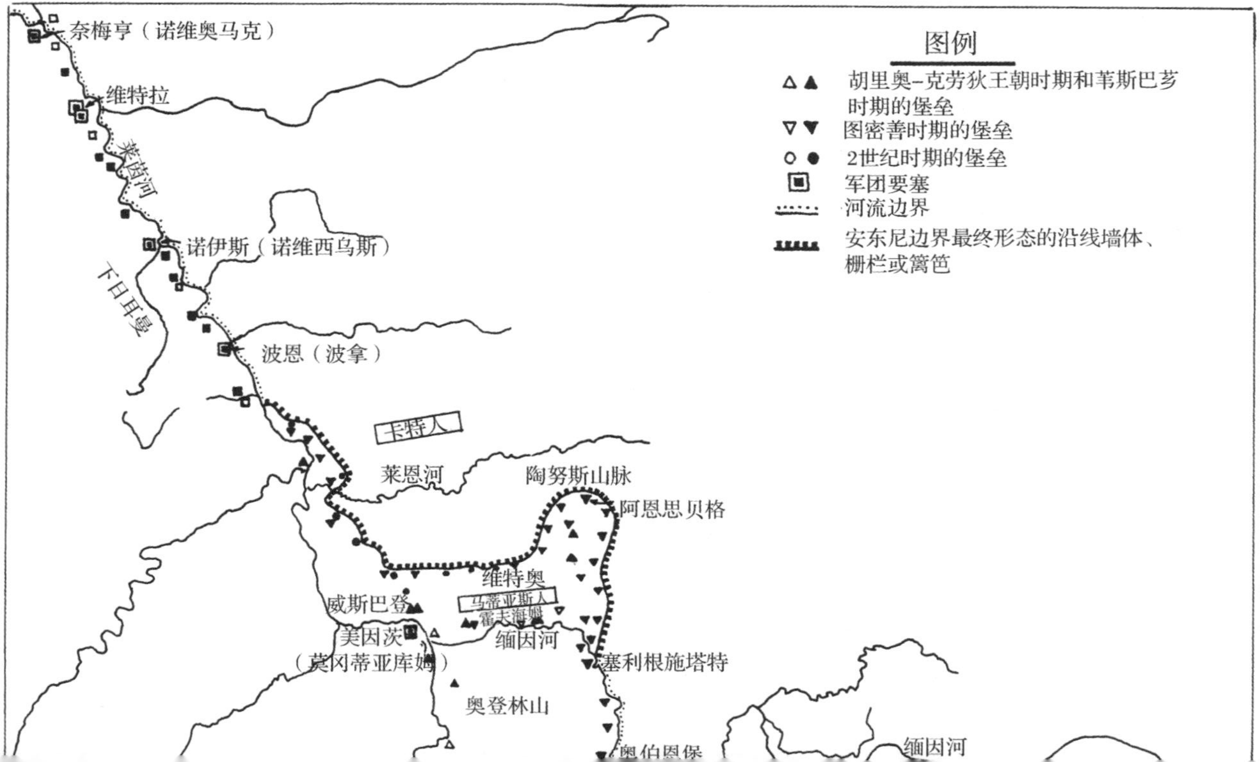
图例
胡里奥-克劳狄王朝时期和韦斯巴芗时期的堡垒
图密善时期的堡垒
2世纪时期的堡垒
军团要塞
河流边界
安东尼边界最终形态的沿线墙体、栅栏或篱笆
奈梅亨（诺维奥马克）
维特拉
莱茵河
诺伊斯（诺维西乌斯）
下日耳曼
波恩（波拿）
卡特人
莱恩河
陶努斯山脉
阿恩思贝格
维特奥
马蒂亚斯人
霍夫海姆
威斯巴登
美因茨
（莫冈蒂亚库姆）
缅因河
塞利根施塔特
奥登林山
缅因河

地图2.4　日耳曼前沿边境

这一漫长的边境跨越 6 个重要行省，其中最重要的威胁来自达西亚人。他们以特兰西瓦尼亚的高地为据点，于公元前 1 世纪在布雷比斯塔的统治下，形成了一个中央集权的国家。在早些时候，他们奉行的扩张主义就使其与罗马军队有激烈的冲突。① 这种在欧洲十分少见的中央集权的倾向，使他们威胁到多瑙河流域的众多国家：达西亚的袭击范围覆盖从现在的维也纳到黑海的整个巨大弧线区。在奥古斯都时期，通过惩罚性远征和报复性作战，达西亚问题得以缓解，却没有彻底解决。② 提比略曾尝试外交笼络，却无法将日耳曼人转变成可靠的附庸。③ 因此，罗马人利用了位于在蒂萨河与多瑙河之间的萨尔马提亚的雅济吉斯人，从而制衡达西亚，将其挡在河段之外。④

到弗拉维安时期，罗克索拉尼人（另一个萨尔马提亚民族）占领了多瑙河下游的平原。根据塔西佗的记录（*Histories*，1.79），公元 69 年，罗克索拉尼人跨越多瑙河，袭击默西亚；可就当他们带着战利品准备满载而归时，加利卡第 3 军团将其 9000 名弓骑手拦截，并将其分割击破。

在公元 85—86 年的图密善时代，罗马人再次与达西亚人狭路相逢，当时的达西亚人在戴凯巴路斯的统治下再度恢复了中央集权制。随着默西亚又一次遭到入侵，罗马人把达西亚人驱逐回多瑙河对岸，但在追击敌人时，却遭受了严重失败；公元 88 年，罗马人发动了战略进攻，一雪前耻，最终赢得了塔
111 佩大捷。⑤ 也许，图密善打算乘势进攻戴凯巴路斯的王庭，但是上日耳曼安东尼乌斯·布罗克·萨特尼努斯的叛乱于公元 89 年 1 月爆发，同时，多瑙河地段的附庸体系摇摇欲坠，这些因素大大限制了罗马的战略选择。

---

① Daicoviciu, *La Transilvania*, pp.41-64; Demougeot, *La Formation de l'Europe*, pp.156-160.

② Alföldi, *CAH* 11:84-85.

③ Daicoviciu, *La Transilvania*, pp.52-54.

④ Harmatta, "The Sarmatians in Hungary," in his *Studies in the History of the Sarmatians*, pp. 45-46.

⑤ Syme, *CAH* 11:168-172; Demougeot, *La Formation de l'Europe*, pp.162-164.

罗马人在该地区面临三个主要的部落聚居区，自提比略时期以来，这三个部落一直处于一种松散但有效的罗马外交控制之下，它们分别是马科曼尼人、夸迪人（中心设在维也纳对面）和雅济吉斯人部落。在公元 85 年和 88 年与戴凯巴路斯的战役中，这三个部落既没有帮助图密善，但也没有加以阻碍。这对罗马人来说倒是件好事儿，因为他们不可能在从多瑙河边界 600 英里处到易北河领土以西的马科曼尼人部落这一区间，同时发动多段进攻。对达西亚的任何战略进攻，都得到了这些强大的邻居的默许。因此，当马科曼尼人、夸迪人和雅济吉斯人一齐威胁开战时，①图密善被迫与戴凯巴路斯达成协议——维持现状并提供援助计划。② 接下来的几年中，达西亚疆土上游处的日耳曼人和萨尔马提亚人的战争，胜负未定，而达西亚本身则基本保持和平。③

要想看清图拉真与戴凯巴路斯的战争以及其对达西亚最终的征服，就必须结合该背景。难怪史学家总要将图拉真的轻率冒险主义与哈德良的和平处置方式做一番比较。据说，在多瑙河对岸，有如在幼发拉底河对岸，图拉真留下了明显的突出部，这标志着他宏伟的征服，但却不必要地延长了帝国的边界。图拉真对达西亚的兼并也被解释为是倒退到了那些掠夺性的——的确是对黄金的渴求——帝国主义和无限制扩张的日子。④

防御性的解释更站得住脚：⑤在这两场战争中，图拉真的军队力量约为 12 或 13 个军团，这也显示了戴凯巴路斯组织下国家的强大力量。值得注意的是，忠诚的普林尼（*Panegyricus*，16）声称，他的雇主十分伟大，又有节制，从不进行英雄式的征服：“他既不畏惧战争，也不挑起战争。”正如所指出的那

① Syme, *CAH* 11:175-176，资料基于残缺的信息（Dio, 67.7.1）.

② Syme, *CAH* 11:176. Demougeot, *La Formation de l'Europe*, pp.162-164.

③ Syme, *CAH* 11:176-177; Demougeot, *La Formation de l'Europe*, pp.162-164.

④ Carcopino, "*Un retour à l'imperialisme de conquête: L'Or des Daces*" (1934), in his *Les Étapes*, pp.106-117. 对比：Lepper, *Trajan's Parthian War*, p. 107.

⑤ 参见关于此次争论的调查：Waters, "The Reign of Trajan," pp.417-422.

114 样，[①]图拉真在公元102年结束了他与达西亚的第一次战争，随后他企图将达西亚转变成附庸国，以避免被征服。然而，公元105年，戴凯巴路斯公开违反公元102年的条约，挑起第二次战争（公元105—106年）；可是就算是第二次战争，罗马也没有完全征服达西亚，事实上，只将特兰西瓦尼亚纳入了行省，而两边的土地则全都留给了萨尔马提亚人。

诚然，一旦达西亚被征服（事实上，在公元106年，图拉真对德西巴鲁的第二次战役后，达西亚确实被征服），新的达西亚行省边界将形成一个深楔，并集中在萨米泽吉萨—阿普鲁姆轴线上，从而使帝国边防线长度增加了370多英里。[②] 在地图上，我们可以发现，事实上，这一新的行省极易遭受攻击。因此，一旦战役结束，留在当地的军事部署更让人担心达西亚行省的安危。由于马罗斯山谷的阿普鲁姆军事基地离多瑙河较远，更接近喀尔巴阡山的北缘，因而突出部的重心不在基地，反而朝向顶点。古往今来，达西亚边防并非一条由长墙围成的封闭边界；相反，它是一个由横跨主要入侵路线的独立据点构成的网络，负责守卫交通要道。[③]

乍一看小标尺地图，这一新的前线似乎战略意义不大，但是就罗马政策的轻重缓急而言，此前线具有高度的合理性：消除达西亚的独立力量，可使得罗马对日耳曼人和萨尔马提亚人恢复外交控制。为了防止马科曼尼人、雅济吉斯人和罗克索拉尼人袭击多瑙河地区的土地，帝国需要对其进行威慑和积极的利诱（即补贴）；只要戴凯巴路斯仍然处于独立地位，帝国政策的威慑力就会受到致命的削弱。虽然达西亚没有作为行省的价值，但是其确是前往其他地区的交通要道，还能为帝国带来物质财富。[④] 此外，达西亚最有价值的

① Garzetti, *Problemi dell'eta traianea*, pp.51-52.

② Szilágyi, "*Les Variations des centres de prépondérance militaire*," p.205. 估计帝国边境周长约为10200公里（算上安息），若是不算安息，周长约为9600公里。

③ 参见Daicoviciu, *La Transilvania*, pp.89-99. 图拉真入住安息见Daicoviciu, "Dacica," pp.462-471.

④ Gudea, "Defensive System of Roman Dacia," pp.64-65.

地方还在于可以充当整个地区的战略盾牌。

继公元116—119年的萨尔马提亚人攻击之后，西部的巴纳特撤到北部，而蒙泰尼亚则是向南疏散，因此达西亚突出部的侧翼就变窄了。公元124—126年，达西亚被划分成了3个省（马文希斯、波洛利森希斯和亚普勒尼希斯），此外，还建立了65个前哨，用以为达西亚和波洛利森希斯边防提供纵深防御。波洛利森希斯设防边界构成了整个多瑙河防御体系的外盾，驻扎在阿普鲁姆的吉米纳第13军团为其提供后方支持。达西亚突出部的两边平原由受其资助的萨尔马提亚人占据：雅济吉斯人占据了西部，罗克索拉尼人则拿 115
下了东部。倘若罗马软弱不堪，萨尔马提亚人兵强马壮，那么达西亚诸省将十分容易被包围（横跨多瑙河流域的罗马地域半岛颈部上的领土）；但是罗马异常强大，达西亚边境便能有效地将萨尔马提亚人分隔两边，以削弱其联合力量。虽然仍然需要援助，但达西亚马文希斯（多瑙河畔）和达西亚波洛利森希斯的强大辅助驻军（驻守于喀尔巴阡山）以及达西亚在亚普勒尼希斯的军团，将足以组织任何越界突袭。[①]

达西亚威胁的消除，为多布罗加和多瑙河流域所有土地提供了安全保障。一旦有了安全保障，农业繁荣便紧随而至，紧接着便是城市化。多布罗加沿海的希腊城市群的安防迅速恢复；从色雷斯到如今的奥地利下方，新兴的城市出现在整个地区，其中卡农图姆最为发达，达到大约5万居民（其遗址在维也纳和伯拉第斯拉瓦之间，面积达10平方公里）。

征服达西亚之后，在拉蒂亚拉和奥斯库斯的军事基地被留在纵深后方，此后，多数军团均被撤回，因为该地段已不再具有军事意义。然而，两处当地据点并未消亡。相反，它们成了平民的定居点，享有高度殖民地特权。[②] 多瑙河流域一度饱受袭击和掠夺之苦，但在被图拉真征服后，它为帝国提供了兵力

---

① Gudea, “Der dakische Limes.”安息在多瑙河战略中的地位参见 Christescu, *Istoria militară*, pp.36-42. Wade, “Roman Auxiliary Units and Camps in Dacia.”

② Frova, “The Danubian *Limes*,” pp.28-29.

地图 2.5　公元 2 世纪欧洲边界

图例
意大利卡三军
军团
乔西人
蛮族人
雷蒂亚
行省
河流边界
非河流边界
注
①马其顿第5军团于公元166年后部署
②意大利卡第2军团于公元170年后部署
③意大利卡第3军团于公元170年后部署
维斯图拉河
德涅斯特河
夸迪人
喀尔巴阡山脉
卡农图姆
蒂萨河
阿蒂尼特里
克斯第1军团
阿昆库姆
（布达佩斯）
雅济吉斯人
科斯托波西人
波洛利森希斯
波泰萨
马其顿第5军团
吉米纳第13军团
阿普鲁姆
卡普人
亚普勒尼希斯
达西亚
下潘诺尼亚
锡尔米乌姆
弗拉维亚第4军团
维米纳休姆
克劳狄第7军团
马文希斯
罗克索拉尼人
奥尔特河
克劳狄第11军团
马提亚
拉蒂拉亚
多瑙河
奥斯库斯
意大利卡第1军团
黑
海
上默西亚
下默西亚
色雷斯
马其顿

和物质资源，贡献十分突出，同时其自身实力也壮大起来。

在罗马边境政策的众多事宜之中，达西亚是唯一没有将军事放在战术优先位置的地方，大多是出于整个帝国边界被拉长而不是缩短的缘故。当然，这并没有影响帝国的交通，因为现在可以走内道，路线极短，还更加安全。由地图显示的达西亚边境易受攻击的看法也是毫无根据的。波洛利森希斯设防边界除了具有明显的地形优势，其只有在军事术语中才被称为突出部：它的东西侧都不是敞开的入侵轴线，因为两侧皆被受罗马外交控制的族民所占领。[①]

虽然征服达西亚加强了罗马对整个多瑙河边境的战略和外交控制，但是波洛利森希斯设防边界仍然只是个前哨，或更确切地说，是一系列前哨，其中
118 心是阿普鲁姆的吉米纳第 13 军团，即边界重组后留下的唯一军团。[②] 和任何前哨一样，达西亚突出部增强了整个地段的安全性。由于突出部易守难攻，并且可以用来充当包围西边的雅济吉斯人或东边的罗克索拉尼人的据点：如此一来，罗马部队便可以取道德罗贝塔—阿普鲁姆快速路，然后转向攻击萨尔马提亚人。事实上，罗马人确实这么干过，大约在公元 89 年，C. 维利乌斯·鲁弗斯的部队向多瑙河以北和蒂萨河以西同时进军，随后转而攻击了雅济吉斯人后方。然而，前哨的军事价值不断减弱，最后随着防线的减弱而成了一个负担。因此，在公元 3 世纪的大危机中，当罗马对萨尔马提亚两侧的突出部失去控制后，波洛利森希斯设防边界就变成了一个容易被切断的脆弱突出部，还造成了整个地段的资源流失。所以，在奥勒利安统治时期（公元 270—275 年），它终于被遗弃了。如今我们仍能从古钱币上判定，罗马曾在达西亚马文希斯（特兰西瓦尼亚以西的河流）进行过统治，一直持续到了奥勒利

---

① Lepper, *Trajan's Parthian War*, pp. 109-110. 对萨尔马提亚人的补助见第 125、126 页。Frova, "The Danubian *Limes*," pp.28-29.

② Parker, *The Roman Legions*, p.157. 辅助部队相关资料见 Forni, "Contributo alla storia," 尤其是第 206 页。亦参见 Christescu, *Istoria militară*, pp.42-46（关于军队）和 47-52（关于防御工事）。

安统治时期。[①] 虽然达西亚设防边界能确保罗马对整个地区军事外交的控制，但是造价也确实过于高昂，以至于罗马人不得不将其放弃。

在东部前线，即从安纳托利亚东部穿过叙利亚到红海的地区，胡里奥-克劳狄时代的帝国安全体系基于三个要素：其一是附庸国家链，它担负维护帝国日常安全的责任——抵御内部动乱和低强度的外部威胁；其二是亚美尼亚缓冲区；其三则是叙利亚军队，直到公元55年的亚美尼亚危机为止，[②]其一直保有四个强大的军团。在这三项要素中，唯有亚美尼亚的缓冲国地位不受罗马的完全控制。从奥古斯都着手解决此问题开始，一直到弗拉维安时代，亚美尼亚都需要不断地加以管理，因为亚美尼亚对罗马在该地段的安全起到了至关重要的作用，同时它对安息国家安全的作用也不容忽视。如果亚美尼亚受制于罗马宗主权，甚或尼禄妥协下所建立的双头共管，[③]那么叙利亚的军队就可以抵抗安息的攻击，从而捍卫卡帕多奇亚、本都以及叙利亚本身。反之，倘若阿萨息斯能自由地在亚美尼亚驻军，那么上述的两个地段，每一个都需要派遣一个边防部队，才能抵御安息的侵袭。而如果没有前沿阵地，安息部队就必须穿越亚美尼亚的艰难路线，取道本都和卡帕多奇亚；这么一来，行军速度一定比从幼发拉底河上游出发的叙利亚军队慢，很容易被拦截。因 119
此，安息人就无法对这两个地段发起突袭，将罗马人打个措手不及。

这就是亚美尼亚作为缓冲区的确切含义，也正是这一因素解释了公元55—66年尼禄外交和军事攻势的合理性。当时，安息统治者沃洛吉斯已将篡位者拉达米斯特斯从亚美尼亚的宝座上赶了下来，并将王位赠给他的安息王族同胞梯里达底。[④] 该行动表明安息王朝军队现在可以自由出入亚美尼亚的领地；因此，卡帕多奇亚和本都若没有自己的军队，就自身难保，岌岌可危

---

① Manni, *L'Impero di Gallieno*, p.29.

② Parker, *The Roman Legions*, pp.133-135.

③ Garzetti's words in *Problemi dell'eta traianea*, p.53.

④ Anderson, *CAH* 10:756-757; Magie, *Roman Rule*, pp.551-553.

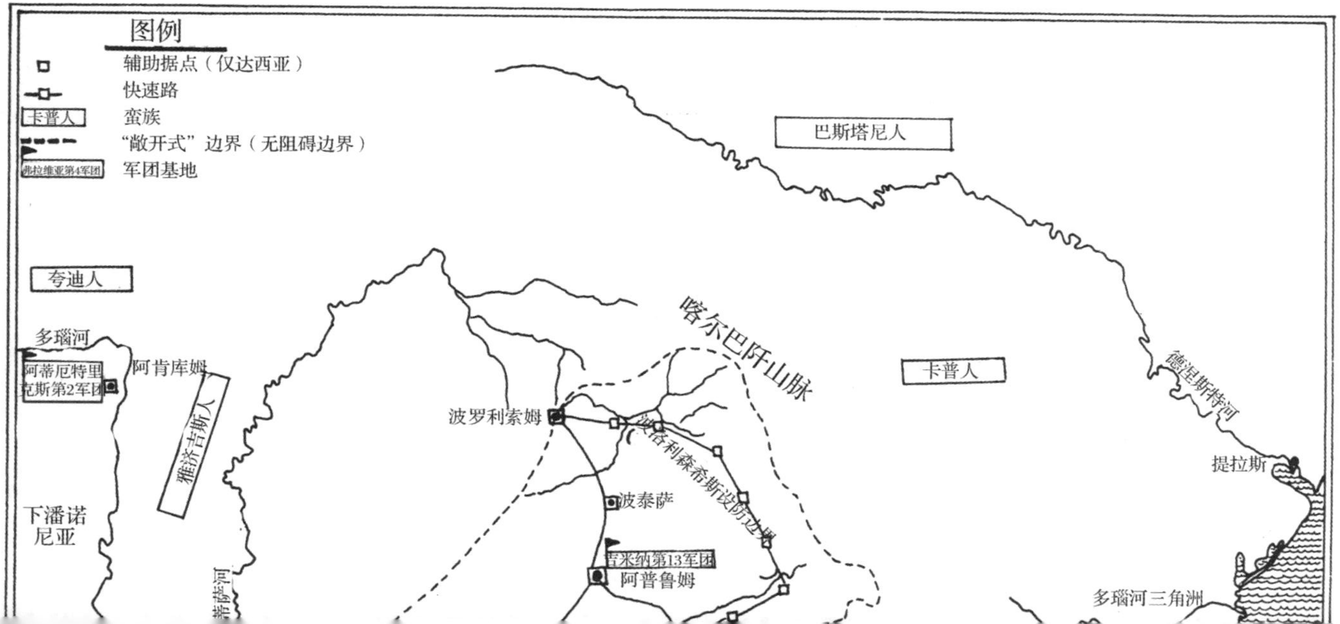

图例
辅助据点（仅达西亚）
快速路
卡普人
蛮族
“敞开式”边界（无阻碍边界）
弗拉维亚第4军团
军团基地
巴斯塔尼人
夸迪人
多瑙河
阿蒂厄特里克斯第2军团
阿肯库姆
雅济吉斯人
下潘诺尼亚
喀尔巴阡山脉
卡普人
德涅斯特河
提拉斯
波罗利索姆
波泰萨
吉米纳第13军团
阿普鲁姆
多瑙河三角洲

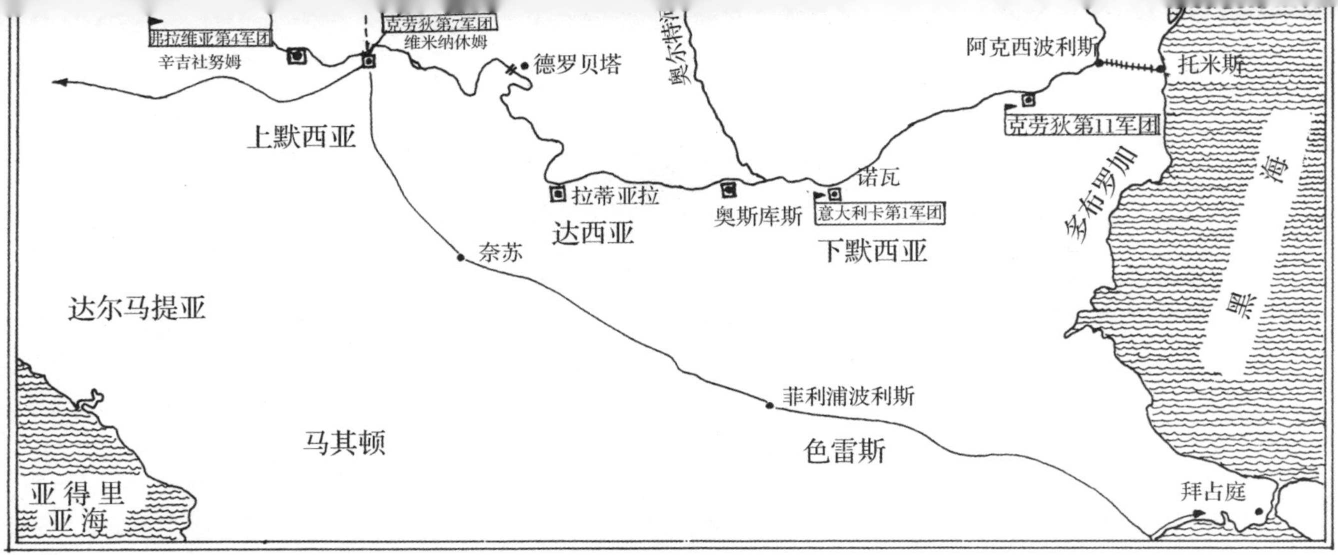
拉维亚第4军团
辛吉杜努姆
克劳狄第7军团
维米纳休姆
德罗贝塔
奥尔特
阿克西波利斯
托米斯
克劳狄第11军团
上默西亚
拉蒂亚拉
奥斯库斯
意大利卡第1军团
诺瓦
多布罗加
黑
海
达西亚
下默西亚
奈苏
达尔马提亚
菲利浦波利斯
马其顿
色雷斯
亚得里
亚海
拜占庭
地图2.6　征服达西亚

了。[①] 在公元55年，尼禄任命手下的名将Cn. 多米提乌斯·科布洛为卡帕多奇亚执政官，并提供其以强大的远征部队，包括来自叙利亚军队的加利卡第3军团和费拉塔第6军团，来自默西亚的西提卡第4军团以及辅助部队。[②]

科布洛一边从事外交工作，一边又想从卫戍部队中组建出（与再培训）一支战斗部队。果不其然，在亚美尼亚崎岖的土地上，他成功发起了一场艰难的战役，并征服了卡帕多奇亚的两个主要中心城市——阿尔塔沙特和提格雷诺塞塔。战前状态得以恢复，附庸国王子提格雷诺斯被正式任命为亚美尼亚国王，并得到了一个由2000人组成的小侍卫队。[③] 然而，随着亚美尼亚袭击安息王朝，沃洛吉斯立马向罗马提出条款，却惨遭拒绝，于是他重燃战火。[④]

此前，罗马人提出只要阿萨息斯家族的梯里达底接受罗马的授权委任，就承认其为亚美尼亚国王；但是，根据塔西佗（*Annals*，8.37-39）所载，这个提议被沃洛吉斯拒绝了。在科布洛胜利之后，权力平衡发生了变化，这自然也削弱了外交的影响范围，还可能诱使罗马吞并亚美尼亚。[⑤] L. 凯森尼乌斯·佩图斯败北后被派去掌管卡帕多奇亚，同一时期科布洛离开了卡帕多奇亚，前去接管叙利亚，以恢复权力平衡。在成功打赢了入侵战后，科布洛成为最高指挥官，并得到了从潘诺尼亚调来的精锐军团（阿波利纳里斯第15军团），[⑥]从而也最终达成了一项外交解决协议（*Histories*，15.27-30）。公元66年，梯里达底在罗马加冕为亚美尼亚国王，仪式盛大奢华，其花费令苏埃托尼乌斯极为反感（*Nero*，13）。

罗马解决亚美尼亚的问题绝非大胜；确实，经过五年的断断续续的战争后，

---

① Parker, *The Roman Legions*, p.134.

② Parker, *The Roman Legions*, pp.134-136; Anderson, *CAH* 10:759-760.

③ Tacitus, *Annals*, 13-15; Gilmartin, "Corbulo's Campaigns in the East."

④ Anderson, *CAH* 10:765-766.

⑤ Anderson, *CAH* 10:768; Magie, *Roman Rule*, p.558.

⑥ Magie, *Roman Rule*, pp.558-660. 阿波利纳里斯第十五军团信息参考 Parker, *The Roman Legions*, p.137.

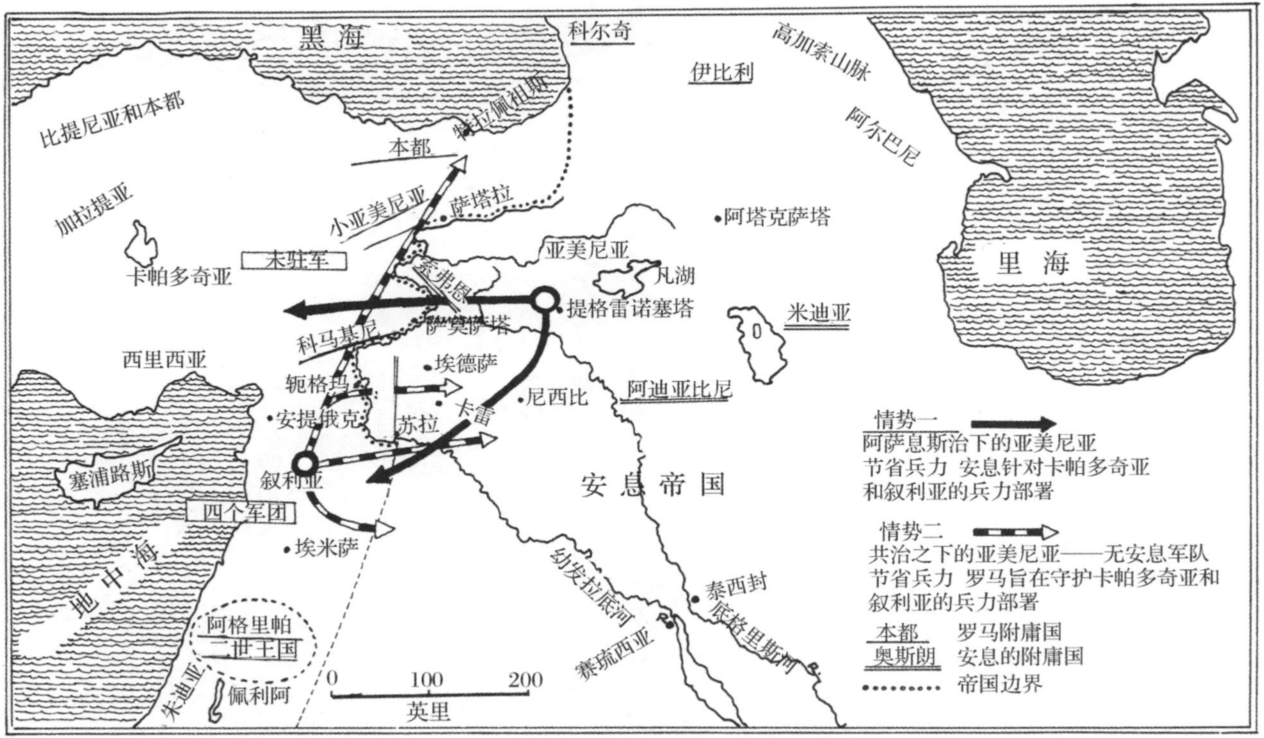

地图2.7 亚美尼亚的战略重要性

局势似乎只是恢复到公元54年的情景，当时沃洛吉斯让其兄弟继承亚美尼
121 亚王位。[①] 但当科布洛承认沃洛吉斯已逃离亚美尼亚，而他自己的军团必须返回去保卫叙利亚时，塔西佗似乎暗示平衡将被打破。然而，这只是个战略上的小胜利，并不是什么丰硕的凯旋果实。名义上的双头共治，足以确保本都—卡帕多奇亚地段的安全，从而免去沿幼发拉底河上游部署相当于叙利亚军队的巨大成本。[②]

正如我们所看到的那样，弗拉维安最终废除了在东部战线上遗留的附庸体系，但是却需要在东安纳托利亚部署一支常驻军。富尔米纳塔第12军团永久驻扎在卡帕多奇亚的梅利泰内(此地位于亚美尼亚和卡帕多奇亚之间的中央路线上)。而此时，弗拉维亚·弗玛第16军团可能在萨塔拉(靠近幼发拉底河的北渡口)，位于前附庸国小亚美尼亚的领地上。[③]

图拉真继承了东部边境，虽然其要比混乱不堪的胡里奥-克劳狄时代的边防有序许多，可依然不令人满意。[④] 那巴提安附庸国不明确的边界从朱迪亚以东向南进入阿拉伯的西北部。边境从此处起始，通过大马士革和巴尔米拉，穿过沙漠，延向幼发拉底河，达到苏拉上方河流。从那里起，边界沿着河一路向北，直到向东转入亚美尼亚，然后抵达黑海，最后到特拉佩祖斯(如今的特拉布宗)以东的据点。其实正如图拉真即位时帝国地图上所画的那样，该边界模糊不清，难以分辨。由于降雨的分布，在地中海东部的罗马领土都被限制在一个狭窄的地带(不到60英里宽)，大约500英里长(从佩特拉到轭格玛)。虽然从理论上来说，这片新月沃土东部的土地归罗马所有，但主要都是些沙漠，因而不需要边防部队去抵御低强度的威胁(据点防御就足够了)；

---

① Webster, *The Roman Imperial Army*, p.63："所有的努力都付之东流，白白损失，白白受辱。"

② 参见 Henderson, *Five Roman Emperors*, p.60.

③ Parker, *The Roman Legions*, pp.148-149; Syme, *CAH* 11:141.

④ Lepper, *Trajan's Parthian War*, pp.110-112. Oates, *Studies in the Ancient History*, Oates 支持 Lepper 的观点，援引地域和气候资料(第1—5页)、策略因素(第67—69页)。参见 Waters, "The Reign of Trajan," pp.422-428.

但是另一方面，它却不能应付任何高强度威胁。罗马人所处的位置非常尴尬，他们位于西部临海、东侧难守的狭隘地带。在该地区最大的城市安提俄克的对面，罗马所控制的领土深度几乎不超过 100 英里——不足以抵御安息入侵（除非有比叙利亚军团更大的军队能从欧洲赶来救援）。

在黎凡特的每个政治实体都不得不克服这些地理因素。这些地理因素
也让幼发拉底河边界变得不可靠；因而图拉真对安息发动的战争（公元 114— 122
117 年）一直被人们认为是在河对岸建立“科学”的前沿的尝试。[①] 要想满足战略深度、后方区域安全和节省兵力的要求，唯一可行的边境就是沿哈布尔河到亚美尼亚的防线（该边境线沿哈布尔河延伸至辛加尔西部边缘，然后沿着高地继续向东通往底格里斯河，最后向北进入亚美尼亚）。[②]

虽然边境弯弯曲曲，但却远比单纯简单的地形优异。如果能配有强大兵力，哈布尔河-辛加尔山-底格里斯河防线可以同时为西面的安提俄克地区和北面的亚美尼亚提供可靠的纵深防御，借此抵抗从安息向北叙利亚和卡帕多奇亚南部的东西向轴线的进攻。此外，双 L 形的前沿也可以阻断幼发拉底河的上下游向西前进的军队，还方便从侧翼包抄任何西进部队，阻止其向南进入亚美尼亚。最后，边境充足的降雨量（每年 8 英寸或更多）使得军队能从当地农民处获得所需食物（如果那时帝国征税能变得和其他地方一样有效率的话），同时一旦巩固了边界，就会有更多平民在此安家落户。唯一能替代这条线的边防是沿亚美尼亚高原边缘一路延伸的边界，但是这将使罗马部队远离泰西封（安息王朝首都），以至于难以威慑其统治者。

然而，图拉真对安息的战争不是有限的边界整顿攻势，也并非出于纯粹的战略目的；安息战争是选定之战，绝非强加之役（笔者认为图拉真有意挑

① 这是 Lepper 的中心论点：*Trajan's Parthian War*，pp.112-122.他对异议进行了回应。参考 Henderson 在 *Journal of Roman Studies* 第 125—126 页上的评论。

② 关于哈布尔河-辛加尔山线的战略优势见 Wheeler，“Roman Frontier in Mesopotamia，” p.127. 降雨量资料见 Oates，*Studies in the Ancient History*，pp.1-4 和地图第 2 页。

起安息战争)。冲突的起源符合罗马—安息关系的旧有模式：阿萨息斯家族的奥斯罗(于公元 110 年继承安息王位)与帕萨马西斯一同扳倒了同族人阿克西达里斯。[①] 所以在公元 113 年底，图拉真便去安提俄克“审查情况”了。[②]

公元 113—117 年，外交显然是失败了。虽然奥斯罗派遣大使到雅典会见向东而来的图拉真，而图拉真似乎也确实想要和平解决此事，于是他在萨塔拉参加了高加索附庸国国王的聚会，但我们完全不清楚双方是否试图以和平的方式解决危机。帕萨马西斯本可以来参加这次会议，但最后却未曾出席。我们可以从史料的只言片语中读到，图拉真率领部队一路推进，一路征
123 服，最终拿下了泰西封和安息国王的金王座(奥斯罗逃走了)；图拉真还勘察了到波斯湾的道路，并跨越底格里斯河，到达偏远的阿迪亚比尼，当时那里似乎已成为短命的亚述行省。

从公元 114 年开始，帝国征服了辛加尔线北部的亚美尼亚和北美索不达
124 米亚；随即便吞并了这两个国家，并获得了大量的财政收入。公元 115 年，南美索不达米亚和阿迪亚比尼也被征服并被吞并；同年冬天，罗马军队进入泰西封，那是安息帝国的所在地，根据伊朗文化，并没有首都一说，而阿萨息斯王朝不是一个单一国家，而是一个联盟。公元 116 年，帝国开始侦察波斯海湾暴乱的地方(本土暴乱?)，还去看了犹太人穿过黎凡特前往的昔兰尼加，在昔兰尼、埃及和塞浦路斯，结果十分糟糕。公元 117 年，起义虽然被压制住了，但是损失惨重，而且罗马人也开始撤退(面对反攻?)。此外，图拉真也于

---

① 阿克西达里斯是由罗马认可的亚美尼亚国王。战争直接原因参见 Longden, *CAH* 11: 240; Magie, *Roman Rule*, p.606 (为光荣而战); Guey, *Essai sur la guerre*, pp.32-35; Lepper, *Trajan's Parthian War*, pp.205-206. Lepper 还批评了为光荣而战的动机，详情见第 191—204 页以及注释第 122—130 页和第 239 页。

② 参见 Longden, *CAH* 11:241, 文中作者否认了战争爆发的荣誉动机；而 Guey 在 *Essai sur la guerre* 一书第 140—141 页中争辩，认为图拉真不想采取外交解决方案。

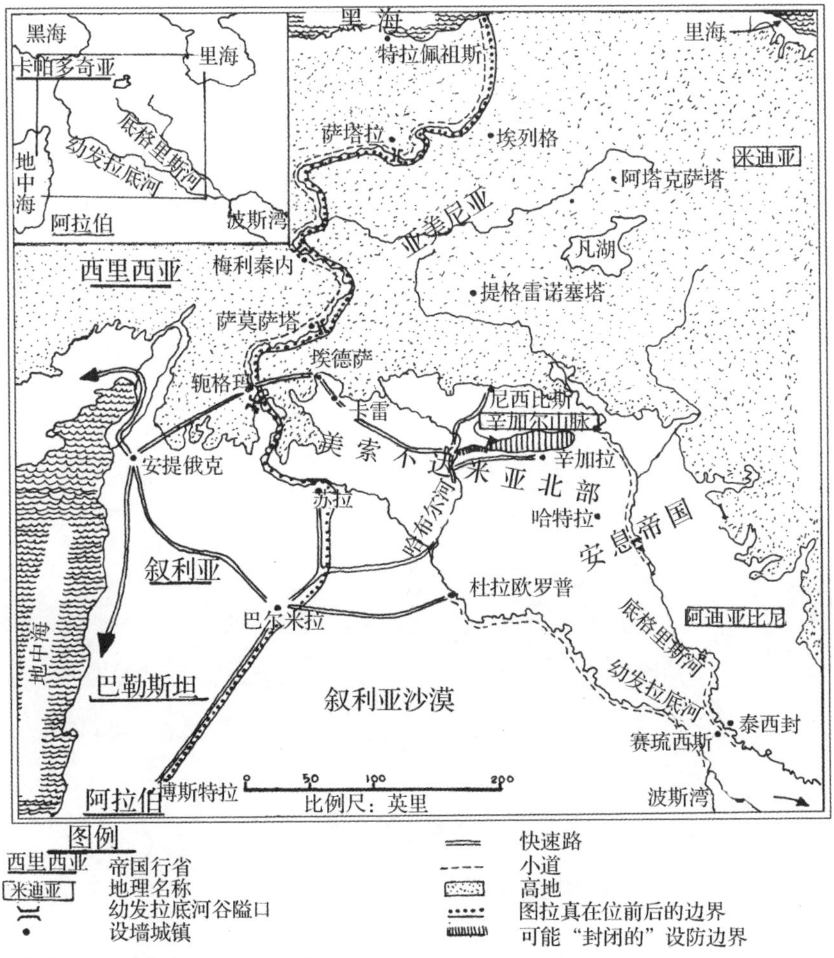

地图 2.8　安息帝国与罗马东部

该年去世。[①]

各省正在被组建，附庸国国王一改旧时对安息的忠诚，转而效忠罗马；此外财政显然也正被组织起来，以管理印度的贸易；然而，此时灾难突然袭来。自公元114年以来，图拉真比继奥古斯都之后的任何皇帝都更具征服欲，他也将罗马的边界推进得更远。然而公元117年夏末，他死在了西里西亚，其征服之地几乎荡然无存，烟消云散。处于泰西封的帕尔塔马斯帕提斯(Parthamaspates)曾是罗马任命制衡安息的附庸国国王，如今也摆脱了控制，不服管束；此外，其他较小的附庸国国王不是失去了他们的宝座，就是挣脱了罗马的管束。

罗马的新统治者哈德良是先帝图拉真的东方中尉，他沿继了图拉真时期就已经开始的战略撤退。新行省被一一放弃，到公元117年底，图拉真的巨大征服只剩下了名义上对亚美尼亚和奥斯朗的宗主权——这倒也不错，毕竟这场战争并没有造成持久的伤害。[②] 迪奥指控图拉真的安息战争毫无意义，不过是其追求荣耀的一场游戏，他试图效仿亚历山大，最终却不过是邯郸学步。[③] 另一种解释认为，图拉真攻打安息是为了控制到印度的贸易路线。还有人认为战争出于战略目的，即建立一个更安全的哈布尔河-辛加尔山-底格里斯河边境，至少在笔者看来，这似乎最合乎情理。

可以肯定的是，直到图拉真进一步征服整个底格里斯河、兵临泰西封为

① 这根据的是Longden的年表，参见*CAH* 11:858-859.Lepper编写的*Trajan's Parthian War*年表见第31—96页，其不同的是：公元114年，亚美尼亚战役；115年，北美索不达米亚之战；116年，征服阿迪亚比尼且泰西封沦陷；117年，远征底格里斯，同年发生了叛乱。详情参考Henderson在*Journal of Roman Studies*中第121—125页的评论以及Guey的*Essai sur la guerre*第107页，书中Guey给出了另一个版本的年表。

② 参见Weber,*CAH* 11:301-302，书中着重对比了图拉真的扩张主义和哈德良的和平主义。Magie, *Roman Rule*, pp. 609-611，也赞同这种区分。Lepper, Trajan's Parthian War, pp.212-213，哈德良被描述成采用撤退的政策，同时还考虑撤出达西亚。Guey在*Essaisurla*. *Guey*, *Essai sur la guerre*, pp.133,145-146，认为公元116—117年附庸国阵营的形成是另一种形式的撤退。

③ Garzetti,*Problemi dell'eta traianea*, pp.59,62.

止，他对东部的政策与弗拉维安时期相一致。图拉真继续政治整顿进程，并于公元106年吞并了纳巴提安阿拉伯。和历代罗马皇帝一样，他部署了一个军团的兵力，以确保新行省的安全（总部设在博斯特拉，更名为新特拉扬纳）；此外，他还扩展了道路基础设施，建设了一个途经博斯特拉和佩特拉、横跨叙利亚东部并下到红海的新交通干道。[①] 他还建立了一条顺幼发拉底河而下， *125*
溯哈布尔河而上，横跨辛加尔山脊的突出部防线；这本不会与边境重组的既定方案相冲突——如果尼西比斯—轭格马轴线以北的亚美尼亚仍被留下充当附庸王国的话。

自奥古斯都时代以来，帝国训练有素的军事资源几乎就没有增加。图拉真的征服太过广泛，因而无法得到巩固。此外，当地的文化根深蒂固，所以罗马长期文化政治融合政策举步维艰（除了大部分希腊化的城市）。最重要的是，图拉真的进一步征服不可能是有效的：征服需要巨大的投入——征服以其他地方安全系数的降低为代价——只有针对安息追加安全防卫或获得附加的资源才能得到补偿。强大的安息虽然并不值得罗马付出如此巨大的军事努力，但它有足够的复原力来防止帝国合并新的行省以坐收渔翁之利。

附庸体系的衰落

公元67年冬，苇斯巴芗于托勒密（Ptolemais）集结大军，准备进军当时全面反叛的朱迪亚。根据约瑟夫斯的记载（*The Jewish War*，111.4.2），那时，四个附庸国的统治者（科马基尼的安提奥库斯四世、加利利的M. 朱利叶斯·阿格里帕二世、埃米萨的苏希慕斯和阿拉伯酋长马尔切斯）一共向他的军队贡

---

① 参见 Bowersock，“A Report on Arabia Provincia，” p.229. 他指出了“*Arabia adquisita*”和“*capta*”这两个官方用语的含义，暗指这是一种管理方式的改变而非征服。关于安全条例，同书，p.232—240.关于苇斯巴芗道路修建，参见 Syme，*CAH* 11：130. 参考 Henderson 的 *Journal of Roman Studies*，p.128，文中他否定了图拉真和弗拉维安时期政策相似的观点。

献了15000人。除了参与犹太战争围攻和游击战的苇斯巴芗的三个军团(阿波利纳里斯第15军团、马其顿第5军团和弗雷滕西斯第10军团)，[①]黎凡特全境只有四个军团。公元25年，其中一个军团(加利卡第3军团)就被调到默西亚，这样一来从红海到黑海的整个广大东部地区，只有三个叙利亚军团驻守，而且其中还有一个(富尔米纳塔第12军团)还曾一度致力于犹太战争。[②]

加上新军团意大利卡第1军团，尼禄的军队一共二十八个军团；算上在叙利亚的四个军团，罗马总兵力中至少有四分之一在此地段驻守。然而，人们怀疑是否可以在不破坏其他地区兵力平衡的情况下，引入额外的士兵力量，以对抗安息的压力。所幸，该系统仍然具有高度的弹性，但由于三个军团投入了犹太战争，其灵活性就被大大地拉低了。

126 虽然当时罗马和安息之间能和平共处(尼禄对亚美尼亚妥协的结果)，并且在该地区有一些没有参加犹太战争的辅助部队，但是只有在帝国东部的附庸国和附庸部落能构成缓冲体系时，集中力量对抗犹太人才有可能。如果没有缓冲地区的支持，一次性将帝国可调配储备兵力全数(二十八个军团中的三个)投入犹太战争的做法是非常轻率的。因为除了由叙利亚提供的三个质量平平的军团，长期暴露的侧翼并无其他任何防御。[③]

事实上，当时的东方附庸体系正最具有效性。在南边的西奈和朱迪亚东部边界上，阿拉伯的那巴提安王国缓解并遏制了长年不断的地方性掠夺，此外，仍有几个小附庸国家留在了叙利亚。[④] 在幼发拉底河上的奥斯朗是个中立缓冲国：虽然奥斯朗在本质上是亲安息的，但是它也不太可能对罗马拔刀相向。奥斯朗所处的河对岸并非罗马的领土，而是对罗马忠贞不贰的附庸国

① Parker, *The Roman Legions*, p.138.

② Parker, *The Roman Legions*, p.139.

③ 这种评估不适用于西提卡第4军团，参见Parker, *The Roman Legions*, pp.135,138.

④ Bowersock, "A Report on Arabia Provincia," pp. 219-229. 阿拉伯效用的局限性，参见Applebaum and Gichon, *Israel and Her Vicinity*, pp.36-37.

科马基尼。在向北部靠近黑海的地方是阿里斯托布鲁斯统治下的小亚美尼亚；它也与幼发拉底河对岸的另一个附庸国索彭恩比邻。索彭恩由苏希慕斯家族的另一成员统治。实际上，从某种程度上来说，这意味着长期受游牧民族袭击困扰的罗马帝国与安息的边界，是由受惠于帝国的力量保护的。当然其意义不仅限于此，附庸国部署自己的力量，以遏制轻微的攻击，牵制大规模进攻，无论成败，其都有为苇斯巴芗争取时间从朱迪亚撤军，并部署军队去别处行动的作用。

公元 69 年尼禄去世，苇斯巴芗称帝，内战爆发。附庸国再次站在了苇斯巴芗一方：据塔西佗记录(*Histories*，2.81)，索彭恩的苏希慕斯、科马基尼的安提奥库斯四世和其他附庸统治者继续支持弗拉维安的帝业；没有任何附庸反对，甚至连不友好的中立态度也没有，他们一致支持弗拉维安。公元 70 年，当提图斯开启犹太战争的最后战役时，塔西佗再次记录了附庸统治者的部队贡献量；这份名单包括大量的阿拉伯人，其战争动机是长期以来的邻里 127
间的仇恨。

然而，附庸体系的直接受益者苇斯巴芗本人主导了附庸体系的解体。虽然由波利摩二世统治的本都已经被尼禄于公元 64 年吞并，[①]但是间接控制的区域结构仍然完好无损。在苇斯巴芗继位的第四年，小亚美尼亚、索彭恩和科马基尼都被吞并。[②] 小附庸统治者的命运和他们的国家前途未卜，剩下的幸存者仅为阿格里帕二世的加利利小国、那巴提安阿拉伯(分别于公元 92 年和公元 106 年被兼并)，[③]以及小王国高加索、博斯普鲁斯和以克里米亚为中

① Suetonius，*Nero*，13；Magie，*Roman Rule*，p. 561.

② Suetonius，*Vespasianus*，8；Josephus，*The Jewish War*，7.7；Magie，*Roman Rule*，pp.573-574. 关于索彭恩参见 Anderson，*CAH* 10：758，n.3.

③ 关于阿格里帕第 2 军团，参见 Frankfort，"Le Royaume d'Agrippa II，" pp.665-666.关于纳巴泰人，参见 Bowersock，"A Report on Arabia Provincia，" pp.230-231.关于叙利亚的小国，参见 Charlesworth，*CAH* 11：40.

心的国家。[①]

学者们认为苇斯巴芗的兼并主义政策从侧面反映了他的中央集权政策。[②]苏埃托尼乌斯(*Vespasianus*,8)赞同这一观点,且注意到了科马基尼和西里西亚的被兼并以及阿启亚、吕基亚、罗兹、拜占庭和萨摩斯省的行省改组。

在苇斯巴芗的整体重建帝国的新基础上,行政集权与地方霸权相辅相成。因此,弗拉维安王朝的战略目标和附庸体系的生存是相互排斥的。公元 114 年,图拉真在萨塔拉开庭时,在东部仍然存有一些小附庸国：亚美尼亚的阿萨息斯王朝统治者并未出席,但阿尔巴尼人、伊比利亚人和科尔奇人的小国王却有出席。[③] 此外,在安息战争后,图拉真撤退,奥斯朗被留下作为一个新的附庸国,并由图拉真相中的候选人帕尔塔马斯帕提斯管理。[④] 然而,虽然术语未变,但在 2 世纪中幸存下来的附庸国早已不如往昔了。虽然在具体的法律条款中,很难定义罗马和附庸的关系,但是双方之间的变化具有重要的战略意义。[⑤]

主要附庸国安纳托利亚和叙利亚被合并,取代从黑海到红海之间奉行"从容外交"(leisurely processes of diplomacy)[⑥]的罗马军团的存在。以前,在那里,人们只觉得罗马会是最后的赢家,但是随着军事力量的直接部署,也出
128 现了提供行政和通信基础设施的新需求。在弗拉维安王朝统治下,帝国在安纳托利亚建造了一个公路网;在幼发拉底河流域,从巴尔米拉到苏拉的边界划定的道路也被修筑起来(在未来皇帝的父亲马尔库斯・乌尔比库的监督

---

① Richmond, "Palmyra under the Aegis of Rome," pp.42-43. 关于博斯普鲁斯参见 Anderson, *CAH* 10:265-266.

② Magie,*Roman Rule*, pp.569-570.

③ Stevenson,*Roman Provincial Administration*, pp.50-51.

④ Guey,*Essai sur la guerre*, pp.145-146; Rostovtzeff, *CAH* 11:119.

⑤ Lemosse,*Le Régime des relationes*, pp.116-123.

⑥ Syme, *CAH* 11:141.

下)。[①] 在快速干道之后，一连串军事基地横跨整个区段(从阿拉伯的新行省博斯特拉到距黑海南部只有 70 英里的萨塔拉)。

在苇斯巴芗的统治下，加拉提亚、本都、卡帕多奇亚和小亚美尼亚的领土起初一同被并入巨大的加拉提亚行省，其面积约为 11.2 万平方英里[②]。西里西亚的阿斯珀拉曾是安提奥库斯四世所属的领地，如今与西里西亚平原合并(之前一直是叙利亚的一部分)，形成一个新的西里西亚行省。公元 106 年，最后的那巴提安统治者拉布尔二世被废黜，因而阿拉伯也成了一个非常大的行省，包括从现代叙利亚南部的德拉一直延伸到梅代恩萨利赫，以及西奈半岛。图拉真显然发觉，苇斯巴芗治下的加拉提亚太过庞大，难以掌控：到公元 113 年，它被分为两个主要组成部分，即加拉提亚和卡帕多奇亚。[③]

帝国东部地区的重组需要大幅增加士兵的部署：从胡里奥-克劳狄时代的四个军团，变为哈德良时期的八个。[④] 有人争辩说，士兵集结是前弗拉维安王朝时期的事儿(到公元 67 年，在近东共有六个军团)。如此一来，一旦弗拉维安王朝减少附庸国就需要额外兵力支持的说法便是错误的。然而，他们没有认识到额外军团其实是远征队，它们被派遣到亚美尼亚作战并被派往朱迪亚镇压叛乱。因此，比起奥古斯都时代，边界静态安全所需要的守卫、巡逻队和应急部队在哈德良时期反而翻了一倍。四个额外军团中有三个是被部署在胡里奥-克劳狄统治下的附庸国，但是当需要为阻断式防御提供充足兵力时，其又会被派到新的行省。的确，附庸体系解体所导致的行省地位的提升，使增加军团数量成为必需。

---

① Syme, *CAH* 11:139. 关于安纳托利亚，参见 Magie, Roman Rule, pp.570-573. 关于完整的系统描述，参见 Chevallier, *Voies romaines*, p.161.

② 1 平方英里(square mile)≈2.6 平方千米。——编者注

③ 参见 Magie, *Roman Rule*, p.574,576；关于阿拉伯半岛参见 Bowersock, “A Report on Arabia Provincia,” p.230.

④ Tacitus, *Annals*, 4.5; Parker, *The Roman Legions*, p.163：卡帕多奇亚有两个军团，叙利亚有三个，犹太(古代罗马所统治的巴勒斯坦南部)有两个，另外阿拉伯半岛有一个。亦可参见 Syme, *CAH* 11:140-141.

东部阵线的兵力需求加倍，而罗马军团只增加了一个。因此，先前士兵部署模式所提供的兵力储备实际上已经用尽：当整个军团进行短期的重新
129 部署时，留下的兵力依然供不应求。也正是这一点，剥夺了帝国军队的内在弹性。在没有附庸国家力量压制低强度的威胁并缓解高强度威胁的情况下，帝国的中央力量必须同时应对这两种威胁。苇斯巴芗不得不处理“频繁的野蛮突袭”（即加拉提亚大突袭），并在公元75年帮助伊比利亚国王（在高加索）巩固前往达瑞尔的通道。

对于一个凭借军队实权由士兵攀升为皇帝的人来说，附庸国外交进程可能过于缓慢，着实令人不安，但是兼并的最终后果却是将兵力分散以替代罗马遥远但充满活力的机动军事力量。最后，一些罗马军队——富尔米纳塔第12军团旗下一分支——甚至驻扎在高加索的偏远山区。（然而，必须承认，权力投射的“代价”可能会带来机会成本，甚至在某些情况下，机会成本还很大：在公元17年，当卡帕多奇亚被吞并时，其所带来的财政收入使得提比略将拍卖税减少了50%。）

很明显，在哈德良时代，诸如附庸国奥斯朗，正如老牌附庸国一样，处于帝国版图之外（即使并非法律意义）。这一差异是无形的，但却至关重要，因为这是一个有关期望的问题。老牌附庸国了解他们不过是帝国控制的暂时手段。但随着新的附庸关系的产生，他们的地位成为帝国控制的永久性替代品。最终目的——和兼并的能力——显然消失了，随之而去的还有附庸们对帝国的服从，毕竟，附庸服从帝国无非是因为附庸意欲推迟附庸体系瓦解那一天的到来。有评论家不赞成这个论点，他认为没有证据表明，罗马皇帝曾经任命的附庸统治者的任期纯属昙花一现，并且还有一点就是该体系的经久不衰表明附庸体系在适当的时候，不仅仅是在兼并之前的权宜之计。[①] 事实可能的确如此，因此，没有必要把早期的附庸体系视为暂时性措施，而对附庸

① Braund, *Rome and the Friendly King*, p.187.

体系是否会退化的问题争论不休。

在胡里奥-克劳狄时期，附庸国越强，就越能更好地履行多样的安全功能。有能力进一步扩张的帝国，可以让强大的附庸服从。在新制度下，情况并非如此。只有那些弱小并保持敬畏的附庸才令人满意。在没有被兼并的终极威胁下，只有弱小的附庸才是安全的，但是相应的，它们无法提供令人满意的无偿军事服务。另一方面，强大的附庸国现在已变得危险，因为其对帝国的依赖已大大减少。在早期制度下，当帝国战略变动要投入更大的军事力量时，甚至像达西亚强大的统治者戴凯巴路斯，也能在图拉真赢得第一次达西亚战争后（公元 101 年至 102 年），被转化成一个非常可靠的附庸王。[①] 130

虽然达西亚被击败，但作为附庸它仍然强大，它能防止达克—罗马边境的渗透和突袭，并阻断萨尔马提亚的袭击。在早期的帝国体系下，附庸统治者戴凯巴路斯和罗马之间的关系由现实权力决定：戴凯巴路斯，由于战争和被废黜的终极威胁，公开宣布遵守罗马的安全需要。相对直接由帝国统治，达西亚人宁愿服从罗马的附庸主。

然而，在新的战略环境中，情况并非如此。帝国一旦在达西亚集中优势兵力，就会受到重重阻碍，[②]更重要的是，面对一个显然不愿意扩张的帝国（图拉真在第一次战争中吞并达西亚失败），戴凯巴路斯成不了一个令人满意的附庸国国王。其实即使他个人愿意服从罗马，达西亚人也会要求更加独立的政策。因此，达西亚必须被吞并，可是自相矛盾的是，帝国如今不愿扩张，更不愿兼并。换言之，图拉真不得不摧毁达西亚的独立，因为间接统治不再可用。[③] 这只是战略悖论的进一步体现：在权力的游戏中，每一次具体的武力 131

---

① Lemosse, *Le Régime des relationes*, p.117, n.250.

② 图密善在公元 87 年间，集结了 9 个军团来对付达西亚人（Parker, *The Roman Legions*, p.158），其中包括有可能在战争中覆灭的阿劳迪第 5 军团（Watson, *The Roman Soldier*, p.23, n.43）。在图拉真第一次攻打达西亚期间，共有 12 个军团（Parker, *The Roman Legions*, p.156），到了第二次达西亚战争时有 13 个（同书，p.157）。参考 Longden, *CAH* 11:231.

③ Lemosse, *Le Régime des relationes*, p.119.

行为都会使整体变得更为衰弱。

虽然附庸部落和附庸国没有完全消失，但是在帝国建立起阻断性防御后，附庸要么显得冗余（如果弱小的话），要么就是难以控制（如果强的话）。在不列颠，罗马与卡提曼都的布里甘特人的附庸关系破裂，导致阿格里科拉起义，随后索尔韦—泰恩河边界便建立了起来。[1] 在下日耳曼，虽然各种附庸结构——巴达维、弗里西、藤克特里和攸西派提人——确实生存了下来，[2] 但是帝国与附庸之间的关系也发生了变化：帝国不得不部署正规的辅助部队去守卫边防，以替代先前无偿的部落民兵。至于多瑙河下游易受攻击的地段，罗克索拉尼人已经成为危险的邻邦，既完全独立又需要补贴资助。[3]

一个世纪之后，附庸和帝国之间关系的性质开始改变。从起初将附庸国作为有功酋长们的奖励，变成如今的短期租赁，这不断削弱着边界地区的安全。虽然帝国有能力击垮资助国，但是如果没有兼并的威胁，对附庸国的激励措施必须加强，从而确保威胁和激励之间的平衡；毕竟，这样的权力体系都基于此[4]（截至 2015 年，弗拉基米尔 · 普京治下的俄罗斯联邦是一个多民族帝国，如今已经是最大的国家），通过不断蚕食邻国来壮大自身。例如，通过扶植附庸傀儡帕尔塔马斯帕提斯上位，附庸国就此形成。

在罗马帝国的新体系中，邻国们不再被自动归类为附庸。相反，它们往往以“缓冲国”的方式运作，类似于亚美尼亚。缓冲区国家仅执行一个军事功能：在强国之间树立起一个中立区，为强国提供一种避免冲突的手段——如
132 果他们想避免冲突，中立区绝对是有用的。缓冲区一般不足以主动抵御高强

---

① Richmond, “Queen Cartimandua”; Jarrett and Mann, “Britain from Agricola to Gallienus,” pp. 179-183; Birley, “The Brigantian Problem.” 参见 Steer, “The Antonine Wall,” p. 36.

② 关于巴达维人，参见 Tacitus, Germania, 29; 关于弗里西人, 34 ; 关于藤克特里和攸西派提人, 32。亦可参见 Harmand, *L'Occident romain*, pp.224-225; Demougeot, *La Formation de l'Europe*, p.143.

③ 如果 *Vita Hadriani* (5.6.8) *of SHA* 可信的话，见 Gordon, “Subsidization of Border Peoples,” p.44.

④ Syme, *CAH* 11:186.

度威胁(否则,它就是一个强国而非一个缓冲区),也不会像附庸国一样承担遏制低强度威胁的责任,因为附庸国必须接受帝国的保护。最后,缓冲区的政府不可能在未挑起敌国干预的情况下,被任何一国自由操纵。

虽然帝国的安息防区独具特色,因为安息是唯一毗邻罗马领土的文明国家,但是作为缓冲区的亚美尼亚并非独一无二。在幼发拉底河以东的奥斯朗也扮演过这种角色,直到罗马人和安息人的干预最终摧毁了它作为缓冲区的用途,并进一步使它成为一个冲突的竞技场——成天做着宣立和废黜对手候选人的勾当。公元123年,哈德良用自己人帕尔塔马斯帕提斯取代了安息任命的帕克鲁斯二世。因此,奥斯朗成为新的附庸国,并一直持续到安息干预并扳倒了由罗马任命的候选人为止。在公元164年马尔库斯治下,罗马再度干预,继续与安息角逐,直到公元195年,在塞维鲁统治下的奥斯朗最终被吞并。[①]

综上所述,老牌附庸国所提供的安全、兵力和其他多种军事服务是罗马大军灵活性的重要因素,但是这一体系也有代价：首先,罗马失去了原本可能被纳入帝国文化和商业化过程的土地;其二,失去了原本可以向人民征收的帝国赋税。然而,如果将节省下来的罗马军队遣去进行国土扩张的话,这些机会成本就是值得支付的。当然,“科学”边界一旦最终形成,霸权控制和进攻性军事力量的动态组合就会变得多余,与之相随的整个附庸体系也会显得累赘(虽然有些附庸国残存了几个世纪)。

军队和体系

“他们的国家在战争爆发前,就教人如何打仗;他们不会在和平时期双手合十而坐(祈祷),到紧急时刻才行动起来……他们从不放松训练,不等到事 133
态紧急才振奋精神。此外,他们的和平演习堪比艰苦的实战;每个士兵每天

① Miller, *CAH* 12:9. 亦见 Rostovtzeff, *CAH* 11:119; Magie, *Roman Rule*, pp.685-686.

都在演习中竭尽所能，仿佛他身在战场。事实上，他们的每次演练都是不流血的战斗，他们的每次战斗则是凶残的演练。”约瑟夫斯（*The Jewish War*，1.11.5）如是说。

一旦帝国被动员起来去战斗，一流的将领率领着一流的军团，可谓攻无不克，战不无胜。强悍的步兵军团，辅以各类轻装步兵、骑兵和远程部队一并出击。所以，即使敌人避开近距离战斗，或占尽野外行动的优势，仍然躲不过无情的罗马军队。为了与在日耳曼陶努斯山脉的卡特人作战，通往罗马设防高地的道路在森林入口就都被切断了；为了和遥远沙漠堡垒的最后一小撮梅察达犹太战士作战，罗马人建造了一座 675 英尺长、275 英尺高的突击堤，在其上方，又另搭了一个 75 英尺高、等宽的石平台。罗马军事组织能力一向高超卓越：能将大量精兵投入战斗现场，建设所需的基础设施，纵使是到偏僻荒凉的地方，也能稳定地供应食物和设备。[①]

然而，一旦帝国的整体战略从霸权扩张主义转变为领土防卫，以及阻断式防御，罗马军队的性质也会发生改变。帝国军队仍然需要由良将指挥，以对抗大规模的战争，但是现在这种能力还远远不够。在新的制度下，军队也需要经久的防御能力，一边守护好长约 9600 千米的边界，这还没有算上达西亚，要是算上，边界可达 10200 千米；此外，它还有 4509 千米的海岸线，包括两个世纪都风平浪静的地中海海岸线，但随着公元 3 世纪海上突袭者的到来，和平的海岸线也变得岌岌可危。

从物质层面上来说，在和平时期帝国需要有能力守卫边界，以免受低强度渗透的侵害，在战争年代，又要有可执行移动作战的兵力与敌军交战。从精神上讲，则需要部队保持战斗技能和锐气。因为他们仅被分配些例行警卫
134 和巡逻任务，或干脆就居住在士兵堡垒里。日复一日，年复一年，这些部队并不会随时奔赴战场，享受战争的兴奋和收获战利品的喜悦，事实上，他们很少

① 怀疑此观点的看法见 Thompson，*The Early Germans*，p.150.

有机会得到军事将领的领导，或是在战斗中受到洗礼。

对于其他任何罗马军队来说，短期增兵要比保持长期备战状态容易许多。部队若是长期处于舒适的环境之中，他们便将不再是士兵。根据塔西佗（*Histories*，13.35，13.36）的记录，公元 55—58 年，多米提乌斯·科布洛用严酷的应急手段将两个叙利亚军团（即加利卡第 3 军团和费拉塔第 6 军团）转化成尼禄安息之战的战斗部队——剔除老的和不合格的士兵（对最简单的演习都毫无概念，甚至缺乏头盔和腹甲的人）之后，科布洛让剩下的人在寒风冷冽的安纳托利亚山脉中安营扎寨，艰苦训练。根据塔西佗的记载，即便如此，来年春天的第一战中军队还是出现了失利。结果只能试图运用外交解决此事，之后科布洛的军队一训就是三年，并终于在亚美尼亚战役中获胜。

一旦被任命为叙利亚的行政官，科布洛就必须对剩余的叙利亚军团[1]严加管束。然而，公元 66 年，当下一届叙利亚行政官 C. 塞斯蒂乌斯·加卢斯到朱迪亚平息一个小叛乱时，他竟被彻底击败。以富尔米纳塔第 12 军团为基础，再加上从叙利亚调来的两支 2000 人小分队，远征军还包括了六支辅助步兵队、四支骑兵翼、近 1.4 万人的附庸国家军队以及大量志愿军（他们都认为这是很快就会结束的必胜之战）。[2]

犹太人（或更确切地说是犹太教狂热分子和其追随者）只能召集未经训练的狂热分子。他们手持长矛和弓箭。加卢斯很快就抵达了耶路撒冷，但他未能以风暴战立马攻下山巅神殿；相反，他备受威胁，被迫撤退。然而，他既 135
不是懦夫，也不是傻瓜（*The Jewish War*，11.19.5，7），所以只能推测此次撤兵是由于部队难以控制，从而使辅助部队受到了影响，可想而知志愿军定是立刻溃不成军。在撤军时，加卢斯军队遭受了严重的损失。富尔米纳塔第 12 军团失去鹰旗，这种耻辱确实罕见。根据约瑟夫斯的记载（*The Jewish War*，

---

① 即弗雷滕西斯第 10 军团和富尔米纳塔第 12 军团。

② 参见 Josephus，*The Jewish War*，11.18.9. Parker，*The Roman Legions*，p.138，由这篇文章推出西提卡第 4 军团和费拉塔第 5 军团都受命于塞斯蒂乌斯·加卢斯。

11.19.7)，帝国军队丢弃了军背囊、火器、攻城武器，还遭受了 5780 人的伤亡(不算附庸国家军队的损失)。加卢斯的失败不仅令人震惊，还使得叛乱上升到更严重的事态。最终帝国不得不进行全面战争，以击败犹太人。与叙利亚之战不同，为了这场大战，两个军团从欧洲赶来，战事十分惨烈。

在胡里奥-克劳狄时代，叙利亚军团力量逐渐减弱的情况是东方所独有的：当地人员并不好战，战事不多，部队还长期驻扎在城市营房，而非农村营地，这一点时常遭人非议。① 一个评论家对笔者有关战略理性的论文②和笔者对罗马三大体系的描述(作为系统引导)做了以下评论，他认为军团主要是为了镇压低强度的内乱而不是保卫帝国的安全，并否认帝国有任何战略，认为一切无非只是日常的警务(这种说法可以说是“没脑子的”，因为他不像其他学者一样就帝国建设者进行评论)。

然而，在后弗拉维安时代，这种情况已不再只局限于高度文明的东方，而是扩散到了整个帝国。在更冷的地区，冬季战争罕见，因而军团一入冬，就会一直驻扎在城市之中。③ 然而，危险显而易见：所有军团都可能像叙利亚军团一样恶化。一旦“科学”边境确立，大规模的进攻性战争将在各地休止，地方招募就会迅速成为常态。同时，农村阵营可能将让位于岩石堡垒，届时，客
136 栈老板、洗衣女工、形形色色的商人和艺人纷纷来此定居，从而营造出城市的气氛。④

在胡里奥-克劳狄时代，已经有类似小镇的士兵营，十分舒适便捷，并且几乎没有战事，岁月静好。然而，如果部队不在城市，不从事例行巡逻和警卫工作，那么他们将进行艰苦训练和现实演习(“不流血的战斗”)，因而他们的战斗力也就不会弱化，不会失去战斗优势。毕竟，这是大多数军队的经验：

---

① MacMullen, *Soldier and Civilian*, pp.77-78.

② Isaac, *Limits of Empire*, pp.139-140.

③ Keppie, *Making of the Roman Army*, pp.192-194.

④ Forni, “Estrazione etnica e sociale,” pp.386-390.

战备状态高度不稳定，其战斗力不是随着刻苦训练而增加，就是因散漫无为而减少。守卫和巡逻相当于不作为，它不足以维持战备状态，因为守卫是被动的，并且如若事件发生时缺席时间过长，巡逻就好比漫步，毫无作用。苇斯巴芗和其继任者的军队政策依据此背景，并考虑内战因素。

首先，在西维利斯起义之后，苇斯巴芗恢复了士兵部队的秩序：四个军团（日耳曼尼卡第1军团、马其顿第4军团、匹利米吉尼亚第15军团和加利卡第16军团）因投降或失去军团鹰旗而被解散。同时，从舰队的水手中抽调的两个军团的兵力（辅助第1军团和第2军团）以及由短命皇帝加尔巴组建的一个军团被编入正规军，连同两个新成立的军团（弗拉维亚·菲利克斯第4军团和弗拉维亚·弗玛第16军团）一起。[1] 苇斯巴芗的就任已经泄露了帝国的一个秘密：即使远离罗马，军权也可以助人登上皇位，所以政治安全的问题也因此被添加到维持军队纪律的永恒话题之中。

弗拉维安军队政策在内战时期的成功与不足皆由L. 安东尼乌斯·萨特尼努斯彰显出来。L. 安东尼乌斯·萨特尼努斯是上日耳曼特使，曾在公元88—89年公开反对图密善。[2] 虽然萨特尼努斯能够凭借金钱将两个军团[3]收入麾下，但是上日耳曼仍然忠于图密善，结果政变自行瓦解。这段插曲显示，外交渗透可能是一把双刃剑：萨特尼努斯显然收买了莱茵河对岸日耳曼卡特人的支持，但莱茵河过早解冻，卡特人无法越过冰面，因此这次尝试使用附庸关系为私人牟利的计划宣告失败。

在内战之后被改革的军团在莱茵河被重建了起来，相当原始的冬季土木 137
阵营让位于石头修造的基地；随后，军团永久性基地在不列颠和帝国全境范

① Parker, *The Roman Legions*, p.145; Bersanetti, *Vespasiano*, pp.75-79. 亦见 Birley, "A Note on the Title Gemina," p.58.

② Chilver, "The Army in Politics," p.35. Chilver 指出苇斯巴芗并没有购买忠心：他的捐赠很小且支付额度并未增长。

③ 吉米纳第14军团和拉帕克斯第21军团。

围内被修造了起来。① 这也许是新的战略实施之初最为清晰的表现：在“科学”边界确立之后，部队便无须再迁移至固定基地范围之外的地方。因此，当不列颠边境向前推进时（先是哈德良的线，然后到更偏北的克莱德—佛斯线），军团只需留在约克和切斯特纵深后方。还有军团被留在斯特拉斯堡，距离安东尼日耳曼设防边界最近的点韦尔茨海姆近 87 英里。②

在演讲和口号中宣扬的帝国官方意识形态仍然是必胜和扩张，这倒也不足为奇。民间就流传着“征服大业，彪炳千古”的俗语。然而，帝国没有流传关于谨慎优化军事资源，以最大限度地促进行省安全、繁荣（税收收入）和整个帝国的稳定的说法。这是一个人们享受生活而不是为更多领土冒险的年代。

由于帝国试图禁止军队不体面的娱乐活动，③所以其建造了宽敞和设备精良的士兵堡垒，它们达到了士兵（其实是大部分平民）直到 19 世纪才再度体验到的舒适度和卫生水准。即使在炎热荒凉的北非沙漠地带，于公元 126—133 年建造的奥古斯塔第 3 军团的堡垒也装备了罗马浴室，所占面积超过 6700 平方英尺。④ 单是给浴室供应燃料（沙漠柽柳）和充足的水就需要精细的程序。

医院是士兵堡垒和辅助堡垒设计中不可或缺的一环。一般医院病房会为卧床不起的病人提供 5 张轻便小床，并且每两个房间就有一个独立的厕所，显然可以控制传染病（在 19 世纪以前，医疗界都未认识到这种现象）。⑤ 军团和一些辅助单位往往会有专职医生，并且还会配备护理员和外科医生。⑥ 据史料记载，军医在医学界内享有极高的声誉。此外，当局必须竭尽全

① Schönberger, “Roman Frontier in Germany,” p.189 (nos.38,51,21,32).

② Schönberger, “Roman Frontier in Germany,” p.165.

③ Davies, “Daily Life of the Roman Soldier,” p.332.

④ Baradez, “Les Thermes legionnaires de Gemellae,” p.16.

⑤ Webster, *The Roman Imperial Army*, pp.195-196,251,254.

⑥ Davies, “Medici of the Roman Armed Forces”；关于标准，参见第 86 页。

力以确保在固定基地内部队人员的健康；只要频繁地改变露营地，暴露在野外的士兵极易得慢性疾病。

要对付更重要的问题，即保持部队的战斗技能和锐气，就需要采取更微妙的措施，这些士兵可能服役终身却从未目睹作战行动。毕竟，从图拉真于公元117年结束安息战争到马尔库斯·奥列里乌斯在公元160年发动战争，这期间几乎有半个世纪的安宁，只有零星的和地方性的战争在不列颠遥远的北部边界和毛里塔尼亚于公元141年到公元152年发生。这是因为帝国更加注重部队的选择（虽然已经很严格了）①，强化部队训练（同样可以说）②，重视专业分工，这是非常有效的方法。在公元2世纪的军队建设中，有超过154个不同的职位，这还不包括几个世纪以来的百夫长（centurion）。③ 价值独特的碑文证据让我们对哈德良的军事演习有了些许了解。虽然这只是一个官方演讲，但哈德良在对阿非利加军队的评论中所表现出的专业精神却证明了证据的真实性。④ 138

只有不断训练才能保持一直处于和平时期的士兵的作战能力。此外，正如公元14年的野蛮叛乱所显示的，以及在内战期间对克雷莫纳的洗劫再次证明的，大量兵力涌入军团并充分意识到他们作为帝国主要战斗部队的固有特权，将对公民社会造成很大的风险。因此，罗马军队政策的重点不是创新，而是维护纪律。这一点并不奇怪，因为即使是开明并有军事专长的哈德良也不是一个创新者。⑤ 相反，他所在意的无非是在经历图拉真战争的混乱之后

---

① Davies, "Joining the Roman Army," pp.208-213.

② 关于基本训练参见 Davies, "Joining the Roman Army," pp.209-210; Watson, *The Roman Soldier*, pp.54-72. 关于火器射程，参见 Davies, "The Romans at Burnswark," pp.107-108, 110.

③ Breeze, "The Organization of the Legion," p.50.

④ *ILS* 2487, Jones 翻译, *History of Rome*, 2:154-155. 关于职业水准或特性，参考 Syme, "Hadrian the Intellectual."

⑤ "*Armorum peritissimus et rei militaris scientissimus*" in the *Vita Hadriani of SHA*; Henderson, *Life and Principate of the Emperor Hadrian*, p.171.

恢复日常和纪律。在哈德良的统治下，军团都被部署在固定基地，在大多数情况下，军团不会再离开；因而士兵们也很快就在基地附近的定居点中组建了非正式家庭。有时人们认为并断言，军队家庭化削弱了军队的作战能力，因为家庭腐化了战斗精神，士兵们变得瞻前顾后，有所牵绊。[①]

如果说罗马军队基于其天生的勇气构建起了军队的作战能力，这种观点倒并非全无道理。然而，有充分的证据表明，在哈德良时期之前，罗马军队偏
139 爱有条不紊和谨慎的作战方式。据弗朗提努斯的记录（*Strategemata*，4.7.4），西皮奥·阿弗里卡纳斯曾经这样回答舆论对其谨慎的非议，他说自己的母亲“生下了一位将军，而不是一个战士”。哈德良和其继任者的军队也异常小心谨慎。一如既往，罗马军队依靠着稳健的战术、对战略的把控和优越的后勤取胜，而不须仿效蛮族战士的野性精神来获得胜利。士兵们有固定津贴（图密善时期增加到300第纳里），[②]享受退伍费，偶尔还能有些馈赠，以代替不确定的战利品。此外，他们还可通过行政手段保持备战状态：监管、检查并严格执行规定的演习。

在公元2世纪，军团装备只有轻微的变动：倾向装备更重和更短的投掷矛（罗马投掷矛的特点）；其次，罗马军团曾经卓越的短剑被替换成了更长的“斯帕塔”（斯帕塔一直都是辅助部队所装备的武器，“spatha”是希腊词而非出自日耳曼语）[③]，以及将经典的重型半圆形盾牌更换成小巧的平盾。这些变化清楚地表明，军队装备已从耐磨武器转变成更适合于机动部队的轻便型武器。

此外军队武器还有一个重大的创新“机动弩炮”[④]被发明出来，它是一台可像推车一样移动的强大箭雨射击机器。[⑤] 它当时已出现在图拉真的军队

---

① Weber，*CAH* 11：312-313.

② Watson，*Roman Soldier*，pp.89-92. 其他支付价格见 pp.97-99；扣除款见 pp.102-104.

③ 斯帕塔长矛骑兵擅长伏击敌军，以及使用游击战术与对手周旋。

④ 也称作“卡罗巴利斯塔”（Carroballista）。

⑤ Wilkins，*Roman Artillery*，pp.39-50.

中，且能在图拉真纪念柱上见到，[①]“机动弩炮”似乎成为部队中最重要的火器，常与少量更重且机动性更差的投石器一起使用。“机动弩炮”的引入显然能在高强度战争中为罗马大军锦上添花。

然而，在公元2世纪的大部分时间里，维护边境安全以免受低强度威胁才是罗马军队的主要任务。这就要求罗马训练和配备更轻型的部队，以完成保卫、巡逻和护送的任务。因此，在公元2世纪中，军队中辅助部队的比例有所增加也就不足为奇了。[②] 此外，辅助部队的结构和功能都出现了多样化的趋势。例如，在后弗拉维安时期，骑兵翼就被引入军队并数量大增：据正式史 *140*
料证实，骑兵翼首次出现在公元85年。[③] 新的编队在弥合军团与五百人辅助部队之间的差距方面可谓大有建树。其中五百人辅助部队兵力还不到帝国兵力的十分之一：若将不同单位兵力编入同一编制，那么摩擦在所难免，因此军队单位应该有一个更健全的整体力量结构。

还有一个相反方向上的结构革新：可能在哈德良时期或者更早期，罗马军队引进了新兵种“努梅里”(numeri)。“努梅里”与辅助骑兵翼和步兵队相比，并没有那么多历史记录。事实上，“努梅里”必须从其单位名称的性质中得到辨认：关于部队单位的命名，在大多数情况下，部族指称总是先于功能指代。[④] “努梅里”可能根本没有固定形式，[⑤]而且没有明确证据证明它们是比五百人辅助部队低一级的小兵种，也没有证据表明它是个只有三百人的单位。大家可以这么认为，如果“努梅里”确实是新增加的部族单位，那么它们

---

① Richmond, “Trajan's Army,” p.14.

② 没有理由反对 *Cheesman* 的观点，*Auxilia of the Roman Imperial Army*, p.168，其中22万个辅助单位(可能包括努梅里)与17.4万个军团兵作比。

③ Birley, “Alae and Cohortes Milliariae,” pp.55, 60.

④ 参见 Southern, “Numeri of the Roman Imperial Army.” Mann, “A Note on the Numeri,” p.502. 参见 Forni, “Contributo alla storia,” p.25.

⑤ Speidel, “Rise of Ethnic Units,” pp.202-231.

将依然保留着明显的民族特性，这是大多数辅助部队所没有的。① 根据记载，部队允许“努梅里”保留其民族的战争呐喊，让人猜想部队引入“努梅里”这一新兵种也许是为了振奋辅助部队消沉的斗志。② 此外，这些部队雇佣费用十分低廉，因为他们来自贫困的蛮荒之地，但关于这一点并无实证。③

最后一点，“努梅里”与普通部队单位之间还存在着一个根本上的差异，其兵力会自我更新而非自我消亡：自克劳狄时期起，辅助部队在退伍后即可获得公民权；因此，他们的儿子可以参加军团。④ 然而，在安东尼时期，在授予公民资格之前就出生的辅助部队士兵的儿子，不再享受父亲的公民权利，因而只能参加辅助部队。⑤ 可是，在“努梅里”服役的士兵不会被授予公民权，其子因而是辅助部队的应招人。⑥ 这一点很重要：虽然所有部队都面临着招募问题，但对于那些有声望或是薪酬高的军团来说，这一问题并不棘手。

作为较小的部队，“努梅里”更适合在“封闭”边界上进行零碎部署。例
141 如，在日耳曼，哈德良边境的陶努斯山和奥登林山段就是由有“努梅里”驻守的小堡垒守卫着的。⑦ 此外，驻扎在不列颠的哈德良长城的“百里堡”也是由“努梅里”驻守的。这两个地方若不使用“努梅里”，就必须将骑兵翼或步兵队分成许多小的次级单位加以驻守，这显然不可取。因而“努梅里”为罗马军队提供了多样化的功能，不能简单地将它们视为“低级”部队。

---

① 也就是说，他们是野蛮人：Speidel，“Rise of Ethnic Units，” pp. 505-506. 参见 Cheesman，*Auxilia of the Roman Imperial Army*，pp. 85-90；Watson，*The Roman Soldier*，p. 16；Webster，*The Roman Imperial Army*，pp.149-150；Syme，*CAH* 11：132. 有关不列颠部队见 Simpson，*Britons and the Roman Army*，pp.131-135.

② Watson，*The Roman Soldier*，p.16.

③ Watson，*The Roman Soldier*，pp.99-101. 努梅里费用暂无数据，但是如果军团每个士兵年薪为 224 第纳里，翼军 200 第纳里，骑兵纵队 150 第纳里，步兵 100 第纳里，那么努梅里应为 75 第纳里左右。

④ Sherwin-White，*Roman Citizenship*，pp.191-192.

⑤ Sherwin-White，*Roman Citizenship*，p.215.

⑥ Mann，“A Note on the Numeri，” p.505.

⑦ 见 Schleiermacher 的 *Der römische Limes* 一书第 216 页对页地图(no.40)。

战术多样化的第一个要求是提供更多的骑兵、轻装步兵（特别是投枪兵），以及更多的弓箭手和投石手来平衡军队的重装步兵。在图拉真的战争中，非正规军北非骑兵（外邦毛里人）大显身手，东方弓箭手凭其强有力的肌腱和垫铁复合弓亦大有作为；这两种部队在当时都被视为非正规军（symmachiarii），之后纳入了“努梅里”。[①]

虽然罗马人似乎不大可能指望“努梅里”给部队注入蛮力，但是骑射术确实是东方的专长，因而看到帕米拉和苏拉的“努梅里”部队和以土利亚的正规辅助部队并肩行动倒也实属自然。配备远程武器的骑兵非常适合边界防卫，因为他们能轻易对付难以捉摸的渗透者与散兵；因而，他们能在达西亚没有连续屏障的喀尔巴阡山波洛利森希斯设防边界的驻军要塞中大显神通，也就不足为奇了。[②]

除“努梅里”之外，还有一些专门化的兵种：例如，在图拉真时期，就分别组建了一支长矛重装骑兵（Ala I Ulpia Contariorum）和一支驼峰部队（Ala Ulpia Dromadariorum）。[③] 长矛重装骑兵可能是一种重装突击骑兵实验单位，而驼峰部队显然是为专门地形而组建的部队。由于罗马军队不再是一个在任何地方都能战斗的全能型部队，区域军队的部署模式就变得非常有用了：驼峰部队专为沙漠作战设计；弓骑士适合在“开放”边境作战，如达西亚和幼发拉底河上游；而轻型投枪兵则更适合于山地国家。

大多数边境需要一个动静态部队组合：静态部队包括堡垒、瞭望塔和哨岗驻守士兵，而动态部队则是负责执行巡逻和护送任务的骑兵队。省级混合部队由骑兵翼与辅助部队组合而成，有时甚至还包括军团士兵或步兵；但在严格意义上的地方层面，通过部署步骑混合队便能化解兵种结合的摩擦。如果是五百人纵队编制，则似乎会配有 120 名骑兵以及 480 名步兵；若是千人 142

① Garzetti, *L'Impero da Tiberio*, p.439.

② Forni, “Contributo alla storia,” p.214.

③ Birley, “*Alae* and *Cohortes Milliariae*,” p.55.

编制，则会有 240 名骑兵和 800 名步兵。[①] 虽然有时人们将其比作低级的马上步兵，并把它说成是传统骑兵的祸害，[②]但是事实恰恰相反，他们是普通步兵与轻骑兵（即依靠骚扰而非突出战术的骑兵）的有机结合。在大规模战争下，骑兵和步兵不会结合作战，而是各自独立作战。[③]

有人争辩说，步骑混合队中的骑兵是"真正的"骑兵，绝不是骑着马的步兵，当然也不是低级部队。他们是轻骑兵和重装骑兵的完美结合，既能像轻骑兵一样完成侦察、掩护和巡逻的任务，又能同重装骑兵一样承受高强度的战斗，即对敌人集结的骑兵或步兵部队进行集体冲锋。骑兵翼实际上具有双重目的，即应对投射和冲击武器（康特斯长矛）；但是步骑混合队中的骑兵却只配有适于近身战和投射的攻击装备。因此，这是一种用途有限的轻骑兵。步兵骑兵的混合常被用于边防安全任务，其步兵驻守固定的观察点，而骑兵巡逻队则负责涵盖其间的周边区域。

军团地方化后常部署于永久性的基地中，那么其如何在大规模战争中保持灵活性呢？如果这些军团不能离开他们的基地，那远征部队又从何而来？

在中等强度的战斗中，远征军团可以由辅助部队单独形成，例如，在公元 2 世纪安东尼治下的毛里塔尼亚，奥古斯塔第 3 军团是当时在阿非利加的唯一一个军团，并受到了被送往波特斯、马格努斯、卡尔特内和蒂帕萨的海岸集结基地的辅助骑兵部队的增援。[④]（在蒂帕萨已经发掘出一条 2400 米长的围墙，其曾为从欧洲漂洋过海而来的部队提供一个安全的基地：阿拉·弗拉维亚·布里塔尼千人骑兵队、阿拉·伊特拉鲁姆·萨基塔里鲁姆弓骑兵部队、阿拉·夷皮亚·康塔里罗姆以及阿拉·康纳内法提姆枪兵重装骑兵部

---

① Davies, "*Cohortes Equitatae*," p.752.

② Cheesman, *Auxilia of the Roman Imperial Army*; Davies, "*Cohortes Equitatae*," pp.754-763; Davies, *The Roman Imperial Army*, p.29.

③ Davies, *The Roman Imperial Army*, p.29.

④ Rachet, *Rome et les Berbères*, pp.196-200.

队。)[①]部队在激烈战斗前，必须休息调整，以适应环境。在登陆点提供这么一个安全基地，显然是明智的举动。

但是在大规模战争中，罗马军队必须投入大量的兵力。在马尔库斯的安息战争中，有整整三个军团被送往东部：下日耳曼波恩的米纳维亚第1军团、潘诺尼亚布达佩斯的阿蒂厄特里克斯第2军团以及来自特洛斯米斯的马其顿第5军团。[②] 143

在军队中，从军团抽调的分遣队（精锐骑兵部队）部署更为频繁，它们规模不等，小至百夫长指挥下的一小部分人，大到以士兵使节指挥的大型编队。[③] 在后图拉真时代，分遣部队（vexillationes）的使用大大增加。军团一个整体难以轻易移动——因为战士不可能与他们的家庭无限期地分离。然而，在每个军团中仍可以找到1000～2000个无牵无挂的士兵，他们可应对远方的大规模作战。当然，除了士兵不情愿离开家园，还有一个更重要的理由：边境安全现在依赖于驻扎部队和安全机构。军团须执行巡逻等任务，因此，军团的迁移可能造成地方跨境控制和外交结构的瓦解。这类事儿就曾发生在卢修斯·维勒斯的安息战役期间，战争调走了莱茵河和多瑙河地区的军团，从而引发了马科曼尼人的暴乱。[④]

暴乱又可能引发其他对帝国土地的袭击。诚然，国界之外的族民大都在帝国外围与辅助部队打交道，但帝国领土的完整，最终还是由军团力量所产生的威慑力所保障的。军团的迁移势必破坏当地的权力平衡，削弱甚至抵消帝国威慑力，这样一来便只能依靠现有部队的实际作战能力来保障安全了。如果必须战斗，那么军队必然会有损耗，这等于在用金钱购买安全，而不是依靠威慑力来直接获得。

---

① Baradez, "L'Enciente de Tipasa," pp.75-77.

② Birley, *Marcus Aurelius*, p. 165，参见其中提供的证据。

③ Regibus, *La Monarchia militare*, p.108. 关于分遣部队的研究参见 Saxer, *Untersuchungen zu den vexillationen*.

④ Mattern, *Rome and the Enemy*, p.97.

当整整三个军团(以及几个分遣部队)被派去与安息作战时，帝国让受灾行省的执行官们自行通过“外交”来弥补自身损失。没有威慑，外交控制结构
144 便崩溃了，所以安息战争胜利后，立刻爆发了马尔库斯的北部战争。在公元 166—167 年冬季，在之前被派至东部的部队返回前，北方边境仅由分遣部队防守，因此遭受了严重的入侵。[①]

在战略规模上，分遣部队的部署更为有效，正如在公元 83—85 年的图密善时期，当时在日耳曼的 C. 维利乌斯·鲁弗斯指挥着从九个独立军团中抽调出的一支部队。[②] 军团的辅佐人员、总部人员以及年长的已婚士兵便从此留在了那里。这些部队在偏远的战线上不太可能发挥太大作用，然而却更有可能在防守上做到最好。因为边境已成为他们的家园，是他们居住生活的地方。

善于与当地人打交道的百夫长也将继续留在边界，因此留下的军团也会形成威慑。此外，随着帝国的道路和补给站等民用和军用基础设施的发展，军团的后勤要素对远征不再形成限制：当地的援助和基础设施等要素都能支持在战斗区域内的分遣部队，这样一来便能缓解运输问题。

最后，还有部队选择的要素。除非他们从原单位遣出，而不是由支队指挥官挑选，分遣部队的士兵素质在整体上可能比常规军团的要高。他们也可能是没有家庭牵绊的士兵——适合移动性和攻击性强的战争，因为年长且有家室的人更倾向于留下来防守。

结　论

从军队中抽调组建而成，并被部署在静态前沿阵地的远征部队，并没有早期元首制时代部队的战略机动性和战斗优势。远征部队旨在优化阻断性

---

① Birley, *Marcus Aurelius*, p. 165; Fitz, “Réorganization militaire au début des guerres marcomannes.”

② *ILS* 9200, cited by Syme, *CAH* 11:163.

防御——即使绝不是警戒线战略——无法享受较早期霸权控制和机动部队享有的高比例可调遣部队。公元 66 年，尼禄的三个军团可以部署到朱迪亚，且不对边防体系造成压力；然而到公元 116 年，图拉真的军队明显已被拉伸 145
至断裂的极限，马尔库斯的军队更是如此。

最后，由于体系的弹性减小，帝国不得不招募了两个新的军团(意大利卡第 2 军团和第 3 军团)，[1]体系安全也处在了危险边缘。

① Mann, “The Raising of New Legions,” p.485.

第三章

纵深防御：公元3世纪的大危机和新的战略

146 由奥古斯都发明的宪政工具——元首制，最突出的特点是它对共和形式和传统专制效率的调和。其突出的缺陷是王朝的继承方式，它不依靠任何机制以确保王位继承的正当性。当政绩平平的皇帝通过收养方式选择了一个能干的继承人，帝国一切安好。收养制既满足了军队和老百姓的王朝情怀，又不冒犯元老院而致使他们反对王权，可谓一举两得。然而，如果皇帝没有子嗣又未收养任何人，那么通常下一任的皇位就是靠武力获得的。

在幸运的公元2世纪，图拉真（公元98—117年在位）由涅尔瓦收养，而他自己又收养了活到公元138年的哈德良。哈德良接着收养了安东尼·庇护（公元138—161年在位），而安东尼又收养了两个儿子：活到公元169年的卢修斯·维勒斯以及统治帝国直到公元180年的马尔库斯。不幸的是，成功的收养链在这之后便断裂了。

马尔库斯没有收养一个儿子，而他的儿子康茂德完全不适合继承皇位。康茂德于公元192年被谋杀。三个月后，他选定的继任者佩蒂纳克斯也被谋杀了。那时，禁卫军作为罗马最强大的军事力量，是继任者的直接仲裁者，他们选择出售皇位。买方是尤里安，可他却没活过一年。随后，潘诺尼亚行省长官塞普蒂米乌斯·塞维鲁带着多瑙河边境军团的精兵来到罗马，并索要皇位。然而，如果一个行省长官能自立为王，那么另一个也能。因此，塞维鲁不得不进行内战，而这一打就是五年：其他行省长官与军团也竞相效仿塞维鲁，试图争夺帝位，罗马就此陷入混乱。

在击败他的对手后，塞维鲁投身于外部战争，直到他于公元 211 年死在了约克战役中。他的两个亲生儿子卡拉卡拉和盖塔共同继承了帝国的权力，就像康茂德一样。公元 212 年卡拉卡拉谋杀了亲弟弟，而他自己也在公元 217 年被人谋杀。就此，谋杀和内战成了帝国皇位继承的固有模式。

从公元 211 年塞普蒂米乌斯·塞维鲁死亡到公元 284 年戴克里先继位， 147
罗马共出了二十四位合法的皇帝和更多的篡位者。虽然其中的多数王朝是短命的，但也有一些统治维持了几年。事实上，在这个时期，统治时间最长的要属篡位者波图斯穆斯，他控制了高卢整整九年。“合法的”皇帝的平均执政时间仅为三年。德西乌斯皇帝（公元 249—251 年在位）死于蛮族之战；另外，瓦勒里安（公元 253—260 年在位）被安息人俘虏，并在囚禁中死亡；克劳狄二世（公元 268—270 年在位）死于瘟疫。剩下的其他皇帝和篡位者不是被谋杀就是死于内战。

帝国内部的血腥混乱必然招引外部侵略乘虚而入。然而，也有理由相信，外部势力自身也日益强大。甚至是在罗马国内剧变开始之前，莱茵河和多瑙河上游帝国那些古老且各自为政的邻邦就开始联合成一个更大更危险的聚合体。帝国现在面对的不再是公元 1 世纪和 2 世纪记录的许多民族——弗里西人、布鲁克特人、藤克特里人、尤西皮人、卡特人、赫曼杜里人等——而是要面对法兰克人和阿勒曼尼人的强大联盟，他们可以集中更多的人力攻击罗马边境。在长久地面对单独一个敌人——其文化已渗透进它们各自的生活——之后，不同的蛮族找到了一个对抗帝国的共同文化基础。对罗马外交而言，现在想要让各部族分而治之变得困难多了。

在东方，安息王朝的羸弱政权于公元224年左右被推翻，波斯萨珊王朝取而代之。新的敌人比旧敌人更加可怕。这一变动为帝国招致了灾难性的后果，整个遏制战略也由此失衡。塞普蒂米乌斯·塞维鲁前所未有地成功战胜了安息，并通过在北美索不达米亚哈布尔河-辛加尔山防线建立的“科学”边境巩固了其胜利果实。然而，这并不足以在一代人之后遏制波斯的进攻。

国内纷争和外国侵略不仅同时发生，而且恶性互动。幸运的是，罗马军队地方化（多数现代史学家喜欢谴责这一点）已十分先进：它让急切的篡权者刹住车，因为战士不太可能被诱使离开边界去打内部战争，毕竟一旦他们离开边境，自己的家庭和土地也将因此暴露在外国侵略者之下。然而，军队
148 还是从受袭边界频繁地被派去进行内战。外部攻击与国内动荡之间也存在着更为微妙的联系：地方长官的夺权，一部分是对中央政府未能为边界地区提供安全的反映。

内部动乱和外来入侵的相互作用必然产生灾难性结果：公元3世纪的罗马历史是一部遭受入侵的历史，国内纷争不断，外敌乘虚而入，有些甚至打入帝国内部，以致罗马不得不修墙防御。奥古斯都时期的基业被无情摧毁，整个帝国满目疮痍。

很多时候，即使外部入侵蓄势待发，罗马皇帝仍只关注内部威胁：保护皇位远比确保偏远边疆的安宁更为重要。甚至有时候为保内部安全，他们会直接牺牲外部安全：阿拉伯的菲利普（公元244—249年在位），放弃了前任皇帝戈尔狄安三世（公元238—244年在位）与波斯的战役，迅速签下不平等和平条约，以求立刻回到罗马夺权，宣称为帝。

统一帝国的理想仍然占主导地位，某种文化爱国主义变得流行起来，可对权势的急切渴望依旧普遍。在此背景下，戴克里先（公元284—305年在位）成功恢复了帝国的政治稳定和领土安全。虽然戴克里先从农民经由军队崛起登上帝位，但当他紫袍加身时就再也不是农民或士兵了。在半个世纪的混乱和不安中久经历练，戴克里先无情地奉行内部管辖和系统的边境巩固政

策——前者以其著名的价格法令为例，后者则是帝国边界筑起的坚固堡垒。

虽然戴克里先是“全无规则”的继承制度的受益者，但他创设或至少是应用了一种消除内战威胁的政体方案：四头统治（tetrarchy），即四人联合统治，以规律性机制产生帝国未来的统治者。帝国将有两位平等的共治者，一位奥古斯都管理西部，另一位管治东部；公元 286 年戴克里先拥立马克西米安为西奥古斯都，而自己则保留东部大权。然后戴克里先要求每位奥古斯都之下设置一位副皇帝，称号恺撒；在公元 293 年戴克里先立加勒里乌斯为自己的恺撒，并选择克洛鲁斯·君士坦提乌斯一世为马克西米安的恺撒。每个恺撒需要与其奥古斯都的女儿结婚，并最终接替奥古斯都之位，然后再选择一个恺撒作为其副手。四头统治使得多地段同时作战成为可能，这样一来帝国的广大地区便不再会处于无人看管的状态，从而杜绝了篡位的可能。公元 305
149
年，戴克里先（和另一位奥古斯都马克西米安）退位，隐居到达尔马提亚一座辉煌的宫殿，成为历史上唯一自愿逊位的罗马皇帝。随着六人争夺奥古斯都之位，公元 309 年四头统治走向瓦解。然而，双重控制政体一直持续到西罗马帝国末期，罗马的“公元 3 世纪危机”也没再重演。

一座宏伟的帝国宫殿沦为废墟，帝国在四头统治政体下得以重建，但却变成了一座坚固的堡垒。这一转变的中介是一种完善的实物税制，它无情地从帝国榨取防卫所需的食物、饲料、衣物、武器和金钱，把帝国变成了一个庞大的后勤基地。在军事领域，四头统治政体的改革标志着帝国防御已从公元 2 世纪可靠的领土防卫转变为帝国晚期衰落阶段的纵深防御。四头统治的时代是一个严酷而痛苦的创新时期，戴克里先的铁腕统治是拯救帝国的关键，而看似更祥和的君士坦丁时代却已是最终灾难的开端。

体系概述

倘若敌人机动灵活，足够强大，并可在任何选定的渗透点上突破帝国边界防御，那么原则上有两种防御可供选择：第一种通常被称为“弹性防御”，它放弃捍卫拥有防御工事和相关基础设施的前沿边界。国防转而完全依赖于机动部队，因而机动部队至少得和敌人一样灵活。然后双方在同等条件下战斗：防御可以像进攻一样集中，因为防御不需要分配军队驻守任何固定据点，也无须分离力量保护乡镇、城市或者其他具体区段。另一方面，防御方因此也牺牲了防守上的所有战术优势（当然除了熟稔地形），[①]双方都不能选择作战地点，更不用说预先加固防线了。作为一种策略，弹性防御通常是最后的手段，因为它会导致防守外围的瓦解。的确，弹性防御一词甚是委婉：正如一位学者所指出的那样，真正的弹性防御实际上就是没有防御。[②]

第二种操作方法是纵深防御，它是独立要塞与部署其间的机动部队的结
150 合。古往今来，这种战术变幻无穷，因此战争也不再是结构相似的军队之间的对等较量。虽然进攻方可集中力量，自行选择攻击地段，从而最大限度地发挥其地理优势；但是防御方也可互相支持，并拥有独立的堡垒和野外的机动部队。如有要塞庇护，则不需要机动部队就能抵御攻击；反过来，如果机动部队能抵抗或躲避战场上的集中攻击，便不再需要要塞庇护。再者，倘若进攻方必须攻下要塞才能获胜，那么成功的纵深防御便由此而生，进攻最终也不得不面对固定据点和机动部队的组合优势。事实上，在纵深防御形成之前，据点可以为机动部队提供补给，并在需要时为其提供临时避难所，而机动部队可以聚集以反击试图攻克据点的敌方部队。

---

① 不要将这视为理所当然，我曾看见叙利亚的军队在1967年误入了一个距离他们自己驻军前哨不远的阴沟里。

② Ferrill, *Roman Imperial Grand Strategy*, p.44.

上面使用的术语是现代的，但纵深防御本身却是一个历史悠久的战略。本书第一版的一些评论家似乎并没有意识到这一点，甚至还有一位惊人地指出，纵深防御属于“现代北约理论”，而这样的一个战略“若没有迅速和大规模的海外援兵和核报复威胁，就毫无战略意义”。[①] 关于这一点，公元 3 世纪其 *150*
实很少危险。因为无论何种情况下，虽然堡垒、驻军和骑兵部队这三者没有抬到罗马帝国的战略层面上，但是三者在很早之前就已经组成了纵深防御组合。

对付战略渗透，纵深防御或弹性防御都靠不住，都不能为周边防御提供阻断式防线安全，但是两者皆更具有弹性。在战术层面上，这两种方法导致了非常不同的部署模式。而在战略层面，虽然两种方法存在质的差别，但其应用却十分广泛，因为两者既可用于保护整个领域，又可进行局部应用。随着应用规模的扩大，体系的短期复原力也在增强，但是战争的领土纵深也必然增加，从而带来极大的社会成本。

在公元 2 世纪，罗马帝国形成了一套全面的防御体系。边境安全带来了
农业的发展和城镇的繁荣。在马尔库斯·奥列里乌斯治下（约公元 166 年）， *151*
罗马边境遭到了第一次严重渗透，然而罗马的回应却是局部而渐进的。帝国既没有采纳弹性防御也没有采纳纵深防御，相反，边界防御工事得到了巩固，周边最脆弱的地区也加强了驻军。此外，还有两个新的军团（意大利卡第 1 军团和第 2 军团）分别被部署于诺里克姆和雷蒂亚——未有军团进驻的行省。[②] 虽然在塞普蒂米乌斯·塞维鲁时期，第一个中央战略储备核心已经形成，但是基本边防战略并未被放弃。帝国尝试通过修建更多防御工事和扩大驻军来弥补当地边防的不足。

公元 3 世纪中叶，帝国危机重重，防御体系混乱并逐步解体，新的战略也

① Isaac, *Limits of Empire*, p.374.

② Parker, *The Roman Legions*, p.167. 关于意大利卡第 3 军团的资料参见 Schönberger, “Roman Frontier in Germany,” p.172.

就应运而生。这个过程是渐进而微妙的，也是前所未有的。在边界防御完全被攻破的地方，补救战略只能采取弹性防御形式，但这种情况下帝国仍有选择作战地点的可能，因而出现的战略还具有基于静态边界力量和机动部队相结合的纵深防御的特点。

然而，在公元 3 世纪后期采取纵深防御战略既非完全彻底，也非确定不移。事实上，只要战略显示出持久成功的迹象，它就会被立即放弃。换句话说，当罗马军队成功地迫使敌人转向防御时，问题地段就会立即试图恢复阻断式防御边界。或者有更甚者：倘若罗马军队成功诱使叛乱邻国恢复附庸身份，帝国就会迅速回到霸权模式。努力解决紧急威胁后，就立刻重建稳定边防，这便是公元 3 世纪末，戴克里先军事政策的实质，并一直延续到瓦伦提尼安一世最后一次加强帝国阻断式防御为止。

这种试图恢复早期罗马边境防御的转变模式似乎被一些评论本书第一
152 版将纵深防御作为战略进行描述的学者所忽略了。[①] 他们断言，公元 3 世纪和 4 世纪的罗马人从未采用过纯粹的防御策略，也决不放弃霸权。虽然关于这两点是毋庸置疑的，但反转的插曲却并非如此，并且即使帝国周边受到不可阻挡的渗透（这些渗透必须被拦截或摧毁，或者至少得被击退以防未来的危害），帝国的生存仍然主要依靠纵深防御策略。

长期依靠纵深防御战略需要在敌人入侵和最终帝国的反攻之间保持一个稳定的平衡。入侵不可避免，因为驻军分布稀疏，所以除非敌方羸弱，否则就无法在边界线上拦截入侵。事实上，敌人只会在边界上遇到固定的岗哨和薄弱的巡逻力量，所以可以频繁地越过边境防线，但是若在纵深防御下，敌人会被困在纵深变动的边缘战区内，大大小小的城寨、坚固的农舍、强化的粮仓以及四座加固避难所都能够持续抵抗没有装备攻城器械的敌军。在这个区域内外，敌人还将遇到防御的机动部队和近东边境的城市的围堵。

---

① 例如，Heather，"Late Roman Art of Client Management"；"Holding the Line：Frontier Defense and the Later Roman Empire，" in *The Makers of Ancient Strategy*，pp.227-246.

这类支持可采取几种不同的形式。[1] 首先，如上所述，设防据点可以充当供应站。在帝国末期，罗马对敌最重要的优势便是其强大的后勤支持：罗马取得的胜利往往是罗马军队和饥肠辘辘的侵略者战斗的结果，因为敌军在跨过设防边界后不可能找到未设防的粮草储备。[2] 塔西佗（*Germania*，33）认为，日耳曼的卡特人是个特例，也更加危险，因为他们作战总带着粮草。

储存在构筑了工事的据点中的食物和饲料是敌人得不到的，同时却可供防御部队在收复暂时遭蹂躏的领土时使用。从后勤角度来看，边境线粮草仓库的位置十分合理，因为它们设在部队目的地，屯粮积草，以供部队不时之需。骑兵部队每天可以行进 50 英里，但罗马人可得的任何后勤运输工具都 *153*
无法跟上。虽然，骡子、马匹和骆驼的移动速度要比人快，但后勤负担极重，需要用牛车拉。据估计，一个军团每个月需要 170 吨小麦，而一个骑兵翼需要大约 53 吨大麦来喂养马匹。[3] 即使步兵在良好的道路上行进，终端补给也远优于基线供应，因为在罗马道路上，士兵可以以每小时 3 英里的速度行进，但是由牛拉动的重型车要慢得多，每小时不超过 1 英里。牛虽然可以拉重物，也可以通过泥泞的道路，但是它们一天 24 小时中，有 16 小时要用于吃、休息和消化，真正的工作时间只有 8 小时。

强化阵地的第二个功能是战术性的。即使整个外围都没有足够的力量来阻断入侵，在边界上的固定防御据点也可以有效地起到阻碍作用，因为敌人若是绕过堡垒，就必须冒着被罗马人从后方袭击的危险。在帝国末期，旧式的基地都被重建为坚硬的堡垒，其连同全新的堡垒，一起阻挡在易入渡口和山口处，以杜绝入侵。合理的纵深防御方案旨在平衡地形在整个区域的障碍效应，防止敌军利用便利的通道越过边界。这也是帝国后期沿莱茵河和多瑙河河岸建造堡垒的基本缘由。

---

[1] Tovey, *Elements of Strategy*, pp.133-134.

[2] Thompson, *The Early Germans*, pp.140-149.

[3] Davies, "The Daily Life of the Roman Soldier," p.318.

纵深防御中独立据点的第三个功能是提供后方安全和情报。帝国部队必须尽快行动，以实现新战略要求部队的迅速集结，所以他们不能为减缓敌人入侵而阻断自己的交通。[①] 道路据点沿着快速路而建，确保了通道安全。它们方便帝国军队集中，为保障供应车辆以及平民通行，同时阻止敌方通过。诚然，正如一些早期批评家所强调的那样，道路据点并非与边界平行，[②]因此，它们不是边防堡垒，但它们仍然是边境体系的一部分。道路据点可用于抵御土匪袭击和内部骚乱，但这并不意味着其是为了内部安全而建造的（因为一
154 些人把整个设防边界看作是反动建筑，认为设防边界是帝国虚假防御战略的产物，只不过是用来奴役当地人民的战略）。

小分队配备的道路据点，并不能有效地阻止敌方大队人马通行，但至少可以拦截散兵游勇，或者迫使他们费时绕路。而这些堡垒据点的作用就是为了拖延时间，以便帝国机动纵队赶至受袭地段。在公元3世纪入侵期间，道路据点还未修建，当时纵使相当小的野蛮部落都能迅速地侵入帝国内部，有时他们利用帝国内部的快速路，甚至能深入内地数百英里。

独立据点的第四个功能只有在有效的机动部队留守驻地时才显得重要。驻地部队可从侧翼或后方袭击敌人，一旦敌人反击，就立即撤回围墙后。这种打了就跑的袭击不仅能够打击敌方力量，还可诱使敌方将领为了安全起见，将兵力集中。这便是罗马制胜的关键，因为罗马野战机动部队所面临的主要战术问题就是如何要抓住难以捉摸和分散的入侵力量。

独立据点的第五个功能是保存处于压力之下的机动部队的实力，因为独立据点可为机动部队提供临时避难所。在弹性防御战略下，不堪重负的防御部队面临着一个明显的选择：逃跑或者毁灭。然而，若是有了据点，寡不敌众的特遣队就不一定会全军覆灭，或四处逃窜；相反，他们可以在庇护所休

---

① 在欧洲东南部直到20世纪60年代以及在拉丁美洲的安第斯山脉，作为反入侵措施，通往国界的快速路部分通常仍未被铺设。

② Whittaker，*Frontiers of the Roman Empire*；Isaac，*Limits of Empire* 全文。

息，重整旗鼓，准备重返战场。

对于帝国来说，保存训练有素的稀缺军事兵力是至关重要的，而堡垒就此有双重作用：其一，它能最大限度地增加城墙内部驻军的防御力量；其次，它还能为机动部队提供临时庇护。然而，这些据点也确实有潜在缺点：坚固的护墙和高耸的壁垒可能最终削弱士兵的进攻斗志，毕竟野外作战极其危险，而堡垒却能提供安全的庇护。不过，这普遍而永恒的问题在古罗马部队不断的战术演习（不仅仅是阅兵演练）中，找到了解决方案。总而言之，“马其 155
诺防线综合征”是可以避免的：训练不足的羸弱部队如果缺乏防御能力，则更有可能被赶出战场。

笔者一直假设，如果有适当的人员配备，那么强化堡垒定能够抵抗直接攻击。然而，公元 1 世纪和 2 世纪的罗马堡垒却并非如此。军团“要塞”和辅助“要塞”不过是住宅系统，并没有强化据点的特点。这些“要塞”虽有石墙，但这些石墙只是用于将军事设施与其周围的小屋、亭子和商铺分隔开来，显示其坚固足以让人放心，同时起到警示小偷的作用。显然，这不是真正的防御工事，[①]但完全符合其作为战术上的进攻基地的作用，尽管这些“要塞”仍在领土防御战略的框架内。

这些要塞和堡垒仅由低矮的墙壁和狭窄的外围沟渠来保护其宽敞的地面，意在防止渗透者（或者至多打击敌军猛烈冲击的势头），因而不能抵抗正面强火力进攻。即使是最原始的敌人也可以设计出简单的攻城槌，一举破坏薄壁。[②] 例如，伊布拉库姆（约克）的军团堡垒在图拉真时期建成，并在塞普蒂米乌斯·塞维鲁时期重建，但是城墙只有 18 英尺高、约 3 英尺厚。[③] 相比之下，公元 3 世纪后期防御工事城墙一般厚约 10 英尺。[④]

---

① 相反的，参见 Keppie, *Making of the Roman Army*, p.191.

② 野蛮人对于攻城槌技术掌握之不足参见 Thompson, *A Roman Reformer and Inventor*, pp.45-46.

③ Butler, “Defences of the Fourth-Century Fortress at York,” p.97.

④ Petrikovits, “Fortifications in the North-Western Roman Empire,” p.197.

边界上的部队基地也不适用于战术防御；它们为传递消息而设，从而为后勤和居住提供便利。此外，由于宽敞的内部布局和周边形状（典型的是矩形，而不是周长最小的圆形或椭圆形回路），长城环道的长度与驻守兵力相称。[①] 再者，墙体通常缺少提供部队作战的突出塔楼，就算有，大多也都是装饰性的，就像在伊布拉库姆的图拉真要塞，其塔楼基地约 30 平方英尺，但距离城墙仅 2 英尺。[②]

最后，公元 1 世纪和 2 世纪基地围墙还缺乏宽阔的护堤和沟渠（以阻挡
156 敌方围城武器的攻击）、牢固的底层地板（使敌人挖掘的企图破灭）、防御性大门和突围港口。在公元 3 世纪以后，上述装置在罗马防御工事中才普及起来，通常被整合在一套设计好的军事建筑中，可以保留 500 年甚至更久。

有人认为，罗马军事建设的这种转变，是由罗马敌人的围攻技术突飞猛进造成的。然而，在希腊和小亚细亚的城市已维持了数百年的和平，并没有理由去训练攻城战士，发明攻城器械。[③] 技术不是一个自变量，而是社会文化和经济基础的反映。有文献记载，公元 267 年哥特人在对菲利普波利斯（位于马其顿）的第三次围攻战中，使用了“战争武器”；公元 269 年，在对吕基亚的围攻中，也用了相似武器。但是这些“战争武器”最多不过是类似于攻城槌或是攀登塔之类的东西，[④]有证据表明，公元 1 世纪至 6 世纪，蛮族围攻技术的改进是微不足道的[⑤]（萨珊王朝的围攻技术更为先进）。

关于罗马军事建筑革命的技术（新机器）或战术方面的解释晦涩不堪，需从纵深防御战略入手，以获得直接而清晰的阐述。罗马基地被重建为坚固的堡垒，不是因为野蛮人学会了如何攻破墙壁——他们始终有能力做到这一

---

① Petrikovits, “Fortifications in the North-Western Roman Empire,” pp.194-195.

② Butler, “Defences of the Fourth-Century Fortress at York,” p.97.

③ Petrikovits, “Fortifications in the North-Western Roman Empire,” p.193，其指出法兰克人和阿勒曼尼人很少尝试攻城。

④ 参考 Whittaker, *Frontiers of the Roman Empire*, p.196，引用 Blockley, *The Fragmentary Classicizing Historians of the Later Roman Empire*, pp.230-232.

⑤ Thompson, *The Early Germans*, pp.133-134.

点——而是因为敌人还没有获得强大的围攻能力。除非据点能够抵御密集的围攻，否则纵深防御就会迅速崩溃，退化成最差一类的弹性防御。另一方面，如若蛮族没有足够的人员配备，也没有充足的粮草围困据点，那么据点驻兵只要强守，等待援军的到来，并履行其上述几项支持功能即可。[①]

任何纵深防御战略的一般特征都是后方防御，这与罗马早期战略的前沿防御截然相反。任何防御概念都要求拦截敌军，而推进式防御要求在边界之前拦截敌人，以保后方不受干扰；相反，后尾式防御则是在帝国领土内拦截敌军，与此同时，堡垒、城镇，甚至个别农庄形成点状防御，以扼制敌方掠夺。早 157
先的阻断式安全制度虽然对社会大有裨益，但是在面对边境狭窄部分压倒性的敌人时确实无能为力。

战略充满着矛盾逻辑，早期的策略是把蛮族驱逐出境，从而使相邻的宗族和部落稳定下来，但是部落宗族日益强大，最终会联合起来冲破罗马边防。此外，该系统毫无弹性可言，边界的线性防御背后空无一物。相比之下，纵深防御却能够在长期的渗透中屹立不倒。无疑，这种弹性增加了整个帝国战略的灵活性：在不同地段面临多重威胁的情况下，野战部队可以在各地段间来回调配，与不同的敌人连续作战，其间又不会遭受重大损失。

新战略增强了帝国中央的抗御力，却没有为面临入侵和渗透的行省提供更多的安全保障——这种不同最终将产生严重的政治后果。公元3世纪的多次入侵与不列颠、高卢、埃及和北非的试图篡位者有直接关系。罗马为了更好地保证帝国安全而牺牲了行省的安全，因而行省人拒绝接受新战略也是可以理解的。

成功的纵深防御战略无法长久维持平衡。有一种内在趋势，令成功的纵深防御让位于暂时恢复早期前沿防御。倘若战略失败，它就会退化成弹性防

---

① Isaac, *Limits of Empire*, p.254，他在其他方面否认了战略转变："美索不达米亚城市大规模加固的事实暗示着这一点，戴克里先和他的继任者放弃了保护农村免受重大袭击的任何想法。"

御。成功的纵深防御旨在确保帝国领土安全，它在安东尼时期升格为阻绝各种威胁，对帝国领土进行全面的保护。而不成功的纵深防御则只需要尽可能地保住由皇帝领导的机动部队。有时，即使有弹性防御的灵活战术（总是可以在撤退中寻求安全），帝国军队甚至也无法完成最低目标。例如，公元 251 年，德西乌斯在现如今的多布罗加征战时，被高卢人所杀；公元 260 年，瓦勒
158 里安在埃德萨的城墙之前，被波斯萨珊王朝统治者沙普尔一世俘虏；更惨的是瓦林斯，他在公元 378 年的大灾难中，与野战部队一起，在阿德里安堡被西哥特人全部歼灭。

就算没有回归阻断式防御，也未衰退成弹性防御，战略动力在本质上仍是不稳定的，因为战区的防御地段同时也是帝国后勤基地的一部分。罗马人并非面对单一的敌人，或是一群固定的敌人，不是说只要将他们击败，就能确保边境的永久安全。虽然罗马捷报频传，但是帝国边界总还是会受到攻击，因为边界处于南北东西外族迁徙的必经之路上。因此，罗马战略并不旨在获得最终胜利，毕竟威胁永久存在。在任何时期，唯一可行合理的目标便是以最低的社会成本保持最低限度的边境安全。

在成功的阻断式防御下，帝国安全的总支出包括部队维持费用，以及征收和义务兵役的隐性成本。另一方面，纵深防御战略也包含了额外的社会成本。这些成本由民众直接承受，而不通过征税或招募军士的形式——也就是说，这是敌人入侵造成的直接损失。从短期来看，这些社会成本对军队没有什么直接影响，毕竟军队靠自己的士兵作战，也有军粮储备。但从长远来看，这些社会成本将使得民众和精英们对帝国一统观念产生怀疑，并还将影响本土部队的士气，最终决定帝国结构在民众心中的价值。当然，敌方入侵所产生的成本是日积月累的而非暂时性的，在很大程度上因地而异、因时而异。就中等年期来看，例如两到三年的时间，时间最长的可能与帝国领导力有关，军队可安排协调的支持与纵深防御战区的地理位置之间也有直接关系。

如果在敌方入侵和成功反攻的过程中，外围战区能一直保持较小范围的

话，那么其对军队后勤基地造成的伤害也将相应减小。然而，只有守卫者反应迅速，战区才能保持较小范围，反应速度与反攻力量集结时间互相冲突。反过来说，军队集中程度越高——在其他条件相同的情况下——部署拦截部队的时间也就越长，敌人的渗透自然越深入。换句话说，在敌人被击退之前，系统弹性与帝国的后勤基地遭受的破坏程度成正比。另一方面，正是拦截延迟的社会成本和后勤成本与军队最大集中力量的战斗优势之间的这种冲突，产生了帝国战略的周期性。 159

如果起初就成功地应对袭击，帝国军队将会率先打击重大威胁，然后以越来越短的拦截延迟时间击败接踵而来的入侵。在之后的阶段中，每次入侵对后勤基地造成的伤害将越来越小，而得到受灾地区支援的帝国军队将越发强大。在其他条件相同的情况下，这反过来又会进一步缩短拦截延迟时间，从而形成一个良性循环。

另一方面，如果帝国军队一开始就无法成功应对袭击，入侵就会越来越深入，对后勤基地的破坏也将越来越大，此外，相关地段所支持的帝国军队力量也会相应地减弱。这样一来驱赶敌人的机动部队就得从更远的地方赶来，拦截延迟时间自然越拖越长，这又进一步加重了后勤基地所受的破坏——如此便成一个恶性循环。

若有足智多谋的良将或是在战斗中交了好运，倒是能够一次次地扭转纵深防御每况愈下的恶性循环。在西部，从公元 3 世纪到 4 世纪后期，出现过几次重大的幸运逆转，可每次局势扭转后，帝国防御又暂时会回到阻断性边防。在帝国的东半部，即使是阿提拉带领下的匈奴所引起的公元 5 世纪大危机也被成功克服，就像之后的许多次危机一样。① 但在帝国西部，继瓦伦提尼安统治(公元 364—375 年)之后，其恶性循环只有部分暂时被扭转过来。在狄奥多西一世死(公元 395 年)后，循环再无法逆转。帝国西部的大部分土地

① 凭借新的大战略，参见 Luttwak, *The Grand Strategy of the Byzantine Empire*, ch.1.

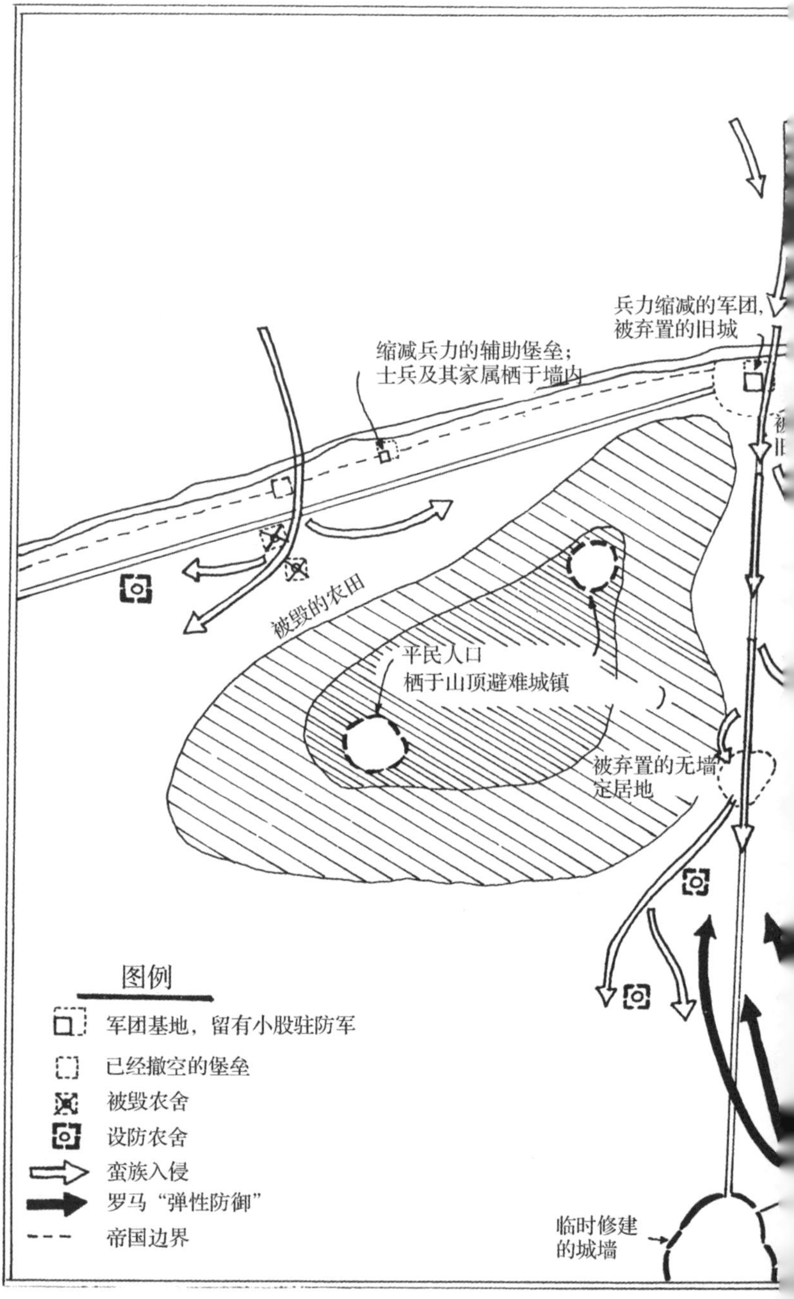

图示 3.1　边防作战方法：弹性防御

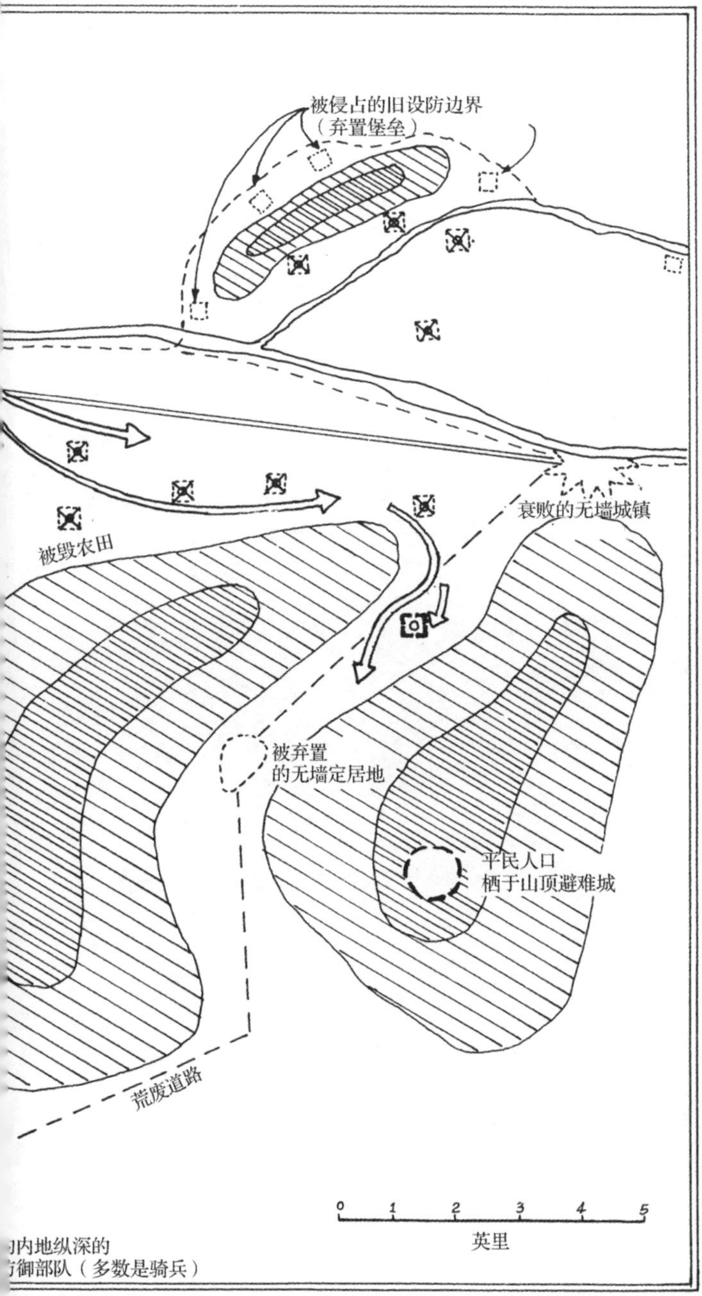

内地纵深的
防御部队（多数是骑兵）

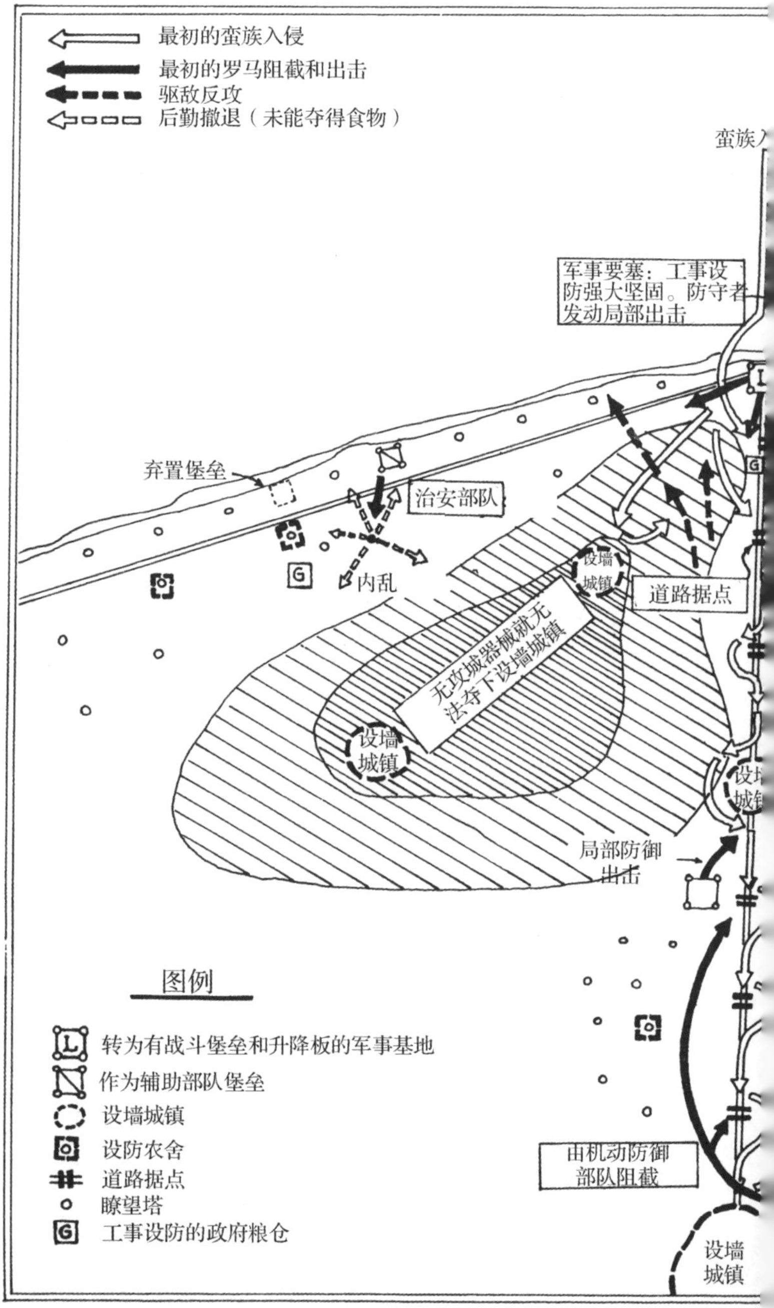

图示 3.2　边防作战方法：纵深防御

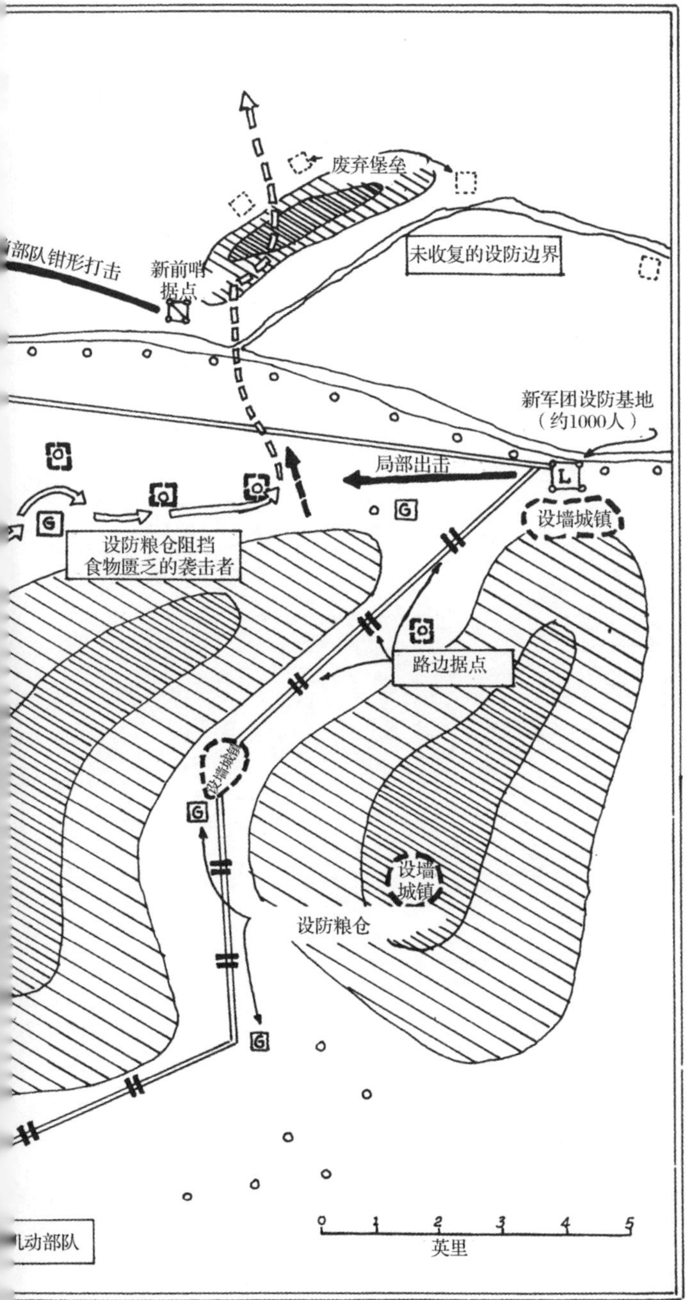

废弃堡垒
未收复的设防边界
部队钳形打击
新前哨据点
新军团设防基地（约1000人）
局部出击
设墙城镇
设防粮仓阻挡食物匮乏的袭击者
路边据点
设墙城镇
设墙城镇
设防粮仓
动部队
0 1 2 3 4 5
英里

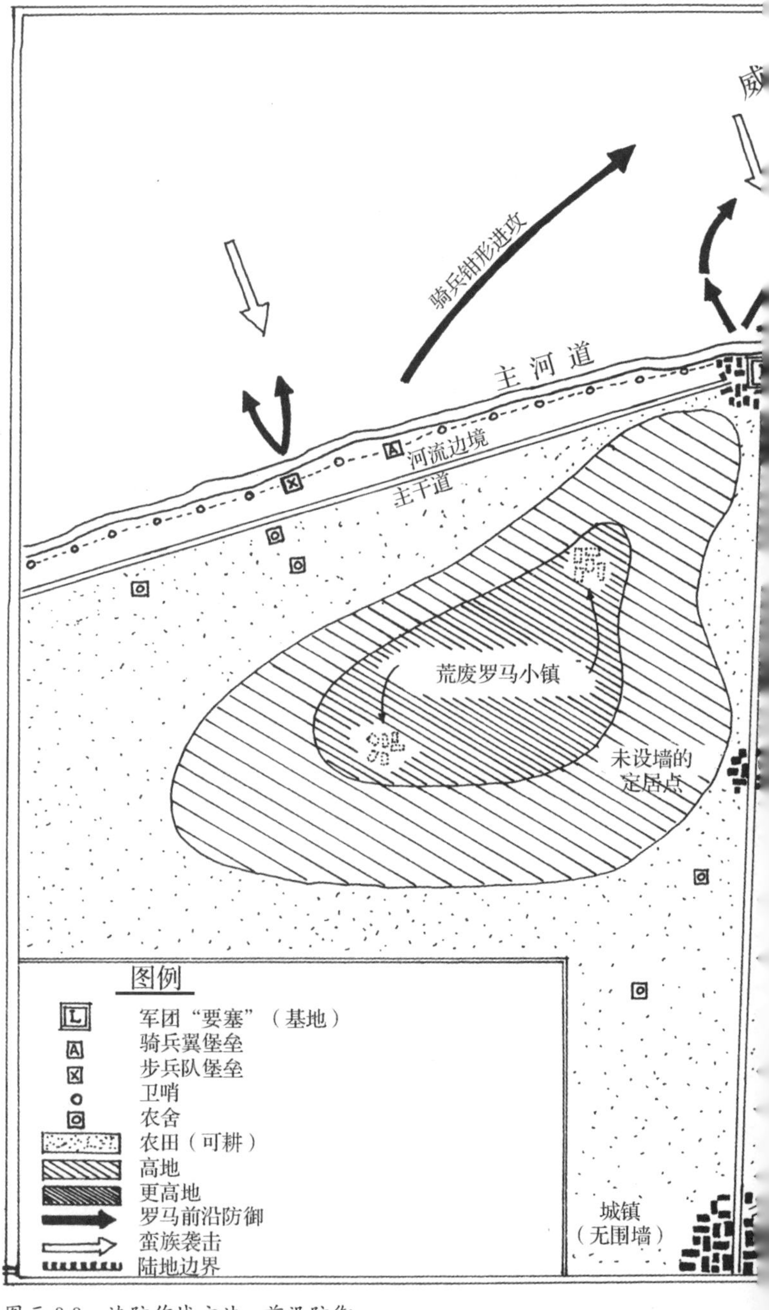

图示 3.3 边防作战方法：前沿防御

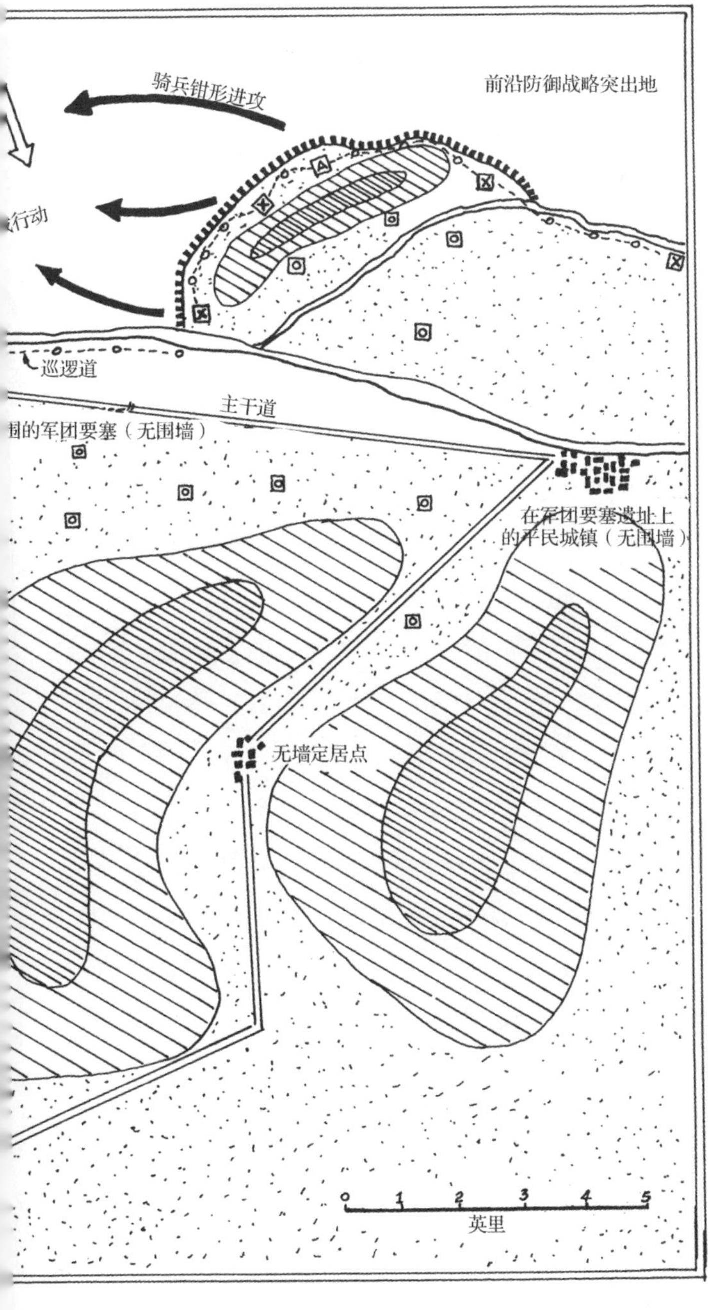
骑兵钳形进攻
前沿防御战略突出地
行动
巡逻道
主干道
团的军团要塞（无围墙）
在军团要塞遗址上
的平民城镇（无围墙）
无墙定居点
0 1 2 3 4 5
英里

166 成了与蛮族军队之间的战场。蛮族军队或是以日益模糊的皇权之名，或是干脆以自己的名义，大肆掠夺帝国的领土。纵深防御战略的目标——也就是最终恢复全面的领土安全——已经退化为维持一种变得越来越具“弹性”的“弹性防御”，其只对那些由此受到保护因而更加强有力的个人才有价值。后勤基地遭受永久性损失，因为帝国权威业已丧失，蛮族部落也不再突袭，干脆开始占领帝国的领土。

不断变化的威胁

安东尼时期的阻断式安全体系一直容易受到来自不同方向的同时攻击。值得注意的是，公元162年安息对亚美尼亚的入侵拉开了一系列冲突的序幕，直到公元180年马尔库斯·奥列里乌斯死亡时才结束。[①] 多瑙河(在较小程度上)和莱茵河地区的威胁则一直存在。另一方面，来自安息的威胁零星分散：罗马的东方敌人组织严密，作战也是有始有终。安息和罗马一直是战略对手，但从公元117年到162年，两国并没有战事。

公元162年东线战事频繁，分遣队、辅助部队甚至是完整的军团都被派往东部，欧洲边界防御自然就相应地被削弱了。甚至更早的时候，就存在卡特人对陶努斯山设防边界的侵入，从而导致了边界堡垒(如阿尔滕施塔特)的崩坏。[②] 与此同时，多瑙河边界也滋生了麻烦。[③] 罗马人不断监视着野蛮人，同时野蛮人也一直监视着罗马人：当时，边防驻军明显枯竭，蛮族自然看到了绝佳的袭击机会。

到公元166年为止，马尔库斯·奥列里乌斯的军队重演了图拉真的壮

---

① 资料稀缺，可参见 Birley, *Marcus Aurelius*, pp.223-245, 283-286, and n.24.

② Schönberger, “Roman Frontier in Germany,” pp.171-172.

③ Birley, *Marcus Aurelius*, p.165, 基于(有待考证)SHA, *Vita Marci*, 12.13.

举：他们击败了安息人，夺下泰西封，横扫其间土地，但却没有建立起新的边界。[1] 东部胜利之后，西部一场胜负难定的战争随之而来。当远征军携带着破坏性的瘟疫从东方返回时，夸迪人、马科曼尼人和（萨尔马提亚的）雅济吉斯人乘乱跨越多瑙河，绕过或者打败了寡不敌众的边防驻军，并成群结队地深入帝国内陆。[2]《罗马君王传》（*Scriptores Historiae Augustae*）认为这是一个蛮族的“阴谋”，但书中记载，即使蛮族没有任何联合，罗马力量空虚，帝国 *167*
瘟疫肆虐，对所有蛮族来说都是发动侵略的好机会。

尽管财政陷入危机，瘟疫不断扩散，兵力补充不足，公元 165 年，帝国还是组建出了两个新的军团——意大利卡第 2 军团和第 3 军团。[3] 到公元 167 年，夸迪人和马科曼尼人已来到通往意大利东北部的门户阿奎利亚（Aquileia）。[4] 这是自元首时代以来帝国最严重的军事危机。[5] 事从权宜，为招募新兵，罗马军队甚至接受了自由民乃至奴隶入伍。此外，强大的辅助部队从边界抽调出来，充当野战军以应对新的威胁。[6]

在内部不设防的情况下，敌人的渗透可在帝国内陆大范围扩散，但威胁并不是特别大。短暂的蛮族侵入所造成的伤害并不是非常大，因为饥饿的侵略者不会长期坚持破坏封闭的外围防御；他们只为搜刮食物和战利品。阿奎利亚虽然兵力匮乏且无坚固的围墙，却急速地建起简易的防御工事，并且抵挡住了敌军进攻。夸迪人和马科曼尼人无意进行围攻行动；他们只发动了一次大规模的袭击，而他们的目标似乎也不是征服而只是为了掠夺。

由于袭击者不能严重破坏帝国的后勤基地，所以罗马取得最终的胜利只

---

① Oates, *Studies in the Ancient History*, pp.72-73; Magie, *Roman Rule*, pp.1:660-663.

② Demougeot, *La Formation de l'Europe*, pp.215-229; Fitz, “Military History of Pannonia,” pp.32-36; Oliva, *Pannonia*, pp.260-278.

③ Parker, *The Roman Legions*, pp.116-117. 亦参见 Mann, “The Raising of New Legions,” pp.486-489.

④ Brusin, “Le Difese della romana aquileia,” p.87; Degrassi, *Il Confine nord-orientale*, p.113.

⑤ Oliva, *Pannonia*, pp.96-113; *Vita Marci*, 21.6-8.

⑥ Romanelli, “L'esercito Romano,” p.65; 参考 Parker, *The Roman Legions*, p.168.

是时间问题。到了公元172年，马科曼尼人被赶出了帝国，并被强制签署了和约；两年之后，夸迪人被镇压；公元175年，萨尔马提亚人也被镇压。[1] 公元177年，夸迪人和马科曼尼人重挑战事，结果公元179年，[2]罗马人在多瑙河获得了巨大的胜利。据说马尔库斯·奥列里乌斯很可能规划了一项跨多瑙河作战计划，旨在征服马科曼尼人的家园及其周边领土，但是在公元180年马尔库斯·奥列里乌斯死后，其子普鲁克斯立马就抛弃了这个计划。

公元166年以后，多瑙河流域受威胁的程度难以估量。在这一时期不完整的资料来源的描述中，有6000名伦巴第人和奥比人攻破多瑙河设防边界，进入潘诺尼亚。[3] 只要能将敌人集中于某一固定位置，有辅助兵的军团就可
168 以轻易击败敌军。然而问题是，6000人到底算是大规模入侵，还是寻常入侵？

幸运的是，我们不需要对这一变化进行量化就能确定帝国在公元3世纪之后所面临的总体威胁远远大于前两个世纪。文献资料提供了足够的证据：到公元238年，哥特人已经西进到了德涅斯特河上游的提拉斯，并在四年后越过了多瑙河三角洲，无疑，他们要比卡普人和萨尔马提亚人更加可怕，而萨尔马提亚人在当时是下默西亚的主要敌人。[4] 同样，阿勒曼尼人和莱茵河下游的法兰克人显然也比该地区的他们的前辈更具威胁性：阿勒曼尼人的进攻迫使罗马人到公元260年时撤出了莱茵河和多瑙河对岸的安东尼设防边界，法兰克人则随公元275年高卢帝国的崩溃而蜂拥突破边界。[5] 此外，罗马还面临着撒克逊人袭击英格兰南部和高卢海岸的新的海上威胁，贮藏的钱币

---

① Demougeot, *La Formation de l'Europe*, pp.220-224; Birley, *Marcus Aurelius*, pp.233-245.

② Demougeot, *La Formation de l'Europe*, pp.224-227; Birley, *Marcus Aurelius*, pp.272-286 and passim.

③ Demougeot, *La Formation de l'Europe*, p.216，引用 Dio, 42.3.1. Weber, *CAH* 11:352，文中修正为6000人存活。背景：Oliva, *Pannonia*, pp.299-304. 相反观点：SHA, *Vita Marci*, 24.5；参考 Weber, *CAH* 11:355, 362.

④ Demougeot, *La Formation de l'Europe*, p.395. 哥特人进攻见同书，pp.393-433; Bury, Invasion of Europe, pp.3-22.

⑤ Demougeot, *La Formation de l'Europe*, pp.521-532; Schönberger, "Roman Frontier in Germany," pp.177-179.

显示，这些海盗的掠夺似乎在公元268—282年变得激烈起来。[①]

公元1世纪和2世纪的东方海盗袭击并非不为人所知，但是规模不大，多为局部袭击。法兰克人和撒克逊人在英吉利海峡的新的海上威胁和哥特人、赫鲁利人及相关民族在黑海和地中海东部的新的海上入侵，在性质上截然不同：从公元253—269年，哥特人和赫鲁利人首先掠夺了黑海沿岸，之后又侵入爱琴海，还经常上岸洗劫内陆。[②] 在这个过程中，多产的良田遭到破坏，重要的城市遭到袭击，有时甚至被摧毁：例如，在公元253年的第一波海上袭击中，皮蒂乌斯被毁；公元254年或是255年，特拉佩祖斯和其他黑海城市被毁；公元256年，袭击者通过达达尼尔海峡进入爱琴海，摧毁了卡尔西登、尼科美底亚和其他比提尼亚城市。[③]

公元266年和267年，在近十年的小规模袭击之后，哥特人、赫鲁利人和他们的盟友们又一次通过大规模的海上远征袭击了色雷斯、马其顿、希腊和小亚细亚，而陆地上的袭击还在持续。[④] 在众多大大小小的城市中，雅典仍然十分重要，但与其他城市一样，雅典几乎从不设防，于是在公元267年，这座城市被赫鲁利人占领。德克西普斯集结2000个雅典人对抗赫鲁利人，但城市已经沦陷，[⑤]已是回天乏术；事实上，直到公元5世纪雅典才得以光复。[⑥]

从战略的角度来看，新的海上威胁带来了巨大的安全隐患。帝国需建造 *169*
3000海里的海岸线陆基防御（不包括半岛和岛屿海岸）来确保边境安全。然而，建造陆基防御的成本与海袭的威胁程度完全不成比例。此外，虽然在黑海和地中海的海军霸权地位可以确保陆上安全，但是在英吉利海峡以北的海

---

① Frere, *Britannia*, pp.188-189.

② Demougeot, *La Formation de l'Europe*, pp.419-428; Alföldi, *CAH* 11:147-150; Starr, *Roman Imperial Navy*, pp.194-196.

③ Demougeot, *La Formation de l'Europe*, p.419.

④ Alföldi, *CAH* 11:148.

⑤ Millar, "P. Herennius Dexippus," pp.26-27.

⑥ Thompson, "Athenian Twilight," pp.61-65.

域内，情况却并非如此。千名海盗就能比两倍甚至更多的陆上袭击者造成更大的伤害，因而对抗措施的代价也更高。因此必须为不列颠和高卢西北部的“撒克逊海岸”建立一个全新的海防组织。据罗马《百官志》（*Notitia Dignitatum*）记载，一个名为“不列颠海岸撒克逊人联防团”的组织负责该区防御。[①]

不可思议的是，文献资料显示哥特人及其盟友的突袭舰队和武装部队的规模十分庞大。值得注意的是，根据《罗马君王传》中的记载，公元 267 年，哥特人动用了 2000 艘远征战船，并在陆地上派兵 32 万向现在的多布罗加推进。自然，现代史学质疑这样的估计，但是由此我们可以推测，在当时哥特人的进攻规模十分庞大——实际上在公元 3 世纪，罗马帝国面临的最大威胁便来源于此。[②] 统计数据表明，事实上是威胁变得更强了，而不是帝国变弱了。毕竟，从公元 235 年亚历山大·塞维鲁逝世到公元 284 年戴克里先继位，常年频发的篡夺战反复地破坏了中央权力，政治混乱不堪，局势动荡不已。此外经济更是疲软，财政一度空虚。然而，帝国外部环境的根本变化发生在东方，其关键意义不言而喻。公元 224—226 年，萨珊人推翻了阿萨息斯的安息帝国，并创立了新的波斯帝国。几个世纪以后波斯帝国注定要成为罗马更加可怕的敌人。[③]

从某种意义上说，公元 2 世纪的整个阻断式防御体系是建立在一种隐含的假设基础上的，即本质上软弱的安息仍然是东方唯一的主要威胁，若这一
172 假设不成立，那么罗马皇帝就无法专注于防范渗透者和掠夺者。虽然安息一直想夺下罗马人对亚美尼亚的控制，但其所呈现的威胁却只是零星的：图拉真发动了安息战争，几乎半个世纪后，马尔库斯·奥列里乌斯重燃战火。塞普蒂米乌斯·塞维鲁于公元 195 年和公元 197—199 年再战安息，都大获全

---

① Frere, *Britannia*, pp.188-189, 338, and passim. 关于其命令见同书, pp.212, 229.

② Alföldi, *CAH* 12:149; Bury, *Invasion of Europe*, p.22.

③ Christensen, *L'Iran sous les Sassanides*, pp.84-96.

胜。一旦罗马远征军被集结起来并妥善部署，安息人就注定失败。事实上，塞维鲁在哈布尔河、辛加尔山以及东至底格里斯河建立了一个永久的设防边界，并派新军团安息第 1 军团和第 3 军团驻守，由此为战争画上句点。[①]

除了呈零星分布，安息的威胁在其地理范围内也受到了限制；没有任何迹象表明阿萨息斯的征服计划延伸到叙利亚或卡帕多奇亚这两个帝国的核心地区。安息的战略在组织上存在弱点：在阿萨息斯宗主国的统治下，安息作为一个半自治的附庸集合体，十分容易受罗马外交的操纵，自然无法充分调动伊朗高原和邻近国家的可观军事资源。[②] 然而，这一切都随着萨珊人的崛起而改变了。首先，新的国家更为集权，拥有阿萨息斯家族所缺乏的行政管理和意识形态上的控制权——最重要的是对国教的控制权。[③] 其次，萨珊人的扩张主义几乎从一开始就超越了阿萨息斯仅限于亚美尼亚的野心范围。

第一个萨珊王朝帝王阿达希尔一世和他的继承者们[从其子沙普尔一世(公元 241—272 年在位)开始]，就已经瞄准了美索不达米亚北部和其他许多地方。[④] 希律的效忠者报告说，阿达希尔在杀害安息的阿塔拜塔，并征服了邻国之后，[⑤]又把他的野心转移到了罗马。事实上，直到公元 7 世纪萨珊王朝的覆灭为止，罗马不得不保卫叙利亚和帝国控制下的美索不达米亚领土，以保证其免受“伊朗和非伊朗众王之王”的侵害。[⑥]

阿萨息斯和萨珊王朝威胁之间的第三个区别是战术。在萨珊王朝的统治下，阿萨息斯的轻重骑兵战术(威胁交给重骑兵，让轻骑兵向敌军集中射箭)得到了很大的改善，但是真正的区别在于，萨珊人发明了一种适合的攻城

---

① Oates, *Studies in the Ancient History*, p. 93; Miller, *CAH* 12: 16-17; Besnier, *L'Empire romain*, pp.24-25.

② Wolski, *L'Empire Arsacid*.

③ Christensen, *L'Iran sous les Sassanides*, pp.97-98.

④ Dio 80.3,4，引自 Millar, *Roman Near East*, p.147.

⑤ 引自 Dodgeon and Lieu, *Roman Eastern Frontier and the Persian Wars*, pp.10-11.

⑥ Dodgeon and Lieu, *Roman Eastern Frontier and the Persian Wars*, p.220.

地图 3.1　3 世纪的大危机

哥特人
251年德西乌斯在阿布里图斯身亡
西哥特人
吉尔兹人、哥特人和赫鲁利人
卡普人
达西亚
波洛利森希斯
250-260
达西亚亚普勒尼希斯
提拉斯
242
公元238年
提拉斯遭到洗劫
泰法利人
250
达西亚
马尔文西斯
阿布里图斯
多瑙河
黑海
下默西亚
哥特人与赫鲁利人的海袭
256
250
254年洗劫
特拉佩祖斯
拜占庭
比提尼亚和本都
特拉佩祖斯
哥特人、赫鲁利人
267
亚细亚
加拉提亚
卡帕多奇亚
260年俘获
瓦勒里安
260
底格里斯河
230
雅典
吕基亚和潘菲利亚
256
埃德萨
洗劫雅典
（267年）
西里西亚
美索不达米亚
241
公元256年洗劫安提俄克
叙利亚
科埃勒
幼发拉底河
256
230
巴尔米拉
260年以后
巴尔米拉被
奥德纳苏篡位
腓尼基
萨珊帝国
叙利亚
巴勒斯坦
亚历山大里亚
地方游牧民的袭击
阿拉伯
昔兰尼
埃及
诺巴兹人
布莱梅人
红海

173 战术。[①] 东方战争基本上是靠骑兵冲锋，随后围城，所以萨珊军队的新围攻战术显得尤为重要。

粗略的年代史足以说明萨珊人的威胁持续存在。公元230年，阿达希尔在进攻亚美尼亚（当时由阿萨息斯的附庸国国王统治）失败后，转而袭击美索不达米亚北部的帝国领土。亚历山大·塞维鲁亲自带队向东迎战，输多赢少，但却成功地于公元233年恢复到了战前状态。[②] 公元249年，萨珊人横扫了美索不达米亚北部，包括尼西比斯和卡尔海，还向西征服了远至安提俄克的领土。[③] 公元242—243年，罗马人发起了一场反攻（名义上由戈尔狄安三世指挥），但是战略反攻并没有成功恢复帝国原状。公元244年戈尔狄安的继承人阿拉伯人菲利普签署了和平条约，丧失了埃德萨和整个奥斯朗周边的附庸国；其附庸国国王阿布加尔十一世躲到了罗马避难。公元252年，罗马帝国虚弱不堪，沙普尔一世第一次发动了大规模进攻。此后三十年，战火断断续续。罗马人的国运在公元260年跌到了最低点：瓦勒里安在埃德萨被俘虏，并沦为波斯人的阶下囚直到死亡。[④]

公元3世纪，萨珊王朝企图把罗马帝国的边界重新推回到叙利亚，但是失败了。在该世纪末，军人出身的皇帝奥勒利安、卡鲁斯和后来的加勒里乌斯骁勇作战，恢复了罗马在美索不达米亚北部的统治地位。公元298年的和平协议确定了罗马对亚美尼亚的宗主权，并在哈布尔河-辛加拉-凡湖线上建立了美索不达米亚北部的边界。无论和平还是战争，边界一直维持到了朱庇特在公元363年与沙普尔二世达成条约，该条约将包括尼西比斯在内的美索

---

① Dodgeon and Lieu, *Roman Eastern Frontier and the Persian Wars*, pp.207-212.

② Magie, *Roman Rule*, pp.695-696; Oates, *Studies in the Ancient History*, p.74; Besnier, *L'Empire romain*, pp.105-107.

③ Esslin, *CAH* 12:86-88; Christensen, *L'Iran sous les Sassanides*, pp.130-131.

④ Besnier, *L'Empire romain*, pp.151,153,177-178.

不达米亚北部割让给波斯人。[①]

比起这些领土的变化所带来的灾难，萨珊王朝对罗马帝国施加的压力在总体上危害更大。一旦东方威胁加剧，整个阻断式防御体系就失去了平衡。由于该体系所提供的可调配机动部队数量十分有限，所以必须在新威胁出现在其他地段之前，就成功处理完既定地点所受的威胁。在莱茵河集中的军队分遣部队和辅助部队可以在几周之内，被重新部署到多瑙河中游。假设部队 *174*
以 3 英里/时的速度行进 8 小时，那么在不到 50 天的时间里步兵就可以从英吉利海岸行进至黑海。换句话说，这就意味着在部落掠夺频发的夏秋两季，同一军队可以在同一个作战季节里于帝国的欧洲边境两端作战（虽然没有实证，但是很有可能发生）。对于美索不达米亚北部的部队来说，却并非如此。由于距离较远，虽然规模很大，但是与波斯作战的军队费用大大超过了该规模部队所需的量。

莱茵河和多瑙河的威胁是地方性的，但是直到东方出现同样的地方性威胁时，帝国的可调配部队才不堪重负。从此以后，远距离同时作战不再是偶然事件，而成了常态。因此，在公元 233 年，阿勒曼尼人进攻了上日耳曼—雷蒂亚边境，并破坏了几个边防堡垒。[②] 同时，罗马人对萨珊王朝的阿达希尔一世的反击也正巧结束。在东方压力最大之际，莱茵河和多瑙河之间的陆地边界瓦解了（到公元 260 年）。[③] 沙普尔的军队曾经在公元 256 年占领了安提俄克，而哥特人和赫鲁利人在小亚细亚的海上袭击也达到了顶峰。

哥特人的袭击节奏与东方波斯压力激化之间有着双向交互作用。公元 250 年，罗马皇帝德西乌斯着手重建多瑙河下游边境，在将卡普人从达西亚马

---

① Millar, *Roman Near East*, p.148. 亦见 Seston, *Dioclétien et la tétrarchie*, pp.159-172. 关于公元 298 年的和平协议，参见同书，pp.172-174. 参考 Stein, *Histoire du Bas-Empire*, vol.1, pt. 1, pp.79-80，其中指明具体时间是公元 297 年。关于公元 363 年的条约，参见 Seston, *Dioclétien et la tétrarchie*, p.171.

② Schönberger, "Roman Frontier in Germany," p.175，作者将此战比作"前罗马历史转折点"。

③ Schönberger, "Roman Frontier in Germany," p.176.

文希斯驱逐出境后，他的部队又与深入色雷斯的哥特人交战，迫使他们解除对尼科波利斯的围攻。[①] 战略性回击紧随其后，因而哥特人最终被迫北撤到了多布罗加。

此后，一场灾难性的战术失败导致帝国的战略优势被逆转：公元 251 年，德西乌斯麾下的罗马野战部队在阿布里图斯被全数歼灭。[②] 如前所述，公元 252 年，沙普尔在东方展开了重大的攻势。接下来的四年里，灾难泛滥：达西亚陷入侵略者之手，哥特人袭击了萨洛尼卡，海上袭击蹂躏各处海岸，沙普尔的军队征服了西方的安提俄克地区，而西方的法兰克人和阿勒曼尼人则使整
175 个莱茵河边界和多瑙河上游地区战火连连。公元 260 年——正值瓦勒里安灾难——西方国家对罗马的侵袭达到顶峰，当时沙普尔的进攻甚至威胁到了西里西亚和卡帕多奇亚。[③]

如法兰克人和阿勒曼尼人这些帝国旧邻居组成了新联盟，吉皮兹人、哥特人、赫鲁利人和瓦达尔人也加入入侵行列，这必然对帝国构成更大的威胁。然而，除了东方威胁在加剧，帝国领导层的性质也在不断恶化。虽然一些篡权反映了安全方面的问题，但是并不是起因——它们是列王争权的行为（或是出于对区域安全利益的考虑）——而其他的侵略行为却导致了边界的削弱，因为边界部队正因内战而消耗。例如，公元 253 年，加卢斯出兵打击埃米利亚努斯时，莱茵河的防卫被抽空；公元 258 年，加里努斯对付因格努斯时也是如此；公元 269 年，高卢皇帝波斯图穆斯甚至重新调配边防军队，并将其部署到意大利。[④]

---

① 关于卡普人，参见 Demougeot，*La Formation de l'Europe*，pp.437-439. 关于哥特人，参见 Musset，*Les Invasions*，pp. 80-82. 关于事件顺序，参见 Demougeot，*La Formation de l'Europe*，pp.409-411.

② Demougeot，*La Formation de l'Europe*，p.412.

③ 关于达西亚，见 Demougeot，*La Formation de l'Europe*，pp.434-442；关于公元 250 年后哥特人的胜利，见同书，pp.416-425；关于一直到公元 260 年的法兰克人，见同书，pp.465-489；关于沙普尔对东安纳托利亚的威胁，参见 Besnier，*L'Empire romain*，p.178.

④ Demougeot，*La Formation de l'Europe*，p.466.

由于分遣队接二连三地被拆分，到了公元 3 世纪后期，军队基地里大多是老兵和那些不适于在野外执勤的军人。造成公元 3 世纪危机的并非是哈德良式的安全体系，而是被剥夺了不可或缺的战术机动性和战略弹性的该体系的空壳。到公元 260 年，阿勒曼尼人突破内卡河谷，横扫上日耳曼和雷蒂亚，比起被图密善驱逐出境的卡特人要强上许多，但同时其所攻击的帝国边界确实已经变弱了许多。

除了兵力减少和士兵质量普遍降低，防御工事的基础设施、战略以及部队之间也极度不协调。驻防部队由于自身利益而倾向于其所属地段，如果利用这种特性，将这些军人部署在边防系统中，那么效果可能十分显著。然而，边界旨在支持进攻，已经不再适合如今安土重迁的防守者。因此，在公元 3 *176*
世纪之后，边防重组是为适应现有资源的调整。驻军部队固守一地并越发民兵化，若要指望他们能在机动突击部队中有效地发挥作用，那简直是异想天开；但如果提供了坚固的墙壁和高塔，驻军部队也可以像最优秀的机动部队一样长久坚守阵地。与此同时，边防部队的素质是帝国整体战略的一个重要参数，而现在倾向于把更好的战士分配给机动部队。战略转变一旦完成，边防战术也必须改变：公元 2 世纪的前沿防御战术不可能成功地沿用至公元 3 世纪，但是它们可以完美地满足纵深防御的固定要素。

没有必要为每个总部配备熟练的参谋人员，提供同样不存在的地图，并让这些参谋来规划所有这些因素，然后有意识地将战术变化与总体战略的变化联系起来：因调整而调整。事实上，越发本地化的士兵和已婚民兵部队也同样不愿意大肆进攻或是集体逃亡，因为他们割舍不下各自的家庭。

帝国的新边界

公元 298 年，加勒里乌斯（戴克里先的副皇帝，或称恺撒）的伟大胜利使戴克里先与波斯达成和平协议，换来了 30 年的和平。条款对罗马十分有利：

罗马边界推进到了辛加拉以外，沿着底格里斯河向东北延伸，然后转而向西至凡湖南部（土耳其东部）。[①] 与自从公元 230 年以来就一直处于萨珊王朝压力之下的老边境相比，这条边界更为前伸，也更容易防守。

在东方，帝国走出了公元 3 世纪的风暴，其战略地位也得到了加强，甚至还获得了一些领土。从埃及到安纳托利亚的整个沿海地带再次受到帝国广阔领土的楔形保护，帝国东部又与美索不达米亚北部的哈布尔河—辛加尔山—底格里斯河线相连。南面的叙利亚沙漠和北面的亚美尼亚高地都在帝国边界之外：如果帝国派兵坚守，美索不达米亚北部的突出部就能够保护东
177 部行省免受波斯人的袭击，还能让南面分散的阿拉伯人和亚美尼亚的山区民众对帝国俯首称臣。[②]

在其他地方，戴克里先和四头统治下的帝国防御重组不但没有收益反而造成了损失。多瑙河另一边的达西亚诸省已分段丧失了。在奥勒利安统治时期（公元 270—275 年），帝国放弃了塞维鲁设防边界川沙路塔努斯（Transalutanus），边界恢复到图拉真以前的多瑙河一线。[③] 日耳曼的情况大致相同，到公元 260 年，在莱茵河东部和多瑙河北部的土地已被放弃，边境线回到了莱茵河-伊勒河-多瑙河线。[④] 在帝国的尽头，类似边界的撤退也发生在毛里塔尼亚的廷吉塔纳，沃吕比利斯的南部设防边界和正东方的楔形领土被放弃，从而缩减至丹吉尔以南的半圆形桥头堡，将廷吉塔纳与毛里塔尼亚的恺撒林西斯和罗马的北阿非利加部分连接起来。[⑤] 在埃及，多德卡乔诺斯的南部缓冲区被遗弃，罗马边境回到埃勒凡泰尼。[⑥]

---

① Millar，*Roman Near East*，p.179，引自 *Fragmenta Historicorum Graecorum* 4.189；Seston，*Dioclétien et la tétrarchie*，pp.173-174.

② Mann，"Frontiers of the Principate，" pp.524-525；他的论点有争议。

③ Demougeot，*La Formation de l'Europe*，pp.434-442，452-557；Daicoviciu，*La Transylvanie*，pp.165-187. 亦见 Manni，*L'Impero di Gallieno*，pp.26-31，文中划分了所有阶段。

④ Schönberger，"Roman Frontier in Germany，" pp.176-177.

⑤ Mann，"Frontiers of the Principate，" p.529.

⑥ Lesquier，*L'Armée romaine*，pp.474-477.

虽然这些领土的损失在很大程度上反映了周边环境的压力，但是边界重组也说明帝国有意巩固边防，政策也趋向合理化。即使没有现代历史学家认为必不可少的地图和地理知识，罗马人行事方式也是连贯如一，帝国放弃了更多的暴露领地，以获得更多更短更直的防御性边界。也许是阿勒曼尼人、勃艮第人和尤桑吉人太过强大，以至于罗马人无法将其从莱茵河-多瑙河突出部驱逐出去。诚然，倘若采取纵深防御的战略，守住安东尼设防边界就不再有利。如果能守住陶努斯山脊，便可以为向南进攻敌方的军队提供战略基地，但如果是应对帝国领土内部重大袭击的话，该战略将不再适用。

达西亚的情况也一样。卡普人和西哥特人占据了特兰西瓦尼亚高原和瓦拉几亚，塔法利亚人定居奥尔泰尼亚，萨尔马提亚人仍然在巴纳特（但是受到驻守在匈牙利东部的奥斯丁瓦达尔人的压力），[1]毫无疑问，罗马难以重建 178
对达西亚的控制权（即特兰西瓦尼亚和奥尔泰尼亚大陆桥）。但无论如何，正如我们所看到的那样，四头统治时期的纵深防御徒有其表，且并不需要前伸的突出部。各省的军队和骑兵部队保卫帝国的省级领土，需要时还能得到远征军队的增援。相比之下，早期以达西亚为前沿的边防体系是区域性的，达西亚省形成了一个防御突出部，方便向西面的巴纳特和东面的瓦拉几亚发动侧向反攻。从概念角度来看，新战略不论正确与否，其采用必将大大降低达西亚突击部的军事价值。直到君士坦丁恢复推进式防御的积极战略，多瑙河上才于公元328年建起一座能进入奥尔特山谷的桥。这个横跨多瑙河的桥头堡常被用作发动侧面攻击的基地。[2] 例如，公元332年，西哥特人在袭击巴纳特的萨尔马提亚人时，被奥尔特山谷的罗马军队从侧翼进行了包抄，随即遭到了惨败。

在这种情况下，这种战略猜想就廷吉塔纳的撤退而言，可以通过确凿的证据来证实。在北非，毛利人的反复袭击以及巴特人在公元240—245年的

---

[1] Thompson, *Visigoths*, pp.3-6.

[2] Thompson, *Visigoths*, pp.10-12；关于策略见 Stein, *Histoire du Bas-Empire*, pp.128-129.

袭击，逐渐演变成游牧民族和高地人民在公元253—262年的大战争，这些袭击影响了毛里塔尼亚的恺撒林西斯、斯蒂芬西斯和努米底亚——也许还有阿非利加的普罗康苏拉丽思（如今的突尼斯）。[1] 当地的惩罚性战役都重新建立了罗马的控制，但在公元288年，有一场大规模战争爆发，影响了整个地区，这次帝国终于能进行大规模回应了。

越过西班牙狭长海域，在廷吉塔纳登陆，戴克里先的下属奥古斯都——马克西米安率领远征军奔赴北非。这支军队由禁卫军团，出自克劳狄第11军团（来自阿奎利亚）、赫库利亚第2军团（来自下默西亚）和特赖阿纳第2军团（来自埃及）的各支分遣队，日耳曼和高卢的“努梅里”以及色雷斯新兵组成，或许还有被召回的退伍老兵。[2] 马克西米安率领军队声势浩大地从丹吉尔进军到迦太基，横跨整个北非。公元298年3月10日，马克西米安打败了巴奎特人、巴伐利斯人和奎因丘根塔纳人之后，又乘胜追击里夫的柏柏尔人、奥雷斯人和卡比利亚人，将他们赶回深山之中，[3]此外，还把游牧民族也赶回了撒哈拉沙漠。[4]

马克西米安的平定战役一举成功，然而沃勒比利斯及其设防边界却被抽
179 空了。[5] 和其他地段一样，在看似相互矛盾的胜利和退却次序中暗含逻辑：胜利为帝国边界的重组创造了适当的条件。蛮族在被击败后，无疑又沦为依附，由附庸控制的缓冲区能够在新的边界出现之前被重新建立起来。在打败这么多部族之后，罗马人相信余下的部落会尊重罗马人土地的不可侵犯性，至少暂时会尊重。

从埃及南端的撤退进一步证实了这一猜测。在这一地区有证据表明，新的边界线（与埃勒凡泰尼有关）受到附庸结构的保护：诺巴兹人在尼罗河上

---

① Rachet, *Rome et les Berbères*, pp.238-250, 252-254.

② Seston, *Dioclétien et la tétrarchie*, p.119, n.1.

③ Seston, *Dioclétien et la tétrarchie*, pp.117-120; Rachet, *Rome et les Berbères*, pp.254-256.

④ Warmington, *North African Provinces*, p.8; Seston, *Dioclétien et la tétrarchie*, pp.116-117.

⑤ Rachet, *Rome et les Berbères*, p.258; Euzennat, "Limes de Volubilis," pp.198-199.

游定居，以遏制游牧民族布莱梅人的压力。[①] 一个合理的边界能强大到足以让边界之外的强大附庸臣服——附庸又可以应对低强度威胁，从而减轻罗马军队日常边界治安的负担。新战略不再追求提供前沿防御，它甚至不需要可靠的附庸缓冲区，当然也不再需要前进阵地和进攻突出部。用现代商业语言来说，从公元3世纪近乎解体的局面中浮现出来的帝国边界已经被“理性化”了：作为早期战略进攻的必要组成部分，暴露的突出部分已经让位于欧洲简单的河流线路和北非较短的沙漠边界。

帝国深思熟虑，在东方重新建立起一个推进式防御边界体系。虽然出师不利，但是在公元297年，加勒里乌斯彻底击败了萨珊王朝的军队。然而，在随后的谈判中，戴克里先却满足于由塞普蒂米乌斯·塞维鲁建立的旧边境，只在底格里斯河狭长地带增设了一些总督管辖区（为此，亚美尼亚的国王梯里达底三世以波斯为代价在阿特罗帕特尼得到了补偿）。[②] 值得注意的是，戴克里先没有要求占领在辛加拉东部和辛加尔线以南的土地。公元115年之后，图拉真在征服中拿下过这些土地，可这不过是那次重大的过度扩张的表现。在这儿，边界也得到了附庸关系的补充：随着来自外高加索的威胁变得更加危险，亚美尼亚和高加索的伊比利亚王国在战略上也变得越发重要。

寨城和硬点防御 182

合理化是实施新战略的一个必要条件，但非充分条件。一旦戴克里先和其同僚们恢复了帝国的力量（即公元3世纪的弹性防御取代了省级的纵深防御），边界地区的防御工事就必须加以改变。仅修复元首制时期的要塞、堡垒和瞭望塔，或为进攻部队设置基地还远远不够。如今帝国必须修建能够持续

---

① Lesquier, *L'Armée romaine*, pp.474-477; Seston, *Dioclétien et la tétrarchie*, p.158.

② Seston, *Dioclétien et la tétrarchie*, pp.168-174; Stein, *Histoire du Bas-Empire*, p.80.

抵抗入侵的堡垒，而且这些防御工事必须建造在纵深处，以保护内部的交通线路。[1] 除了在行省领土边缘细长的边界防线，帝国还须建立广泛的军事控制区域，从而保护平民生活安全。

这种模式有个极端例子：帕利斯蒂纳三世的行省，其中包括内盖夫省和前阿拉伯省的南半部[2]。在那里，设防边界不为保护行省而存在，相反，行省的存在是为了维持设防边界。凭借行省广泛的区域性功能，南黎凡特地区南部便能免受游牧民袭击。在内线（加沙—贝尔谢巴—阿拉瓦）和外围（尼特扎纳—佩特拉）的纵深，从佩特拉向南延伸到红海，帕利斯蒂纳的防御工事棋布星罗，方式新颖。例如，在梅萨德博凯克就发现了一个典型的戴克里先式“四棱堡”（Diocletianic *quadriburgium*）：它面积较小（22 米×22 米），并有四个巨大的方形塔向外伸出。[3] 在全省的防御地区还设置了水源和信号站，少数道路也被仔细保护起来。例如，连接红海埃拉特（公元 300 年，弗雷滕西斯军团曾驻扎在此）和北方之间关键的斯科平山口，该山口通道由两端的堡垒把守，中间有一个中途站，入口处配有瞭望塔，在最高点还设有控制点。一位学者认为，帝国根本没有任何系统战略或防御策略，他还否认了“以戴克里先式卡斯特拉为标志的双重防线”这一概念。[4] 同时，该学者也认为没有任何证据表明，帝国受到了游牧民族季节性迁徙的威胁。他还找到了一些支持他还原论
183 观点的论文，[5]但是这些所谓的证据并不是由专门研究内盖夫的考古学者提供的，[6]该考古学家运用了大量证据合理地分析了帝国面临着的严重威胁局面。

---

① Gichon, “The Negev Frontier,” pp.49-50; Johnson, *Late Roman Fortifications*, p.198.

② 它本质上是一个军事区。

③ Gichon, “The Negev Frontier,” 53 and passim.

④ Isaac, *The Limits of Empire*, pp.128-129, 引自 *Rothenberg in Roman Frontier Studies* (1967).

⑤ Graf, “Rome and the Saracens.”

⑥ Gichon, “45 Years of Research.”

在欧洲西北部，帝国边界的另一端，从边界到内部的重要道路同样被加固了。在元首制时期，重要的快速路有少量士兵把守监视；[①]然而，从公元 3 世纪后半叶开始，正常堡垒和道路据点开始在边界后方的快速路上建立起来，例如科隆—通格尔—巴维大道（一直到布洛涅的海岸线），[②]以及从特里尔到科隆以及从兰斯到斯特拉斯堡的道路。[③] 公元 259—260 年，在阿勒曼尼人大肆入侵意大利之后，加里努斯皇帝最终在米兰击败了他们。十年之后，奥勒利安在波河谷摧毁了尤桑吉人的入侵，这时，保护横跨阿尔卑斯山的道路防线成了重中之重。其目标是在通往意大利北部的入侵通道上竖立多重屏障。

此番努力在四头统治时期开始成形，此后它作为长期投资一直持续下去，直至公元 4 世纪后半叶。[④] 这些障碍的设计是为了阻止公元 3 世纪的强渗透性袭击。例如，公元 259 年阿勒曼尼人的袭击就深入至法国南部、西班牙以及意大利北部。[⑤] 有证据表明，当时掠夺者阿勒曼尼人成批渗入法国的里昂，甚至克莱蒙费朗，并且沿罗纳河谷而下进入西班牙（因为在西班牙东北部发现了那个时期的钱币储藏）。[⑥]

在最初的突破点上，蛮族兵力集中，甚是强大，但随后，他们必须分散开来去寻找战利品。这就是为什么在当时要建造小型道路堡垒和小型平民庇护所。这些设施本可能在蛮族的集中袭击面前不堪一击，但例如，公元 260 年在米兰附近，一波袭击就被加里努斯成功击溃了。[⑦] 道路堡垒和庇护所也能在一定程度上化解帝国新的内部威胁：在帝国近乎崩溃的状态下的社会

① Davies, "The Daily Life of the Roman Soldier," p.326; Petrikovits, "Fortifications in the North-Western Roman Empire," p.188.

② Schönberger, "Roman Frontier in Germany," p.178; Mertens and Leva, "Le Fortin de Braives."

③ Petrikovits, "Fortifications in the North-Western Roman Empire," p.188.

④ Petrikovits, "Fortifications in the North-Western Roman Empire," p.189.

⑤ Demougeot, *La Formation de l'Europe*, p.497. 此外还有海上抢劫。

⑥ Demougeot, *La Formation de l'Europe*, p.498.

⑦ Besnier, *L'Empire romain*, pp.180-181, n.234.

地图 3.2　四头共治时期边界和新行省

里海
黑海
元270年前达西亚
废弃哨岗
多瑙河
达西亚
下默西亚
西徐亚
梅米门图
色雷斯
罗多波
色撒利
赫勒斯滂图斯
比提尼亚
帕夫拉戈尼亚
迪奥斯本都
波利蒙尼科
亚美尼亚
凡湖
下亚美尼亚
卡帕多奇亚
加拉太
弗里吉亚I
利迪亚
弗里吉亚Ⅱ
亚细亚
皮西迪亚
西里西亚
卡里亚
吕基亚
伊索里亚
潘菲利亚
塞浦路斯
美索不达米亚
米太
底格里斯河
阿迪亚比尼
奥斯朗
奥古斯塔
幼发拉底
叙利亚
科埃勒
幼发拉底河
公元298年美索
不达米亚回归条约
腓尼基
奥古斯塔
里班尼西斯
阿拉伯
博斯特伦
巴勒斯坦
海
伊奥维亚
阿拉伯
佩特拉
上利比亚
下利比亚
埃及
赫拉克勒
忒拜斯
红海
公元297年以后撤出
多德卡乔诺斯

产物——强盗匪帮。[1]

184 在战术层面，元首制时代的堡垒要塞和后来的帝国堡垒据点截然不同(主要有三点)。从戴克里先到公元5世纪这一时期，据点在设计上就存在重大差异。然而，就目的而言，从公元3世纪下半叶到一个世纪后瓦伦提尼安最后的持续努力，整个罗马帝国后期防御工事可被看作一个整体。

首先，选址有所不同。虽然一些防御工事仍然是为住宅和后勤便利而建造的[2]，但一有可能，就会按照战术优势需要去确定大多数罗马帝国后期防御工事的位置。这种变化很可能是因为：元首制时期可以集中兵力对付敌人，而在帝国后期的小型边防驻地只能坚守等待援军。因此，天然强固的位置是最重要的。例如，在莱茵河上游和雷蒂亚的巴塞尔、楚尔察赫以及莱茵河畔施泰因附近的布尔格、阿尔邦、科斯坦茨、肯普滕和伊斯尼。在莱茵河下游，地面基本平坦，堡垒大多建在少数可用的山丘上(即使它们的位置不适合，就像在夸尔堡和奈梅亨那样)。[3] 帝国明显偏爱易于防御的地形，像是在四头统治时期的叙利亚地区道路堡垒以及巡逻系统，它基于戴克里先前沿阵线，也就是从巴尔米拉一直向南延伸到红海的埃拉特湾防线。[4]

第二个明显的区别在于帝国后期地面防御工事的规划。老式的有圆形壕沟的矩形防御被延续下来，因为在许多情况下，旧的防御工事仍在使用，但是正方形的防御布局逐渐取而代之，成为主导；此外，不规则的四边形、粗糙的圆形和钟形——较宽一侧位于河畔或海边(例如科布伦茨、阿尔腾堡、索洛图恩和阿尔特里普)——也流行起来。[5] 正如前文所述，对于既定内部区域

---

① Minor, "Brigand, Insurrectionist and Separatist Movements," pp.118-122.

② 即建在靠近快速路和平坦的地面上。

③ Johnson, *Late Roman Fortifications*, p. 242，指出这是堡垒设计的趋势；Petrikovits, "Fortifications in the North-Western Roman Empire," p.193.

④ Seston, *Dioclétien et la tétrarchie*, pp.178-179，以及第374页对页的地图；另参考 Berchem, *L'Armée de Dioclétien*，第130页对页的地图。

⑤ 参见 Vegetius 的推荐，出自 Johnson, *Late Roman Fortifications*, p. 31；Petrikovits, "Fortifications in the North-Western Roman Empire," pp.193-195.

来说，老旧的矩形模式比不上圆形和方形精简。然而，圆形模式虽然精简，但却难以建立，故而一般不予被采用。不规则的围墙成为中世纪建筑特色，其 185
乃顺应地面的不规则，即建于便于防守的高地之上(例如在多瑙河的韦默尼亚·伊斯尼、佩文西和皮利斯马罗特等地)。[①] 这种模式也存在于不规则的河流线被用作部分外围圈的地方。[②]

第三个重要区别在于外部防御结构：外围的沟渠和护道。不同于公元1世纪和2世纪只有七八英尺宽的狭窄V形沟渠，帝国后期的护道宽度变成了25～90英尺，沟渠也拓宽了不少，从25～45英尺不等。[③] 拓宽的沟渠显然是为了抵御攻城槌和攻城战车。不同于阿萨息斯军队，萨珊大军装备了攻城武器，战争研究专家阿米安努斯·马塞利纳斯(Ammianus Marcellinus)曾记录在公元359年萨珊大军围攻辛加拉时，"强大的攻城槌"被投入使用。此前，铁甲塔充当射击平台，但在亚米大围困中，沙普尔二世部队却未能成功使用。尽管没有系统的围攻技术，可就算是北方的蛮族也不缺乏技术上的创新。[④] 当然，更重要的是罗马的战略转变：小型驻军现在要自力更生，就需要更多的保护措施，因为即使是从未掌握过复杂攻城技巧的野蛮人也能够临时造出简易的攻城槌。无疑，宽阔的沟渠正是为了阻止这些冲击装置靠近墙壁。同时，墙壁也变得更厚了：罗马堡垒的墙壁不是标准的5英尺厚，而是像斯特拉斯堡的军队堡垒那样普遍有10英尺或更厚。[⑤] 在使用老旧围墙时，墙壁干脆被简单地加厚了，[⑥]就像雷玛根的莱茵辅助堡垒一样(莱茵辅助堡垒是对公元275年元首制时期修建的围墙直接改造加厚而成的)。[⑦] 此外，考古学研究

---

① Petrikovits, "Fortifications in the North-Western Roman Empire," pp.195-196.

② Condurachi, "Neue Probleme and Ergebnisse," pp.165-166.

③ Petrikovits, "Fortifications in the North-Western Roman Empire," p.197.

④ Thompson, *A Roman Reformer and Inventor*, pp.44-50.

⑤ Petrikovits, "Fortifications in the North-Western Roman Empire," p.197; Oelmann, "The Rhine Limes," pp.87, 95.

⑥ Johnson, *Late Roman Fortifications*, p.37，作者认为厚度达3—4米，是早期厚度的两倍。

⑦ Petrikovits, "Fortifications in the North-Western Roman Empire," p.197.

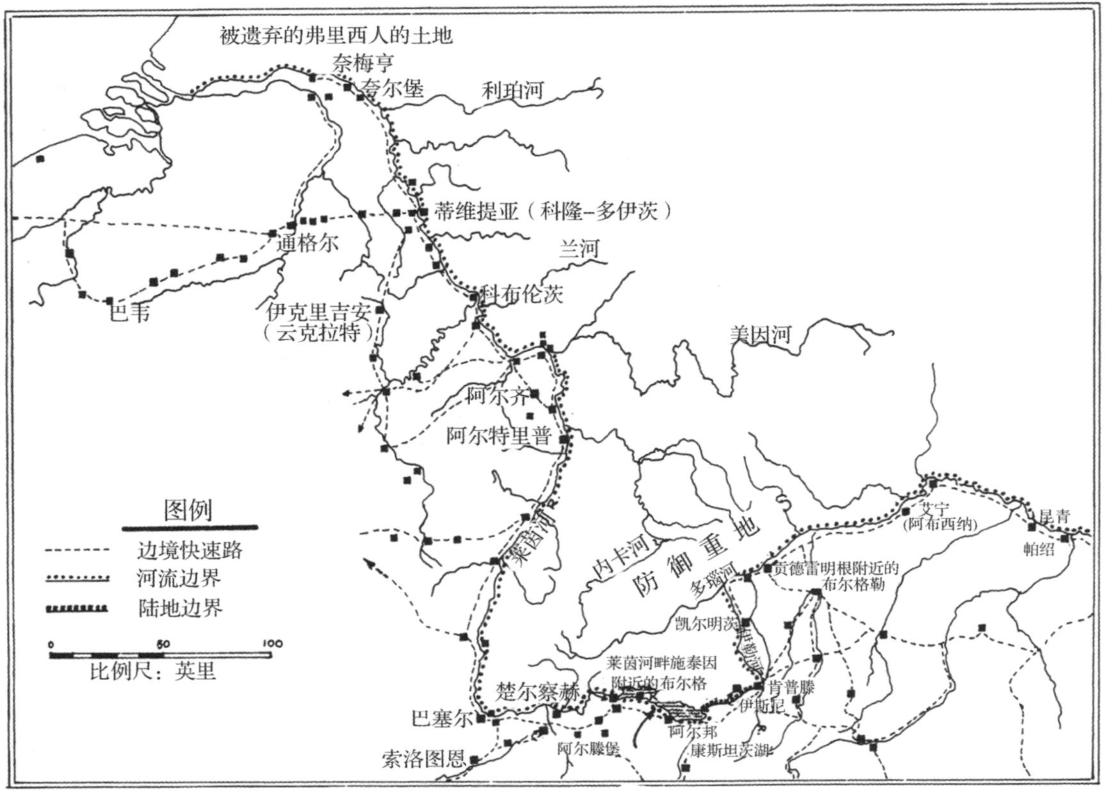

地图3.3　日耳曼边境的纵深防御

揭示，随着时间的推移，墙体被不断加厚，就像现在被淹没的多瑙河城门一样。[1]（但是在不列颠，和帝国其他一些地方一样，薄墙结构仍然在使用，毫无疑问，墙壁结构因地点、所受威胁和可用资源而异。）[2]

墙体外侧宽阔的护堤反映出一个明显的战术变化。研究表明，在奥勒利 187
安、不列颠、高卢和其他罗马城镇的城墙防御工事中，防御火力因投石者和弓箭手而得到了加强。据计算，奥勒利安城墙炮台总共有381座炮塔，火器部队更是达到了762支。[3] 然而，到了公元4世纪，军团失去了火器部队的有机补充。除了《百官志》中提到的各个火器军团，其他火器似乎只用于固定防御。[4] 由于位于塔楼和城墙上的火器不能向下倾斜，所以火力无法针对靠近墙壁的攻击者。因此，宽阔的护堤的作用就是将袭击者阻挡在火力重叠覆盖的盲区之外。[5] 在有利的条件下，火器可以弥补兵力的匮乏，这也是投资火器部队的重要原因。后期改革者也继续设计节省兵力的武器，其中就包括非常有名的弩炮。[6]

更为复杂的消极防御形式是堡垒高地防御，它可对付地面攻城和挖掘部队（或者说是地面破坏部队）——当进攻者在自己缺乏攻城器械和防御者缺乏将其挡在墙外所需的火力时倾向使用的一种技术。在巴韦、阿尔蔡和阿尔特里普等堡垒中都发现了这种技术，[7]这种技术显示出了类似中世纪的状况：攻击方无法突破围墙防御，防御方同样也不能击败围攻者。堡垒高地防御的技术虽然出现在古代，但是在20世纪的英国殖民地仍有沿用，甚至在以

---

① Florescu, "Le Phases de construction."

② Frere, *Britannia*, pp.342-359; Butler, "Defences of the Fourth-Century Fortress at York," p. 97.

③ Richmond, *The City Wall of Imperial Rome*, p. 243; Corder, "Reorganization of the Defences," pp.34-35.

④ Marsden, *Greek and Roman Artillery*, pp.195-196.

⑤ Richmond, *The City Wall of Imperial Rome*, pp. 79-80; Corder, "Reorganization of the Defences," pp.34-36（图表）.

⑥ Thompson, *A Roman Reformer and Inventor*, pp.49ff.

⑦ Petrikovits, "Fortifications in the North-Western Roman Empire," p.197.

色列的泰加特堡垒已成为旅游景点。

从公元 3 世纪到 5 世纪，帝国部队的部署经历了几个不同的阶段。诚然，尽管罗马军队的总体规模正在扩大，但是元首制时期的部队线性战略中典型的边防部队已经大为减少。相比之前，虽然部队增多，但其部署不再局
190 限于边防线上。因此，比起公元 1 世纪和 2 世纪，这一时期罗马的堡垒和据点驻军大幅减少(哈德良城墙的前哨堡垒除外)。

可以肯定的是，当防御工事开始充当固定哨岗，不再去应对大规模攻势时，防御墙的长度及其内部区域面积都将被缩小到最低限度。例如，克劳狄第 11 军团的基地文多尼萨大约在公元 100 年时被遗弃了，随后衰落为一个村庄；大约在公元 260 年，帝国企图修复军团堡垒的墙壁，但是无奈城墙太长，因而放弃了。最后，大约在公元 300 年，小而坚固的新要塞在旧堡垒的边界内建起来。在多瑙河畔的阿布西纳(现在的艾宁)靠近安东尼设防边界的东端，一座座小堡垒(37 米×48 米)在其周边拔地而起。而德罗贝塔堡垒的演变便是在这个世纪性转变中相对显著的一个例子。[①]

为了增强射击火力而建造的高耸战斗塔并没有设在墙线上，而是向外突出，这是为应对封锁和围攻而设计的典型防御工事(即哨岗防御)。因此，公元 1 世纪和 2 世纪的监视和装饰塔楼在罗马帝国末期变成了各种各样的新塔楼，但几乎所有的塔楼都从墙上突出，以便让侧向射击能够覆盖塔楼之间的墙体部分。[②] 在多瑙河畔的扇形塔，还有像伊布拉库姆(约克)那样的多边形投射塔都已建成，尽管大多数塔楼还是圆形和方形的。[③] 戴克里先式四棱塔由四座四方形的塔楼组成，形状格局各省不一，[④]这进一步表明罗马帝国是有系统地进行着战略规划。

---

① Laur-Belart, "Late Limes from Basel to the Lake of Constance," p.57; Florescu, "Le Phases de construction"; Oelmann, "The Rhine Limes," p.87.

② Johnson, *Late Roman Fortifications*, pp.38-40.

③ Petrikovits, "Fortifications in the North-Western Roman Empire," pp.198-199.

④ Gichon, "The Negev Frontier," p.52.

在元首制时代，城镇和城堡的大门旨在营造出一种恢宏的气势；但到了罗马帝国末期，大门却变成了需要特殊保护的软肋。[①] 堡垒仅由少量驻军把守，士兵往往又不能大举巡逻，所以这种堡垒本质上容易遭到突袭，特别是在和平时期，蛮族总在商业的伪装下集结起来，伺机而动。正是这种威胁为大门的设计带来了创新：双重防护塔（例如在科隆对面的蒂维提亚）、凹角庭院（例如贡德雷明根附近的布尔格勒）、伪装大门（例如凯尔明茨附近），还有后门，即在塔楼或者墙壁底部隐藏守卫者的狭缝。由于这些狭缝非常窄（一人 191
宽），所以在需要时可以很容易地将其堵住。[②]

在比较罗马和中世纪防御工事的地面规划时，人们发现在内部建筑格局上两者区别最为明显。按照罗马标准，宽敞的道路与外墙须隔开，其目的是保护内部人员免受从外围沟渠发射过来的箭矢火器的攻击。虽然宽阔道路会增加堡垒的面积，但是这种做法一直持续到君士坦丁时期。公元 4 世纪中叶后，营房开始建在墙的内壁上，以增强防御保护。虽然这使得居室采光变差，舒适度下降，但却不失为一种增厚墙壁的经济之法。因此，我们发现阿尔蔡的堡垒宽敞却有内墙，阿尔特里普的瓦伦提安晚期堡垒更为紧凑，贡德雷明根附近的布尔格勒堡垒则已有内部摆设、外部道路和小山顶。[③]

狭窄的居舍和不规则的形状表明，战术和士兵的整个生活方式都经历了巨大的转变。然而，这并不意味着战术效能的下降，因为在新的战略体系下，驻防部队和机动部队的作用是截然不同的。因此，在系统整体崩溃之后，某些固定驻防成分仍孤立地存活下来：公元 450 年，当圣塞维鲁努斯旅游途经雷蒂亚时，就遇到了仍在运作的昆兹和帕索堡垒。[④]

---

① Johnson, *Late Roman Fortifications*, pp.44-50.

② Petrikovits, “Fortifications in the North-Western Roman Empire,” pp.199-201.

③ Petrikovits, “Fortifications in the North-Western Roman Empire,” pp. 201-203; Schönberger, “Roman Frontier in Germany,” p.182; Laur-Belart, “Late Limes from Basel to the Lake of Constance,” p.58. 参考 Gichon, “The Origin of the Limes Palestinae,” pp.180-181.

④ Schönberger, “Roman Frontier in Germany,” p.187, n.346.

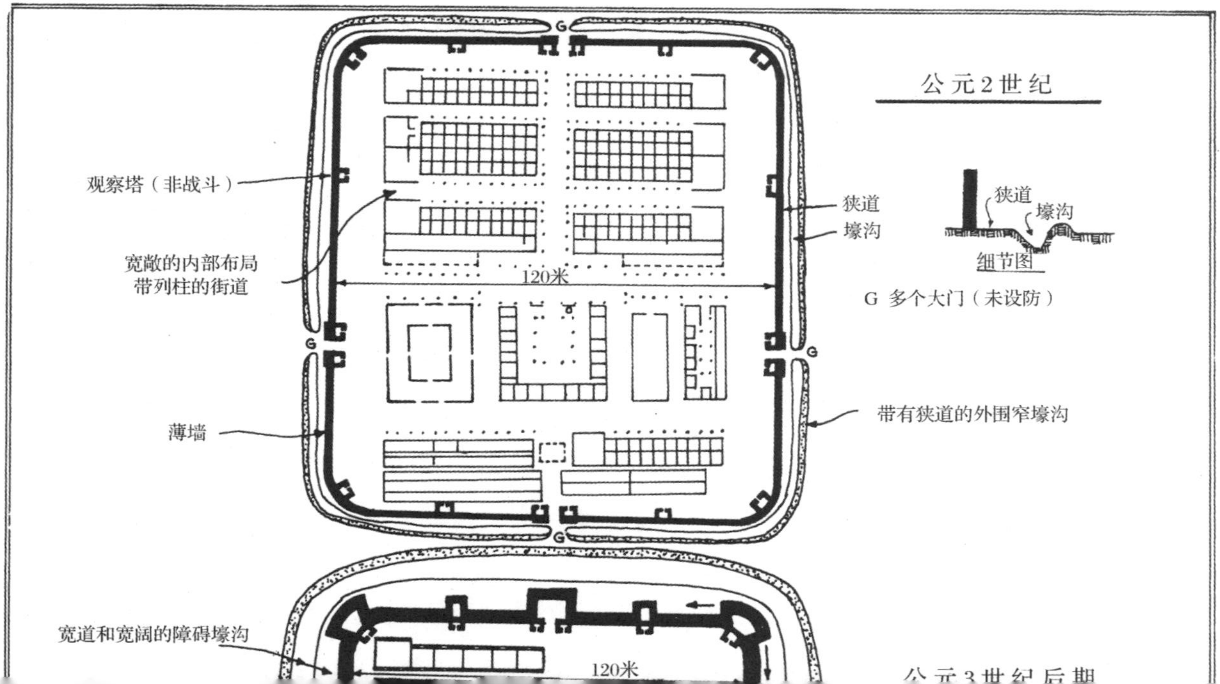
公元2世纪
狭道
壕沟
细节图
G 多个大门（未设防）
狭道
壕沟
观察塔（非战斗）
宽敞的内部布局
带列柱的街道
120米
薄墙
带有狭道的外围窄壕沟
宽道和宽阔的障碍壕沟
120米

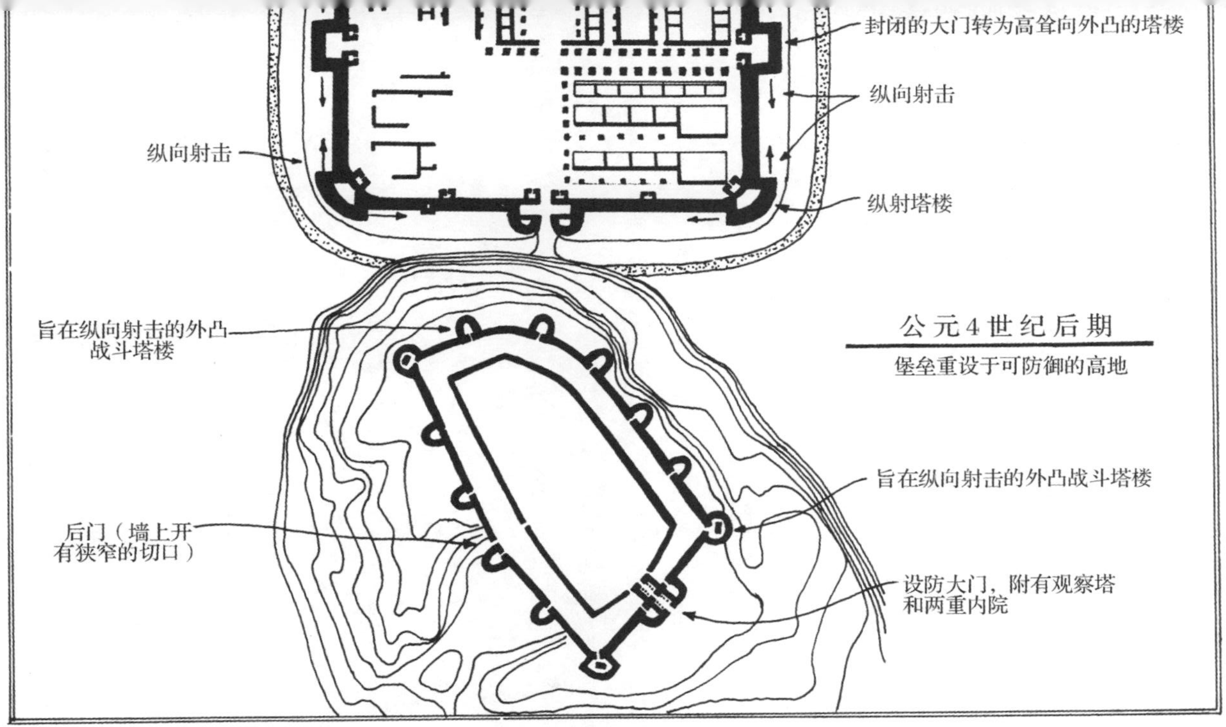

图示3.4　罗马筑防模式的演变

一旦边界不再具有阻断式防御功能，就有必要派兵保护当地的价值资
192 产。就像道路须通过修筑要塞来保护一样，其他一切有价值的东西也必须得到保护，否则它就会受到攻击、掠夺甚至被破坏。而这就需要组建志愿警卫队和当地民兵队伍；在某些情况下，先前的帝国军队可能已经沦落为兼职的民兵(尽管没有人证实)，还有一些情况表明，有组织的青年志愿者似乎也驻守过道路要塞。[1] 然而，出于政治原因，帝国当局一直反对以任何目的而组建的志愿民兵组织。图拉真在给普林尼的信件中就曾明确表明了这一点。[2] 因此，没有任何志愿民兵被组织起来，而地方防御主要是指当地的防御工事。由于蛮族和本土掠夺者没有攻城的技术和装备，所以哪怕是临时武装起来的公民也能很好地防守，将敌军挡在城墙之外。[3]

与未设防的城市一样，直到公元 3 世纪仍有许多城市无墙环绕，这才是城市繁荣与安全的象征(例如在公元 2 世纪，阿奎利亚的古城墙被拆毁，以适应城市的发展)，[4]然而，与之相反的是，也有一些城市一直以来都被城墙围绕。事实上，在东方，因为边界是开放的，围墙防御实乃常态。即使是在西方，一些城市也在很久之前就有了城墙。例如，在高卢，欧坦的城墙就是奥古斯都时期的；科隆在公元 50 年左右就有了城墙；克桑滕(维特拉)也于公元 110 年图拉真时期修建了围墙。[5] 然而，建造这些城墙都是为了装饰，为了树立公民尊严，或者是出于治安考虑，以防范窃贼和强盗。它们肯定不是出于军事目的而建造的，也不能应付猛烈的攻击。[6] 围墙一般封闭了整个城市，而不仅仅是防守地段。通常情况下，城墙一般都很薄，宽 5 英尺左右；瞭望塔主

---

① Schönberger, "Roman Frontier in Germany," p.178.

② Jones, History of Rome, p.2:58.

③ 马西安波利斯和菲利普波利斯成功抵御了尼瓦的进攻；公元 256 年，萨洛尼卡也抵御成功。

④ Brusin, "Le Difese della romana Aquileia," p.87.

⑤ Butler, "Late Roman Town Walls in Gaul," p.26.

⑥ Butler, "Late Roman Town Walls in Gaul," p.26; Petrikovits, "Fortifications in the North-Western Roman Empire," p.189.

要是装饰性的；且墙体外的护堤和沟渠都较为狭窄。[①]

在公元3世纪中叶的灾难性侵略之后，这一切在许多地方都发生了巨大而迅速的变化。在公元254年欧洲西北部莱茵河防御崩溃（阿勒曼尼人和法兰克人突破设防边界）之后，尤其是在公元259—260年阿勒曼尼人侵略后，[②] 193
日耳曼、雷蒂亚和高卢各城市都纷纷修筑起围墙。这些防御墙与以往的截然不同。在许多情况下，其封闭的地区大大减少，以便合理部署兵力：高卢、巴黎和佩里格的围墙面积都不足20英亩。[③]（然而，一些诸如图卢兹等大城市的围墙总长3000米，占地90公顷。）[④]此外，墙壁也变得厚重起来，把守也更为严密。任何可用的砖石都被用上：在公元267年赫鲁利人袭击之后，雅典修建了40英亩的城郭，围墙厚度超过10英尺，建造时甚至用上了雕像、刻板以及从前公共建筑上的石块。[⑤]

在先前繁荣和安全时期建造的城市结构有时会被整合进新的围墙：博韦的一座寺庙、巴黎的一座露天剧场被用作环墙的一部分；巴萨姆的古罗马广场和桑斯的公共浴场都被强化为防御性堡垒。[⑥] 但是在某些情况下，即使调用城市基础设施也不足以保护城市核心。已发展为开放城市的奥格斯特（奥格斯塔劳里卡）内建有“精美的公共建筑——广场、大教堂、朱庇特神庙、剧院、浴场、工业区和公共供水区”。[⑦] 虽然起初企图尝试保护整座城市，但在公元260年阿勒曼尼人入侵后，这座城市基本上就被废弃了。之后又有进一步的尝试：用沟渠将城与斜坡分割开来；用公共建筑上拆下来的砖块建成高

① Demougeot, *La Formation de l'Europe*, pp.485-488.

② 关于公元254年的阿勒曼尼人，见Demougeot, *La Formation de l'Europe*, pp.488-490；关于法兰克人，见pp. 496-498. 亦见Butler, “Late Roman Town Walls in Gaul,” p.26.

③ Butler, “Late Roman Town Walls in Gaul,” p.40. 1英亩(acre)≈4047平方米。——编者注

④ Labrousse in Renard, *Hommages à Albert Grenier*, p. 1：925. 1公顷(hectare)＝1万平方米。——编者注

⑤ Thompson, “Athenian Twilight,” p.63.

⑥ Johnson, *Late Roman Fortifications*, p.99; Butler, “Late Roman Town Walls in Gaul,” p.40.

⑦ Laur-Belart, “Late Limes from Basel to the Lake of Constance,” p.56.

墙。但是这些努力都宣告失败。到了公元 3 世纪末，奥格斯特已不复存在，只剩下莱茵河上的一座河畔小堡。

在别处，搬迁更为成功，但仍然需要放弃大量的固定资产。有时这些变化甚至使平民人口减少到原始状态。在罗马军队抵达之前，蛮族已经在强化的设防山顶村庄中住下，而如今类似的建筑已经被用于安置那些失去了城市的罗马人。在雷蒂亚的霍恩(威特瑙附近)，一个跨越狭窄的高地的史前壁垒，在公元 3 世纪后期被重新修缮改造成了避难所。[①] 此外，在高卢、日耳曼、雷蒂亚、诺利康、潘诺尼亚和达尔马提亚，还有许多私人庇护所。[②] 如若时间
194 不够或缺乏合适的可防御之地，那么连安置一座萎缩了的城市也做不到，只能任其走向覆灭。就大莱普提斯之类的港口城市而言尤其如此，其海洋民族显然不可能离开海岸去内陆寻找庇护。在某些情况下，城市规模缩小了，防御变得如此精细，以至于城市逐渐变成了堡垒，或者至少与堡垒没有什么区别。在东方，驻军长期被安置在城市，或者说是在城市的特定地区。如今，这种模式变得更为普遍，并从伦敦延伸到黑海的克森尼索，从莱茵河的雷根斯堡延伸到撒哈拉的提亚雷特。[③]

由于有的部队士兵同时兼任城市民兵或农民士兵，因而平民与军人生活之间出现趋同的现象。城镇正在变成堡垒，有时候城市居民就是士兵；同时，堡垒也正在转变为工匠士兵、商人士兵和农民士兵聚居的城镇。在利比亚的黎波里塔努斯山设防边界，小堡垒式的农舍(或者说自给自足的小农场?)比屋连甍，可谓是居住区与堡垒的完美结合。[④]

在干旱地区，由于供水问题，农村生活相对集中，因此，农村定居点能轻

---

① Schönberger, "Roman Frontier in Germany," p.178, n.286.

② Petrikovits, "Fortifications in the North-Western Roman Empire," p.192, n.30; Bartolucci in Renard, *Hommages à Albert Grenier*, pp.1:241-243.

③ MacMullen, *Soldier and Civilian*, pp.79-80.

④ 参考 Mattingly, "Farmers and Frontiers," pp.141-143; Goodchild and Ward-Perkins, "Limes Tripolitanus," p.84.

易转化成设防哨岗。另一方面，在欧洲，大部分地区都容易得到充足的水源，农村生活也就相对分散。因此，地方保护便成为一个无法经济地解决的问题。皇帝可能需要建造一堵环绕 220 平方公里土地的围墙，①但是普通的农民不希望用墙封住他的田地，况且即便这样做也无法防御外敌。另外，私人地主的情况处于中间位置：如果有足够的资源，私人地主可以负担得起建造瞭望塔的费用，提前预警突袭；他们还可以加固农舍和粮仓；若是有足够的人手，他们甚至可以组建私人军队。②

帝国是安全的主要提供者。在公元 2 世纪之后，情况迫使它为安全这种“商品”制定一个更高的价格，但如果帝国能够提供与高价格相对应的高安全，那这价格就不会损害帝国对其公民而言的价值。帝国后期，有墙的城市和防御型农舍表明由纵深防御所提供的安全被削弱了。然而，若要衡量该体系真实的社会成本，就不得不算上大量被放弃的乡间土地。虽然城市被围墙 195
遮蔽，不断缩小，却也能够存活下来；私人地主的农舍也能够存活下来；唯有独立的小农和小地产在蛮族入侵横扫帝国的广大地区时会被一扫而空。

边防部队

在元首制时期，主要的边防部队是辅助骑兵翼和辅助步兵队，后来又得到了“努梅里”的补充（如果更具民族性的“努梅里”确实存在，且作为一个新型兵种，而不仅仅是辅助单位的新名称）。

尽管地位低于军团步兵，津贴也少，辅助部队却是边防体系的主力军。罗马大军不够灵活，在边界战的前沿拦截和小规模冲突中起不到主要作用。他们强大英勇，但并不迅速，而边界战斗所要求的机动性是军团中最不起眼

① Petrikovits, “Fortifications in the North-Western Roman Empire,” p.191. 其目的毫不相干，是可完成的。

② MacMullen, *Soldier and Civilian*, pp.138-151.

的属性。因为，罗马大军的主要职能是稳定政治边界，安全抵御罕见的大规模敌袭。

到公元 5 世纪甚至更晚，军团在帝国军队中继续效力，但从 3 世纪起，它们在整个军队中的重要性却在持续下降。与此同时，骑兵翼和步兵队以及“努梅里”要么逐渐变成“边界人”(固定驻防守军)，要么就是在惨遭破坏的边界上完全消失。关于这个转变发生的时间及其性质引发了很多争议：丹尼斯·范·伯姆认为，农民兵(limitanei)就是之前的骑兵翼和步兵纵队，其在本质上没有发生任何变化，[①]只是到了公元 4 世纪后期，才退化成了由农民组成的兼职的地方性民兵组织。丹尼斯·范·伯姆的这番言论代表了传统的观点。[②]

然而，另一位专家却认为公元 4 世纪的农民兵并不是由骑兵翼和步兵纵
196 队转化和退化而来，事实上，当时是野蛮人(异教徒)充当了兼职军人。[③] 然而，还有一位美国顶尖的学者支持边境部队退化的观点，认为训练有素的部队逐渐转化成为全职的农民。[④] 后来一位写帝国历史的作家同意丹尼斯·范·伯姆的观点，认为早期(公元 3 世纪)骑兵翼和步兵纵队并没有消失，并强调有证据表明，北非的民兵来源就是野蛮人(异教徒)，但是骑兵翼和步兵纵队仍然是全职的驻军。他还指出，一直到公元 364 年，法律规定边防军都是以实物方式获得全部军饷，甚至在此后每年有 9 个月他们都没有进行耕作(去训练了?)。[⑤]

同样，一位重点研究北非的意大利学者争辩说，到了公元 3 世纪末，只有在北非，农民兵才会真正变成农民。[⑥] 一位研究哈德良长城的专家认为，为士

---

① Berchem, *L'Armée de Dioclétien*, pp.19-24.

② 参考 Stein, *Histoire du Bas-Empire*, p.62.

③ Seston, "Du comitatus de Dioclétien," p.289.

④ MacMullen, *Soldier and Civilian*, pp.1-22, 151-153, and n.34.

⑤ Jones, *Later Roman Empire*, pp.2:649, 650, 652-653. 参考 Clemente, "Notitia Dignitatum," pp.319-342.

⑥ Mazzarino, *Aspetti sociali del quarto secolo*, pp.314-330.

兵提供特权（土地、高薪、金戒指和成立俱乐部的许可等）都是为了改善招募状况并提高士气，而绝不是帝国衰落的象征（需要贿赂军队以维持王朝）。[①] 本书第一版的一位评论家一直大胆地否认军队有过任何转变的内容，其认为，农民兵仅是驻扎在边境地区的士兵，因此受到边境指挥官（dux limitis）的管辖。[②]

可以肯定的是，偏于防守型的军队开始取代使用机动和进攻手段守卫国界的专职部队，或许因为士兵们变成了兼职的农民兵，这些农民兵耕种自己的土地，仅适合地方防御，从不进行军事进攻，也或许是因为战备状态的普遍下降。由于周边的辅助堡垒和军团堡垒防线逐渐被更广泛的小堡垒网络所取代，以更好地支持不断发展的纵深防御战略，骑兵翼和步兵纵队让位于机动性较弱但地域性较强的零散部队。然而，这并不意味着部队自身效能的下 197
降，因为新战略首先要求士兵坚守阵地：只有抵挡住敌军的进攻，坚守阵地，才能避免这一制度瓦解为弹性防御。因而，那些在当地有自己的家庭和财产需要保护的农民兵当然是该地最好的捍卫者。

在现代，军农聚居地已被证明是在多处地方和多个时期里于边境防御有用且经济的载体：例如18世纪的特兰西瓦尼亚、19世纪的伏尔加草原和以色列的内盖夫。在上述每一种情况下，自力更生的农民兵都可以自行应对局部渗透和其他低强度威胁，同时在发生大规模战争时，为正规部队的机动野战部队提供支援。因此，原则上没有理由认为，罗马帝国出现的由农民兵组成的边防部队反映了地方的衰落、官方的忽视，或是政治上的纪律松弛。

事情很大部分取决于总的社会状况和总的安全形势，也取决于对这些农民兵监管的质量。在四头共治时期，省级部队（相对于中央野战军）进入了双重管制时期：农民兵受行省总督的监督，而军团和骑兵部队则在指挥官的控制之下（尽管这两个职位有时候都是由同一个人担任）。据说这种结构有助

---

① Birley, "Septimius Severus and the Roman Army." 参考 Smith, "Army Reforms," pp.489-500.

② Isaac, *Limits of Empire*, pp.208-213; Isaac, "Meaning of the Terms Limes and Limitanei."

于对边界安全的局部监督，减轻指挥官监督机动部队的负担（这些机动部队在战争中无法发挥多少作用[①]）。双重管制引发的争议持续存在，将农民兵和机动骑兵分开管理的做法，将会促进农民兵的本土化，但同时也会导致其军事作用的进一步退化。

为了维持小群孤立农民兵的效率，必须建立一套详细的检查制度，一如
198 对基本训练的日常监督也是必不可少的。士兵们必须每天进行实战演练，以防他们无法本能地在实战中使用训练过的战斗技能。然而，负责官员，无论是文职的行省总督还是军职的指挥官（甚至是后君士坦丁时代驻守边防的"边境指挥官"），[②]似乎都不太可能定期检查分散的前哨阵地。

农民兵的质量还受到驻地专职部队素质的影响。如果这些机动的部队都是作战骁勇、攻无不克的，那么他们的技能和精神就会鼓舞该地区的兼职农民兵。另一方面，倘若名义上的全职部队已经沦为地域性民兵，那么农民兵的退化就可能会加速。然而，我们无法对不同时期和不同地区的边防部队的质量进行评估。有些农民兵可能确实"花费了大部分时间打理他们的小庄园……一打起仗来……就像业余爱好者一样"[③]，然而也有农民兵成功为广阔的的黎波里塔尼亚地区（没有其他部队被部署）提供了有力的防御，直到公元 363 年。[④]

若说农民兵无用，这就意味着由其驻守的固定防御也毫无用处；就由战壕、墙壁、塔楼和水利工程构成的巨大复合体——"北非战壕土墙体系"[⑤]而言，情况确实如此。然而，帝国立法记载证明，至公元 409 年，中央政府仍极

---

① Berchem, *L'Armée de Dioclétien*, pp.100-101，书中描述在君士坦丁改革后，边境指挥官成了单纯的区域指挥官，管理设防边界与边防军。

② Berchem, *L'Armée de Dioclétien*, pp.100-102.

③ MacMullen, *Soldier and Civilian*, p.153.

④ MacMullen, *Soldier and Civilian*, p.153，对此进行了改述但是意思颠倒了。基于 Goodchild and Ward-Perkins, "*Limes Tripolitanus*," pp.94-95.

⑤ 也作"北阿非利加设防工事"。

为关注这一工事体系，[①]甚至在公元 534 年征服北非之后，查士丁尼还下令修复古代的工事体系，以便为该体系配备兵力。[②]

如果拿公元 4 世纪的农民兵与元首制时期的罗马大军做比较，那么农民兵实际上可能显得很低劣，或是几乎没用。然而这样的比较却忽视了帝国总体战略的根本性转变，现在该战略要求军队驻守据点，以便定点支持机动部队。罗马大军需要纪律和机动性，而农民兵只需要顽强的抵御能力。农民兵的耐力显然给查士丁尼留下了深刻的印象：即使在遭受严重破坏的雷蒂亚， *199*
地方防务网络的残余部队也能幸存下来，并进入到公元 5 世纪。[③]

行省部队

元首制时代，除了七千禁卫军和城市步兵，军队中所有的兵力都是“行省”兵力，因为这些兵力通常是为了保卫某些行省而被部署的。这些部队由全职的军团、骑兵队、步兵队和混合队伍组成，既没有边界的兼职农民兵，也没有任何区域性或帝国范围的常规机动后备力量。

到公元 4 世纪的君士坦丁时代，行省军队部署的模式发生了变化：驻扎在边界的农民兵出现了，而辅助骑兵翼和步兵队列消失了。军团部队依然存在，但是规模显然要小得多。它们不再部署在单一的大型基地，而是分散成常驻分队。例如，多瑙河沿岸的马其顿第 5 军团被分成五支分遣队，吉米纳第 13 军团被分成四个分遣队，每个分队都由一位军团长官（praefectus legionis）单独指挥。[④]

---

① Goodchild and Ward-Perkins，“*Limes Tripolitanus*，” p.43，援引狄奥多西法典（*Cod. Theod*. 7. 15.1）.

② Jones，*Later Roman Empire*，p.2:663，基于 *Cod. Just*. 1.27.2 (in Jones，p.3:205，n.130).

③ Schönberger，“Roman Frontier in Germany，” p.187.

④ Berchem，*L'Armée de Dioclétien*，pp.91- 93. 证据出自《百官志》，但 Berchem 追溯到了君士坦丁时期。

新型单位骑兵营(cavalry cunei)和步兵辅助队(infantry auxilia)也出现了，大概都配有五百强兵(没有确凿的证据)。[①] 像边防部队和农民兵一样，所有这些行省部队都由边境指挥官管理，但他们是全职的常规士兵，地位处于农民兵和帝国精兵野战部队(comitatenses)之间，[②]这种变化起源于公元3世纪的一系列变革，并在公元4世纪造成罗马军队的进一步分化。

在公元3世纪的入侵之前，军团一直是罗马军队的中坚力量，并且自哈德良时代以来，这种军队的部署几乎没有发生变化。在公元3世纪初，特拉亚纳第2军团还在埃及；弗雷滕西斯第5军团和费拉塔第6军团仍然在巴勒斯坦；昔兰尼加第3军团在阿拉伯；叙利亚新的腓尼基省由老加利卡第3军团驻守；西提卡第4军团和弗莱维亚·费玛第16军团留在叙利亚境内；新的塞维鲁军团、安息第1军团和第3军团(可能还有意大利卡第4军团)在美索不达米亚的新塞维鲁边界；阿波利纳里斯第15军团和富尔米纳塔第12军团
200 在卡帕多奇亚。在多瑙河地区，意大利卡第1军团和克劳狄第11军团在下默西亚；弗拉维亚第4军团和克劳狄第7军团则位于上默西亚；马其顿第5军团和吉米纳第13军团在达西亚；辅助第1军团和第2军团在下潘诺尼亚；吉米纳第5军团和吉米纳第14军团在上潘诺尼亚；而由马尔库斯·奥列里乌斯组建的两个军团则负责多瑙河边境的其余部分：意大利卡第2军团在诺利康，意大利卡第3军团在雷蒂亚。米纳维亚第1军团和乌尔皮阿第30军团在上日耳曼，而奥古斯塔第8军团和匹利米吉尼亚第22军团在下日耳曼。不列颠被分为上下两个行省：奥古斯塔第2军团驻守上行省，瓦勒里亚·维克特里克斯第20军团和维克特里克斯第6军团则处于下行省。吉米纳第7军团还在西班牙，而部署在努米底亚的奥古斯塔第3军团仍然是北非

---

① Clemente, "Notitia Dignitatum," pp.146-151. 有其他学者认为辅助部队人员更少(300人)，而营的人则更多(1200人)；Várady, "New Evidence on Some Problems," p.360. 亦见 Clemente, "Notitia Dignitatum," p.151, n.58.

② Berchem, *L'Armée de Dioclétien*, pp.85, 89, 101.

唯一的军团。

因而，从哈德良时代开始，军团的部署显然极少变化：意大利卡第 2 军团和第 3 军团分别被派往诺利康和雷蒂亚，并且还增加了 3 个塞维鲁军团——安息第 1、第 2、第 3 军团，从而使得军团总数达到 33 个，或者可能是 34 个（如果算上亚历山大·塞维鲁在公元 231 年组建的意大利卡第 4 军团）。新的军团中除安息第 2 军团被部署在罗马，其余的都被部署在新征服的美索不达米亚行省。至少在塞维鲁时期，新边界有了新军团。

这就是被公元 3 世纪中叶的入侵狂潮所湮灭的结构。在公元 251 年德西乌斯败北并去世后，发生了多次军事灾难。我们可以推测，那时的军团已经失去了传奇色彩。然而，这不过是推测，[①]我们只能暂时推定，因为没有明确的证据表明，这次灾难的规模要比公元 2 世纪的更大。正如我们所看到的那样，威胁的质变铁定是最不利的。

在塞维鲁军队中，只有巴勒斯坦的费拉塔第 6 军团和美索不达米亚的安息第 3 军团在军事灾难频发的半个世纪中完全消失了（从公元 235 年亚历山大·塞维鲁之死到公元 284 年戴克里先继位之间的半个世纪）。[②] 最后一次提到费拉塔第 6 军团是在迪奥（Dio，55.23）。[③] 安息第 3 军团未被列于《百官志》上，但这并不意味着其消失了；内部证据显示这可能只是笔误。至于匹利 *201*
米吉尼亚第 22 军团，其和瓦莱里亚·维克崔斯第 20 军团都未记录在《百官志》上，但在四头统治时期的卡劳修斯的硬币上都有被提到。[④] 奥古斯塔第 3 军团于公元 238 年被整建制解散，却在公元 253 年又被重建，并一直持续到了公元 5 世纪。

---

① 拉丁原文："*Le legioni di frontiera avevano assunto tutti i peggiori attegiamenti degli imboscati d'ogni tempo....Vicini al nemico senza combatterlo, sedentari, oziosi, politicanti.*" Regibus, *La Monarchia militare*, p.63.

② 关于塞维鲁军队的清单，参见 Jones, *Later Roman Empire*, pp.3:368-374, table 9.

③ Homo, *Essai sur le règne de l'empereur Aurélien*, p.201, n.9.

④ Cagnat, *L'Armée romaine d'Afrique*, pp.159-161.

《百官志》列举了 44 个作为地方武装力量的农民兵军团，其中 29 个在东方(利比亚—达西亚一线)，15 个在西方。在《百官志》记录的东部野战军中，共有 13 个高等级的“王权”军团、38 个正规野战军团和 20 个抽调的境外军团；在西部野战军中，共有 12 个“王权”军团、33 个正规军团和 28 个抽调的境外军团。① 这样一来，共有 188 个军团，约共计 112.8 万人。

这些数据充分说明，元首制时期的大型作战部队已不复存在。虽然缺乏足够的证据，但是学术界认为，帝国晚期的机动军团可能有 1000 人左右，地区军团则可能有 3000 人左右，也许更少。② 此外，军团士兵不再是训练有素的重装步兵，而是没有装备、未经训练的杂兵，和帝国作战工兵相差甚远——作战工兵是迄今为止最成功的兵种。③ 火器部队也不再是帝国大军的有机组成部分。④ 换句话说，无重装步兵，无作战工兵，无火器兵，“军团”也不再是军团。相反，各单位基本上由轻装步兵编队组成，并配备了辅助部队的装备：长矛、弓、吊索、飞镖以及最重要的长戟。⑤ 显然，这样的编队阵营与元首制时期优势军队的主力军有着本质上的差异。

202 虽然大多数军团衰落的证据出自公元 4 世纪，但这种衰退并不是在公元 4 世纪后期突然发生的。在公元 3 世纪入侵洪潮中幸存下来的军团早已是虎口残生。派出的分遣小队鲜有回巢，供给指挥层层减弱，设防边界一再瓦解，这些因素都在削弱着军团实力。其实，到戴克里先时代，军团大幅减少，已是衰弱不堪了。此外，许多辅助部队，或是消失，或是转变成农民兵，完全无法进行野外机动作战。

---

① Jones, *Later Roman Empire*, pp.3:379-380, table 15，对此进行了总结。

② 关于数量，见 Jones, *Later Roman Empire*, pp. 2: 681-682. 参考 Clemente, “Notitia Dignitatum,” pp. 146-156. 四头统治时期可能减少到了 60 人；Birley, “Hadrian’s Wall and Its Neighbourhood,” p.7.

③ Vegetius, 1.20, 21. 参见 Paschoud, *Roma aeterna*, pp.110-118.

④ Marsden, *Greek and Roman Artillery*, p.195.

⑤ Coussin, *Les Armes romaines*, pp.480-492.

戴克里先不满于此，企图重建领土防御。[1] 该防御措施虽不是阻断式防御(太不切实际)，但至少是一个浅层次的纵深防御。这样一来便只有外围边界地带才会受到战争的波及。为了实现这一目标，戴克里先试图通过修复强化的桥头堡来削弱入侵，增强事后拦截效果；其显然也利于支持对敌人袭击的早期拦截。[2]

正如已经指出的那样，成功的纵深防御战略有两个先决条件：第一，组建一个牢固的弹性防御工事网络；第二，部署足够有效地处理当地威胁的行 *203* 省部队。戴克里先的庞大设防工程跨越了各大洲。他恢复了莱茵河、多瑙河和幼发拉底河边境。公元 6 世纪的编年史作者马拉拉斯将戴克里先的东方防御工事形容为一条从“埃及”(阿拉伯?)到波斯的边境堡垒防线。[3]

在公元 293—305 年波斯战争之后建造的戴克里先式防御工事从西南方向途经巴尔米拉延伸至幼发拉底河，并提供了一条在博斯特拉—大马士革轴线和沙漠之间的巡逻边界。[4] 沿着这条道路边界，有 3 个步兵队伍(共 5 个)和 2 个骑兵翼(共 7 个)。[5] 由于这条边界一直是开放的，没有墙壁或沟渠之类连续的障碍，所以四头统治时期的边界方案和元首制时期的防线之间的差异并不能一目了然。然而，两者之间仍然有一个基本的差别，且与行省部队和设防边界的关系相关。在多瑙河岸，虽然旧堡垒和要塞大多都得到了修复并转化为哨岗防御工事，但是随着戴克里先对萨尔马提亚人的胜利，其在河

---

① Isaac, “Meaning of the Terms Limes and Limitanei,” pp.140-141. 另有人持反对意见，他们认为戴克里先的改革只是渐进主义。

② Berchem, *L'Armée de Dioclétien*, p. 52; Petrikovits, “Fortifications in the North-Western Roman Empire,” p.181. 君士坦丁沿用了这一政策；见同书，p.182; Thompson, *Visigoths*, pp.19-22.

③ *Paneg*, *Lat*. 9.18.4，援引 Berchem, L'Armée de Dioclétien, p. 89. 关于马拉拉斯，参见同书，p.17.

④ Berchem, *L'Armée de Dioclétien*, pp.177-178；参考同书，pp.3-6.

⑤ Berchem, *L'Armée de Dioclétien*, pp.26-27，以及第 130 页后的地图。

对岸萨尔马提亚沿河一线建起了一连串的桥头堡，[1]以加强对突袭的预警。

埃及于公元 295 年爆发了重大起义，并在次年爆发了重大篡权事件。尼罗河谷和三角洲地区重建的防御工事提供了众多仓库，用以储存四头统治时期实物税征收而获得的食物和饲料。[2] 埃及在罗马帝国的地位一直比较特殊，且由于它的边境过于狭长，因而侧翼无法得到保护。因此，帝国须派遣骑兵翼和步兵队去保卫食物和饲料：绝对不能让袭击者得到物资供应，同时得确保机动部队的补给。总之，整个纵深防御战略还是依赖于后勤这个因素。

四头统治时期纵深防御体系的第二个特点是新的兵力结构。除了边防
204 部队，边境行省还由军团和骑兵部队（显然不是原来的军团分遣队，其每队大约由 500 人组成）来守护。[3] 二者都被永久部署在指定地段，但是也可以暂时调至其他地区，支援特设野战军。

戴克里先将整个帝国政策置于帝国防御的迫切需要之下，并把整个帝国变成了一个集中的后勤基地，[4]此外，他还使用了大量的税收收入来恢复和维持军团运作。在一个世纪之前，塞普蒂米乌斯·塞维鲁已经做了很多工作去改善服役条件，希望借此扩大招聘并提高士气。他授予部队士兵以结婚的权利，首次提高了工资（从每年 300 第纳里升至 450 第纳里），允许俱乐部的组建，并改善了晋升制度。[5] 戴克里先遵循先前的政策，通过实物支付来供应军团所需——虽然也不乏试图维持贬值严重的货币薪饷。[6]

在公元 231 年部署的 34 个军团中，[7]大部分从公元 3 世纪中叶的灾难中

---

① Seston, *Dioclétien et la tétrarchie*, pp.131-132.

② Berchem, *L'Armée de Dioclétien*, pp.69-71.

③ Jones, *Later Roman Empire*, p.1:56.

④ 这一转变十分重大，参见以下对此的总结：Jones, *Later Roman Empire*, pp.1:61-68; Seston, *Dioclétien et la tétrarchie*, pp.261-294; Berchem, "L'Annone militaire dans l'empire romain."

⑤ Smith, "Army Reforms," pp.492-496; Birley, "Septimius Severus and the Roman Army," pp.63-65.

⑥ Jones, *Later Roman Empire*, pp.2:308-312.

⑦ 包括不确定的意大利卡四军；Mann, "The Raising of New Legions," p.484.

幸存了下来。其后至戴克里先退位，可能增加了35个新的军团，这样一来军团总数共计67个或68个，最低估计是56个（33个塞维鲁军团、公元284年的6个新军团、戴克里先治下的14个，据推测另外还有3个）。[①] 由此可见，军团兵力增长迅猛，但是军团士兵是否还是重装步兵和战斗工兵现在尚不清楚。

戴克里先的纵深防御战略的核心是军团。虽然新的骑兵分遣队主要在内部部署，但是在重要的道路上，军队依然像以前一样集中在主要地区。骑兵翼和步兵队部署在这些地区的前面和两侧，几乎难以区分，并且也没有能力执行进攻性的前锋防守战术。很明显，帝国意图在防区内与敌人交战，再由骑兵分遣队拦截，由军团把守封阻阵地。此外，这些军团阵地仍可移动，以 205
便绕过附近入侵部队的核心力量。

例如，在奥古斯塔里班尼西斯，除了沿着道路本身的7个骑兵翼和5个步兵队，还有2个军团和12个骑兵小分队。由固定边界部队占据的正前方显然可以被机动的敌人所侵入，因此部署在重要路线上的骑兵部队不得不在内地拦截入侵者，而军团（在巴尔米拉和达纳巴）则作为支点和枢纽。[②] 在巴勒斯坦，5个高级重装骑兵师和4个当地骑兵队处于类似地段，显然构成一个移动部署。在这里，单个的兵团在艾拉（埃拉特附近）占据了铰链位置，而阿拉瓦河谷的17个骑兵翼和步兵纵队则在这个移民和游牧民入侵之地形成了一系列防守据点。[③]

这就是当时戴克里先的基本防御计划。如今普遍认为，先前的骑兵翼和步兵纵队驻守在一连串自成一体的据点中，已不再具有机动性；[④]而且军团

---

① Nischer, "Army Reforms of Diocletian and Constantine," 其大胆地估计增加了一倍，从34个单位增加到68个单位。相反的观点则来自：Parker, "Legions of Diocletian and Constantine," pp.177-180. 但是 Besnier, *L'Empire romain*, p.304 and nn.160 and 164，支持 Nischer, and Jones, *Later Roman Empire*, pp. 1:59-60，他们得出了相同的结论。

② 参见 Berchem, *L'Armée de Dioclétien*, pp.15-17，以及同书第130页对页的图。

③ Berchem, L'Armée de Dioclétien, pp.24-26.

④ Jones, *Later Roman Empire*, p.1:57.

仍然集中，是防御的中流砥柱和终极武器。因此，这个行省级的纵深防御可谓是相当浅的：战斗被限制在狭窄的边境地区，并且因为通常没有可调配的帝国野战军，所以渗透一般由地方部队来处理。通过把战斗限制在最狭窄的边界地带，防御者能将敌军的破坏限制到最低，帝国也可免于早期弹性防御战略所带来的高度破坏性。

在君士坦丁时代（公元 306—337 年），该制度让位于另一个制度，在新制度中，强大的机动部队覆盖整个帝国，行省级兵力也就相应地减少了。根据《百官志》的记载，君士坦丁时期西徐亚、达西亚的里彭西斯和上下默西亚地段的部署已经被重构出来。[①] 例如，在西徐亚，我们发现了两支军队——一支罗马舰队和一支当地的河流舰队。军队提供了部分边防，并被分成常设小分队，分配到特定的河段，受当地安全官员（praefectus ripae）指挥。[②] 靠近食
206 品仓库的地方，我们发现有 7 个骑兵队列和 8 支步兵队，这两种都是新型战斗编队。[③]

显然，这些分遣骑兵队（精锐骑兵部队）已经转移到中央野战部队，同时，军队也不再作为打击力量而集中部署。行省军团地位也下降了：在公元 3 世纪中叶的军队等级中，行省军团的地位居于低等骑兵翼和步兵队与一流野战部队之间。[④] 边界指挥官也沦为地域指挥官，不再是帝国部队的司令官。[⑤] 由于帝国的整体资源没有增加，所以君士坦丁野战军的组建，会进一步削弱行省部队的力量：士兵质量下降（放宽了征兵的身体素质标准），[⑥]并且数量也大有下降。尽管君士坦丁并没有撤空边界行省部队，[⑦]但是当野战军有食

---

① Berchem, *L'Armée de Dioclétien*, pp.90-93; Jones, *Later Roman Empire*, p.1:99，表示了赞同。

② Berchem, *L'Armée de Dioclétien*, pp.90-91.

③ 关于君士坦丁治下的营和辅助部队，参见 Jones, *Later Roman Empire*, pp.1:99-100.

④ Berchem, *L'Armée de Dioclétien*, p. 85.

⑤ Berchem, *L'Armée de Dioclétien*, pp.101-102.

⑥ Southern and Dixon, *Late Roman Army*, p.36.

⑦ Jones, *Later Roman Empire*, p.2:609.

物、金钱和人力需求时，行省部队就不得不减少。

因此，戴克里先时代的纵深防御逐步转为基于强大野战部队的更深层体系。在《百官志》中，我们发现了在野战指挥官控制下的可抽调的境外军团：这些部队显然已经从地方部队转变为机动部队，但是其地位不及野战军。

君士坦丁时期继续了这一进程。在《百官志》关于上默西亚的列表中，我们发现了对君士坦丁后期军队部署的描述：除了 3 支军团分遣队（来自弗拉维亚第 4 军团和克劳狄第 7 军团），还有 5 个由行省总督指挥的侦察单位（milites exploratores，其中 milites 是一个像“单位”一样的通用术语）。看来，这 8 个单位全部是旧驻军的残余。[①] 其在与主体单位断了联系之后，沦为监视和侦察部队（探员），大概用以支持 8 个骑兵部队和 8 个步兵辅助部队。[②]至少到公元 5 世纪，[③]骑兵队还保留了其凝聚力（因此也仍具有机动性），而辅助部队可能已经充当了军团步兵的后盾，变得可有可无。

《百官志》上还记录了中世纪莱茵河中部地区更进一步的分裂，[④]在莫贡
蒂亚克森公爵的指挥下，我们发现 11 位总督掌管无差异的部队单位。其中 207
一个单位以先前军团命名。在列表中，所有单位主要通过其头衔上附加的地名来加以区分——这标志着可部署军队的最终本土化。

中央野战军

如果能够建立完全机动的军事力量，即军队有能力立即进行阵地转移，那么根本就不需要部署任何部队。整个部队可以作为中央储备被保留下来，而无须考虑过境问题。另一方面，如果军队毫无机动性可言，部署方案就必

---

① Berchem, *L'Armée de Dioclétien*, p.93.

② Jones, *Later Roman Empire*, p.3:378, table 12.

③ Várady, “Additional Notes,” pp.391-406.

④ Clemente, “Notitia Dignitatum,” p.299.

须充分利用每个部队的地理位置，从而平衡每次部署的战术或政治效用；这样一来就根本不需要任何兵力储备，因为不具机动性的储备毫无用处。

这一点并不奇怪，在哈德良时代，帝国的安全战略就接近第二种极端情况。即使利用畜力运载重型装备，军团也不可能比步行快。帝国幅员辽阔，各地相去甚远。由于边界确实需要罗马军队常驻以阻止敌袭，而且敌军也不会协同作战，所以部署中央储备军无疑是资源浪费：出现威胁和重新部署部队之间存在一个时间差，因而最好是让所有部队保持在防守线，并通过部队抽调来增强防御。中央储备军没有任何用处，且维持成本颇高。可以说安东尼时期的军队部署线路像是一条被拉长的狭窄的线，并且没有任何机动储备军。①

在战术层面上，辅助部队乃至军团一般在几天之内就可以到达任何一个边界威胁点，但是中央储备部队却无法“快若奔雷”，它将不得不以令人苦恼
210 的慢速行军1000英里以上，例如，从罗马中央部署点到达莱茵河中部。尽管如此，在机动性极差的环境下，也有必要部署一支中央储备军以保护中央权力本身。从帝国角度来看，这可能极为低效，但是对于统治者来说确实非常有用。在元首制时期，并没有中央野战部队一说，当时只有皇家卫队、私人保镖和军官扈从等等：奥古斯都就有自己挑选的扈从(evocati)以及巴达维奴隶卫队。② 后来，在帝王的扈从中也出现了一些精心挑选出来的百夫长。在图密善时代，又出现了一支大约1000人的骑兵纵队。③ 到了公元3世纪后期，扈从还加入了“保护者”(protectores)——看起来像是精英卫队和军校的结合。④ 到了公元330年，又出现了“斯库拉”(scholae)——由皇帝亲自指挥的

---

① Alföldi, “La Grande Crise,” p.7.

② Frank, *Scholae Palatinae*, pp.17-26.

③ Speidel, *Die Equites Singulares Augusti*.

④ Stein, *Histoire du Bas-Empire*, pp.1:57-58. Jones, *Later Roman Empire*, pp.1:53-54, 2:636-640; Frank, *Scholae Palatinae*, pp.33-41.

精英骑兵部队。[1] 根据《百官志》的记载，西部共有5个“斯库拉”单位，而东部则有7个，一般每个“斯库拉”由500人组成。[2]

在这些护卫中，常出现这样一种现象：私人保镖——强大的粗汉打手——逐渐转变成穿着考究的宫保，甚至到后来沦为不适合任何战斗的装饰性守卫。另一种演变方式——从宫廷卫兵到精英部队再扩展到野战队——从未在罗马出现过，尽管从一开始，罗马卫兵队伍比任何保镖部队都要强大得多。禁卫军于公元前27年元首制肇始之际形成。[3] 它是一个特权部队，其士兵每年可获得两倍的军团工资，年薪为450第纳里。[4] 根据塔西佗的记载（*Annals*，4.5），到公元47年，罗马皇室禁卫军数量已从起初的9个增加到了12个。[5] 公元69年，维特利乌斯又进一步将禁卫军增加到16个，但是之后苇斯巴芗又将其减少到9个，最后到了公元101年，禁卫军再次增加到10个，士兵人数大约为5000，属于精英部队。[6]

除了禁卫军步兵队，还有4个城市步兵队，每队500个精兵，到公元2世
纪末，该步兵队人数已达3500。然而，城市步兵队多由消防员和街头警察组 211
成，算不上真正的士兵。[7] 除去城市步兵队，还有8000人的中央部队，足以充当皇帝的扈从，但实力难抵一支野战部队。

虽然公元2世纪的体系颇具弹性，但却不能为高强度战争提供野战军队。因此，帝国必须为重大战争筹集新军团。公元83年，图密善为与卡特人的战争组建了米纳维亚第1军团，而图拉真为了征服大业也不得不组建了特赖阿纳第2军团和乌尔皮亚第30军团。安东尼·庇护将辅助部队改为远征

---

① Frank, *Scholae Palatinae*, pp.47-49. 参考 Jones, *Later Roman Empire*, p.2:613.

② Frank, *Scholae Palatinae*, pp.52-53.

③ Durry, *Les Cohortes Prétoriennes*; Passerini, *Coorti Pretorie*, pp.1-53.

④ Passerini, *Coorti Pretorie*, p.44.

⑤ Passerini, *Coorti Pretorie*, p.53.

⑥ Passerini, *Coorti Pretorie*, pp.54-55, 61.

⑦ Reynolds, *Vigiles of Ancient Rome*.

地图 3.4　纵深防御：奥古斯塔里班尼西斯

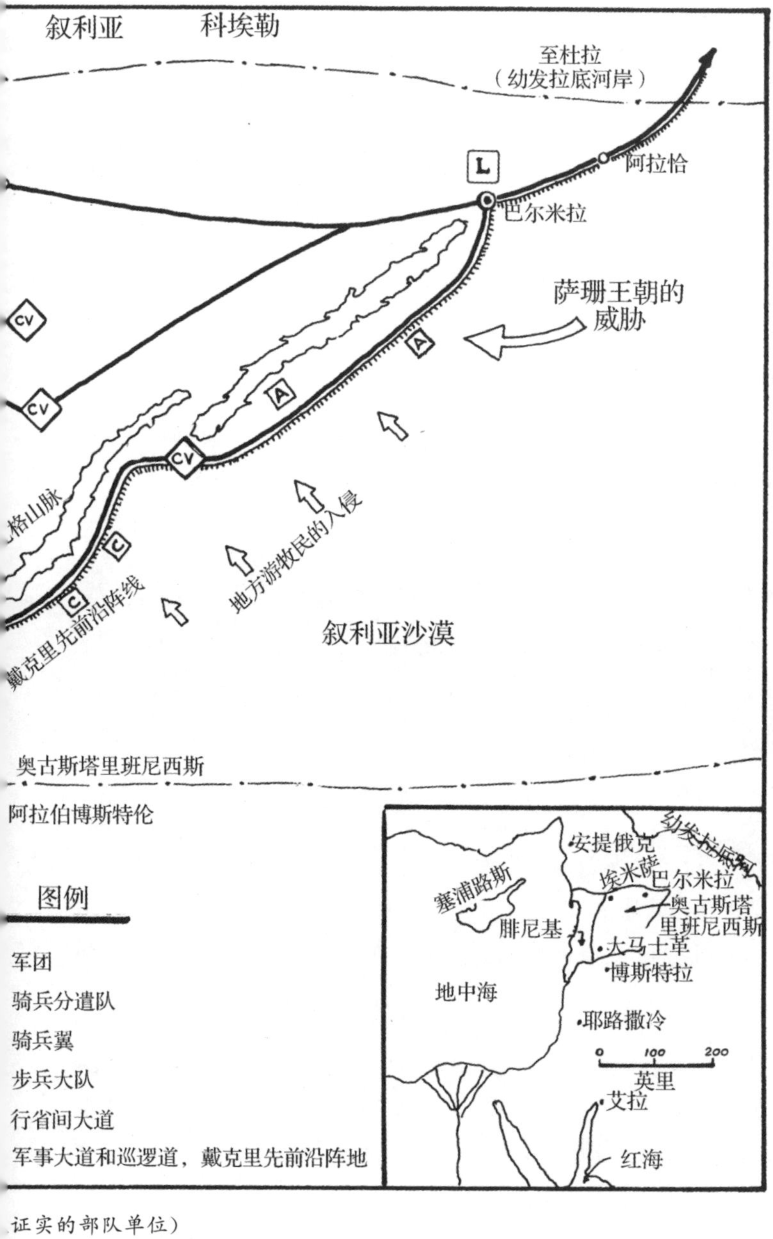
叙利亚
科埃勒
至杜拉
（幼发拉底河岸）
阿拉恰
巴尔米拉
萨珊王朝的
威胁
格山脉
地方游牧民的入侵
戴克里先前沿阵线
叙利亚沙漠
奥古斯塔里班尼西斯
阿拉伯博斯特伦
图例
军团
骑兵分遣队
骑兵翼
步兵大队
行省间大道
军事大道和巡逻道，戴克里先前沿阵地
安提俄克
幼发拉底河
埃米萨
巴尔米拉
奥古斯塔
里班尼西斯
塞浦路斯
腓尼基
大马士革
博斯特拉
地中海
耶路撒冷
0
100
200
英里
艾拉
红海

证实的部队单位）

军的做法，倒是为他应付了不少战争，但是马尔库斯·奥列里乌斯却被迫组建新军团以应对北方战争。[①] 自公元 193 年开始，塞普蒂米乌斯·塞维鲁打了一系列重要内战，随后又投入安息战争。和前任元首一样，他以野战部队和辅助军团去应付战争，但很快发现这远远不够：到公元 196 年，3 个新军团（安息第 1、第 2、第 3 军团）被组建起来。[②] 事实上，自奥古斯都以来，没有哪个皇帝组建过这么多军队。

之后出现了重大创新：虽然按照惯例，安息第 1 军团和第 3 军团被部署在新征服的美索不达米亚边境上，但安息第 2 军团被部署在罗马附近的阿尔巴奴姆，成为自元首制时期以来第一个常驻意大利的军团。这一点向古代和现代的历史学家暗示，安息第 2 军团的部署出于内部政治动机，而非外部军事动机。[③] 事实可能确实如此，但同样明显的是，安息第 2 军团也可以充当中央野战军的核心。新的军团实力雄厚，规模庞大，比先前的禁卫军、城市步兵队和特种骑兵分遣队的总和还要大。而塞维鲁还大大增加了以下这些力量：每支禁卫军步兵队的规模都增加了一倍，达到了 1000 人，共计 10000 人；每支城市步兵队规模增加了两倍，达到 1500 人，总数为 6000 人；甚至消防队员的数量也翻倍，达到 7000 人；只有特种骑兵分遣队的数量没有增加。[④] 此外，某些部队，特别是骑兵队，隶属于神秘机构（Castra Peregrina），相当于帝国枢纽中心，用以交换相关的战术和敌军信息。[⑤]

212 不幸的是，这些资料来源不足，无法得出这些部队随后的光景，但可以肯定的是，至此罗马共有 3 万没有边防任务的可调配兵力，从中可抽取多达 23000 人组建成部队，这几乎相当于 4 个军团的力量。[⑥] 这是一个具有重要

---

① Mann, "The Raising of New Legions," n.27; Birley, *Marcus Aurelius*, p.217.

② Smith, "Army Reforms," p.486, n.28.

③ 古代观点见 Smith, "Army Reforms," n.1，现代观点则见 p. 487, n. 33.

④ Durry, *Les Cohortes Prétoriennes*, pp.81-87, and table, p.89, n.4.

⑤ Birley, "Septimius Severus and the Roman Army," p.65.

⑥ Platnauer, *Life and Reign of the Emperor*, pp.162-163.

作用的部队：马尔库斯·奥列里乌斯带着3个军团同安息作战，而可能正是由于军团离开边界才引发了危急的北方战争。

公元3世纪是最为困难的时期。在加里努斯治下（公元253—268年），新的中央储备兵力，或者说是地区性的储备兵力应运而生。他们便是部署在主要公路轴线上的骑兵队，如阿奎利亚（最重要的是，它控制了进入意大利的东部大门），中部多瑙河地段的锡尔米乌姆，在德拉瓦河谷的波图维奥和从北部进入希腊主路的利奇尼杜斯。[①] 基于分散的证据，有人认为新战略的轮廓渐露端倪：防御深度如此之深，以至于它实际上是一个弹性防御，其中只有意大利核心地区得到安然据守。[②] 然而，其他人却不同意这种说法。[③]

加里努斯组建的极具机动性的骑兵军队可谓一大创新——也可能是严重威胁引起的应急反应：帝国幅员辽阔，难以防守，骑兵集结也需要大量马匹。奥雷奥路斯担任指挥官十年，忠诚地与内外敌人作战，在公元268年，他倒戈相向，向加里努斯宣战，结果篡位失败，可加里努斯也在米兰[④]被暗杀了。值得注意的是，加里努斯指定的接班人是另一名骑兵司令克劳狄，此人统治了两年时间（公元268—270年），赢得了众多战役。随后，克劳狄被更为成功的骑兵指挥官奥勒利安所接替，直到其于公元275年遇害。显然，不附着于任何固定位置的骑兵机动兵团的存在具有重大的政治意义：如果其指挥官不是皇帝，那么他也可以变成皇帝，因为没有什么军队可以击败一个数量庞大的中央骑兵军团。

然而，对该骑兵部队的构成，我们知之甚少。据说它包括了推进单位（可
能是旧时残存的120个骑兵）、[⑤]本土骑兵单位（equites Dalmatae 和 equites 213

---

① Alföldi, *CAH* 12:213.

② Ferrill, *The Fall of the Roman Empire*, p.32; de Blois, *Policy of the Emperor Gallienus*, pp. 29-30.

③ Manni, *L'Impero di Gallieno*, pp.58-59; Regibus, *La Monarchia militare*, pp.78-79; Alföldi, *CAH* 12:216-218; Besnier, *L'Empire romain*, p.190.

④ 米兰也是奥雷奥路斯寻求庇护之地。

⑤ Parker, "Legions of Diocletian and Constantine," p.188.

Mauri)，以及一些重装骑兵(scutarii)。[①] 在加里努斯的军队中，可能还将原来的120人的骑兵队增加到726人。[②] 正是在这个时候，步兵分遣小分队(vexillatio)这一词的意义经历了变化：它最早出现在公元269年，原始含义是一个军队的步兵部队，但是到了公元293年，它喻指一个骑兵单位。[③] 在加里努斯统治十周年的庆祝活动中，骑兵的重要性又一次得到了正式承认：在列队游行仪式中，其地位与禁卫军相同。[④]

骑兵单位使得罗马远征军的战略机动性翻倍(从每天10—15英里的速度增至每天50英里)，但是这种战略优势也带来了战术上的劣势：当罗马士兵成为骑兵时，便无法保留之前的战术优势。罗马骑兵与野蛮人作战时也不再具备固有优势。也许正是出于这个原因，我们从史料中可以发现维吉蒂乌斯对骑兵的敌意，他认为步兵"价廉物美"，运用广泛，更适合作为军团传统的载体。[⑤]

罗马骑兵史是一部罗马轻骑兵队的胜利史，也是重装骑兵的失败史。轻骑兵装备投射武器，而重装骑兵多配备突击冲锋型武器。尽管如此，在图拉真统治之下，出现了一种重型武器。甚至在更早的时候，约瑟夫斯就有描述过犹太地区苇斯巴芗骑兵的一种武器，他称之为"康特斯"(重长矛，重装骑兵部队的典型武器)。[⑥] 然而该骑兵单位却没有护身铠甲，它被认为"重"主要是因为其充当冲锋的力量。在哈德良时代，第一个装甲骑兵单位出现，名为"Ala I Gallorum et Pannoniorum Catafractata"，因为这些骑兵身着链甲、皮革和坚硬的盔甲。[⑦] 这种重装骑兵也一直是安息和萨珊部队的主力军。这些重
214 装骑兵全身覆盖盔甲，战马也配备装甲，类似于我们熟悉的中世纪晚期骑

---

① Besnier, *L'Empire romain*, p.190.

② Stein, *Histoire du Bas-Empire*, p.1:55 and p.2:430, n.216. 参考 Parker, "Antiqua Legio of Vegetius."

③ Alföldi, *CAH* 12:217.

④ Alföldi, *CAH*, p.216.

⑤ Paschoud, *Roma aeterna*, p.117. Eadie, "Development of Roman Mailed Cavalry."

⑥ Paschoud, *Roma aeterna*, pp.166 (Josephus) and 167; Coussin, *Les Armes romaines*, p.479.

⑦ Paschoud, *Roma aeterna*, p.167.

士——但是重型盔甲也是冒险的主张，因为重甲使得骑兵一旦下马，就难以再度上马。罗马军队将全副武装的骑兵戏称为“克里巴纳里”(clibanarii，意思也许是“面包烤箱”)，在叙利亚的炎热沙漠中穿着重甲，这绰号倒是十分贴切。

公元271年年末，奥勒利安率领分遣队、禁卫军和摩尔人以及达尔马提亚人的轻骑兵，向东进军，前去摧毁巴尔米拉的势力。[1] 奥勒利安先后在奥龙特斯河和埃米萨击败了巴尔米拉部队。两场战役中，他都采取了同样的策略：轻骑兵撤退引敌，待敌军重装骑兵追击疲惫后，真正的战斗才开始。之后，波斯军队干涉罗马人围攻巴尔米拉时，他们也被同样的战术给打败了。尽管这充分表明了轻骑兵相对装甲骑兵的优越性——只要轻骑兵得到强硬的步兵支持，然而罗马军队仍然开始出现“克里巴纳里”单位：《百官志》中列出了9个，其中包括被称为“弓骑手”(equites sagittarii clibanarii，如装甲弓箭骑手)的单位。该装甲骑兵的战斗记录可谓十分惨淡。

在戴克里先的粗浅纵深防御计划中，没有独立骑兵军队的位置。从战略上讲，它是弹性防御的天然工具，而在政治层面，它的存在却破坏稳定。然而，戴克里先无须解散骑兵军团，因为它可能已经消失了。[2] 但是目前尚不明确，摩尔人和达尔马提亚人的军队到底是被奥勒利安还是戴克里先解散了。根据《百官志》的记载，在巴勒斯坦确实有很多骑士团，共计12个，而更为广大的阿拉伯有8个，菲尼斯也有12个，叙利亚10个，奥斯罗尼9个，美索不达米亚也是9个。[3] 此外，推进部队可能再次附属于军团，尽管可能只是行政上的依附。[4] 值得注意的是，在《百官志》的东部边界名单中，军团数量和推进骑士团之间没有数字上的相关性。[5]

---

① Homo, *Essai sur le règne de l'empereur Aurélien*, p.88.

② Seston, *Dioclétien et la tétrarchie*, pp.52-53. 时间上，公元298年应为285年。参考 Besnier, *L'Empire romain*, pp.277-278.

③ Jones, *Later Roman Empire*, pp.1:55, 3:376, table 10.

④ Seston, *Dioclétien et la tétrarchie*, p.299. 参考 Jones, *Later Roman Empire*, p.1:53.

⑤ Jones, *Later Roman Empire*, p.3:376, table 10.

215 在戴克里先统治之下部署骑兵的问题与野战军队本身的部署问题有直接联系。正统观点认为，戴克里先和其同僚创造或扩大了皇帝的战场护卫队，用常备野战队取代先前的临时野战部队，创造了固定的边界部队和野战部队的双重结构，其成为帝国后期军队的特征。根据这种解释，君士坦丁仅是通过增加一个指挥结构而完善了这一改变。[①] 因此，皇帝的战场护卫队相当于一支主力军，甚至是一支野战军，当然比保镖多得多；其在组成上也并不统一，其中包括老的禁卫军，但其数量相对减少了，[②]还有从军团中挑选出的精锐步兵"兰西里"(lanciarii)，但这是一个非常受限制的部队。有些人认为，兰西里被分配到戴克里先的边境地段，因此根本不属于皇帝的战场护卫队。凡·贝尔赫姆认为它们隶属于护卫队，[③]只是人数有所减少。然而在《百官志》中，却列有几个兰西里军团；在此基础上，有学者把它们视为护卫队的一个重要组成部分。[④] 最后还有骑兵部队"科米泰"(comites)，著名的摩尔轻骑兵，挑选出的新军团（爱奥维阿纳军团和赫库利阿纳军团），并且可能还有骑兵推进部队。[⑤]

另一方面，较早提出并被否定了的非传统观点认为，[⑥]皇帝的战场护卫队只不过是传统的皇帝护卫，而不是野战军，更不可能是其中的核心力量。有人认为，戴克里先扩大了军队规模，但君士坦丁却从边防部门撤走了大量的军队，形成了中央军事力量。丹尼斯·范·伯姆在一本相当权威的专著中

---

① Stein, *Histoire du Bas-Empire*, pp.1:72-73. Seston, *Dioclétien et la tétrarchie*, pp.302-307, 不同于引文："*L'armée des comitatenses du Bas-Empire est donc née d'une conception strategique de Gallien, dont le danger politique a ete supprime par Dioclétien et dont Constantin a perfectionné l'organization technique.*"

② Passerini, *Coorti Pretorie*, p.57. 公元296年，一些罗马执政官(Praetorians)跟随奥古斯都·马克西米安去了毛里塔尼亚；引用于 Seston, *Dioclétien et la tétrarchie*, p.119, n.1.

③ Berchem, *L'Armée de Dioclétien*, p.107.

④ Mazzarino, "Lanciarii"; Seston, "Du comitatus de Dioclétien," pp.293-294.

⑤ Berchem, *L'Armée de Dioclétien*, pp.107-108. 参考 Jones, *Later Roman Empire*, pp.1:52,53. 然而，Jones (p.2:608) 形容护卫队的规模是"小的"。

⑥ Nischer, "Army Reforms of Diocletian and Constantine."相反的观点参见 Baynes, "Three Notes on the Reforms of Diocletian and Constantine," pp.201-208.

重申了这一观点，虽然至少在很大程度上，这个观点现在看来似乎具有一定的说服力，但是争议仍然存在。① 毫无疑问，君士坦丁创造了常备军的新司令部，即步兵团指挥部和骑兵团指挥部。②

无论如何，到了公元 4 世纪前叶，双重军队结构已经存在，边界也在农民兵和省级部队的控制之下，中央野战部队则接受皇帝号令。双重结构随后的演变倒是可以想见。在《百官志》中列有 48 个可抽调的野战军，说明它们是 216
在担任省军后才被调入野战军的。③

君士坦丁组建或者至少扩大了野战军队，同时还培养了一些新的部队，其中就包括辅助部队，④但是他也肯定大大削弱了行省部队以增强野战军的实力。这就是被公元 5 世纪的历史学家佐西姆斯所批评的事儿，即将部队从边境转移到城市。在公元 4 世纪后期，以牺牲省军力量为代价，野战军规模稳步增长。⑤

结　论

减少守护边境的省军，从而加强中央野战军的做法，可为皇权提供更多的政治和军事保障，从而为帝国本身提供附加的政治和军事保障，但是这种举措不可避免地降低了平民百姓的日常安全。在帝国西半部衰落的最后阶段里，为了增强中央野战部队，甚至可以把边防部队全部剥离边境；公元 406 年在斯蒂利奇奥治下就发生了这样的事。⑥ 在这种情况下，边界似乎由蛮族

---

① Seston, "Du comitatus de Dioclétien," n. 246. Seston 称赞了 Berchem 的方法而非结论。Várady, "New Evidence on Some Problems," n.158，则否定了此方法。

② Berchem, "On Some Chapters of the Notitia Dignitatum," p.147.

③ Jones, *Later Roman Empire*, p.3:379，表 15.

④ Jones, *Later Roman Empire*, p.1:98. 参考 Stein, *Histoire du Bas-Empire*, p.1:73，书中将辅助部队归属于戴克里先。

⑤ Jones, *Later Roman Empire*, pp.2:649-654.

⑥ Demougeot, *De l'Unité à la division de l'empire romain*, p.511.

联盟“捍卫”，①这便是 1 世纪附庸关系的翻版。这样的联盟还是租来的而非买来的；所以一旦威慑消失，便不能提供多少安全保障。

《百官志》的名单列表为我们提供了不同年代边界部队和野战部队之间的力量分配情况（见表 3.1）。② 由此可知，帝国时期罗马军队的总规模估计也有很大差异，从 40 万到 65 万不等，尽管机动野战军一直在 20 万左右。

217 **表 3.1　东西方边境部队和野战部队分布**

	军队数量				
	（1）	（2）	（3）	（4）	（5）
西方野战军	—	111000	113000	123800	94000
东方野战军	—	94500	104000	96300	79000
野战军总数	194500	205500	217000	220100	173000
西方农民兵	—	200000	135000	138000	122000 /130000
东方农民兵	—	332000	248000	165700	201500
农民兵总数	360000	532000	383000	303700	323500 /331500
西方总兵力	—	311000	248000	261800	226000 /224000
东方总兵力	—	426500	352000	262000	280500
西方农民兵百分比	—	64%	54%	47%	56%—58%
东方农民兵百分比	—	78%	70%	63%	72%
东西方总兵力	554500	737500	600000	523800	496500 /504500
农民兵占总兵力百分比	65%	72%	64%	58%	65%

资料来源：(1) Mommsen, “Das romische Militarwesen seit Diocletian”, *Hermes* 24 (1889): 263, cited in Clemente “*Notitia Dignitaturn*”, p. 156, n. 71; (2) Nischer, “Army Reforms of Diocletian and Constantine,” p.53; (3) Jones, *Later Roman Empire*, pp.3: 379-380, table15; (4) Varady, “New Evidence on Some Problems,” p. 360; (5) Szilágyi, “Les Variations des de prépondérance militaire,” p.217.

---

① Mazzarino, *Stilicone*, pp.128-129.

② 参考表 3.1 数据以及 Boak, *Manpower Shortage*, p.91.

尽管这些估计不尽相同，但却有一个共同之处：在每一种情况下，因为东方挺过了公元5世纪的大危机，所以农民兵的比重都是东方来得大，显著超过了未能应对危机的西方。其中争辩显而易见：在低机动性环境中，中央后备力量是否具有战略价值？虽然帝国的敌人也没有多少机动性，但这一事实是无关紧要的。由于外部威胁并不协调一致，相对机动性并不重要。重要的是部署在后方的罗马部队的绝对机动能力。由于罗马部队机动能力过低，因而不足以证明在军事上实行双重制度是合理的。而它仅作为皇帝的政治工具时，当然是有利的。

尽管塞普蒂米乌斯·塞维鲁在掌权之前没有任何现役经验，但是他一称帝就立即指挥军队同时对抗东方和西方的内外敌人。个中含义自是明朗："塞维鲁的例子成了一个通则——无论年龄大小，个人意愿如何，罗马皇帝都必须御驾亲征——如果他不称职，一个更好的将军将取而代之。"[①]帝国后期的野战军规模比元首制时期大得多，但即使被分配到地区后备队，野战部队
也无法拥有足够的战略机动性来为帝国领土提供阻断式防御：敌人可以被 218
拦截，还常常被打败，但是敌军已进入帝国并造成了严重破坏。另一方面，中央野战军还可以保护皇帝权威，这也是其直到最后仍继续有效执行的一项任务。

然而，侵袭对帝国领土、平民生命和私人财产造成的损害却是累积的。它无情地侵蚀了帝国的后勤基地，并削弱了帝国结构对臣民的价值。

---

① Birley, "Septimius Severus and the Roman Army," p.78.

219 # 结　语　三大体系之评价

从集边防军和中央野战军为一体的君士坦丁版纵深防御体系的诞生，不难预见帝国军队的分层化将得到进一步发展。公元4世纪晚期出现了作为中央野战军核心的皇家卫队(palatini)，它直接受东西方帝王的指挥。中央野战军随即降为地位较低的区域野战军，而农民兵的地位更是跌至谷底。我们完全可以说这一演变导致了地方性及区域性领土防御所需的人力物力资源在质量和数量上的进一步缩降。别的暂且不论，它必然导致领土安全受到威胁，特别是农村人口和农村经济在后勤和社会方面频频出现问题，这恰恰印证了帝国日益衰弱的事实。

纵深体系的三重部署当然比任何线性部署都要灵活，但是所谓的"灵活"仅仅意味着中央政权因此可以存活到下一个税收季度，而这些税征自饱受地方性战争和肆虐的蛮族入侵之苦的居民。最后,局势不断恶化,以致到了公元 5 世纪,一个来自维米纳休姆的商人,原本是帝国的普通公民,却更倾心帝国外的生活。即使把新家扎在阿提拉营里,身边都是粗野如匈奴的蛮族人,他也心满意足。

前文已经描述了帝国的三大安全体系。第一个叫胡里奥-克劳狄体系,或者称作“共和帝国体系”更为恰当。帝国在本质上拥有统治核心地区的绝对霸权,其附庸国则自发地满足罗马军队的需求,提供一切物资来保障核心地区的领土安全,以彰显它们的忠心。帝国通常不会把罗马军队派遣至附庸国或附庸部落,该体系的稳定依赖于持续的外交举措。该举措一方面保证每个附庸国首领都能深刻意识到罗马政权的总体性(与其自身的孤立政治形成 220
对比),另一方面维持了附庸关系在整体结构上的平衡,包括帝国内部和地区间(附庸国间)的平衡。因此所有附庸国,无论其规模大小,都因对帝国力量的充分认知而臣服于帝国。另外诸如罗马货币、头衔、荣誉等积极因素也进一步巩固了帝国的威慑力。

在这个体系下,附庸国眼中神圣不可侵犯的武装力量实际上被分散在罗马的广大边境区域。这些力量主要集中于多军团军队,其职责并非领土防御,所以本质上机动性很强,可以被任意调度。该军事结构的灵活度极高,甚至可以派遣半个军队去镇压一个小小的叛乱(比如发生在公元 6—9 年的伊利里库姆叛乱)。当然,充分发挥这种灵活性的行为是很冒险的:伊利里库姆的叛乱极有可能是由军队被调去应对日耳曼入侵引起的。不可否认,在没有叛乱的情况下,这种灵活性孕育了巨大的可支配军事力量。即使前线没有任何防御,领土扩张依旧势在必行。公元 9 年之前的日耳曼和克劳狄治下对英国的征服就是两个生动的例子。

由于其霸权本质,帝国统治的领域没有固定的界限,一直延伸到对方不得不臣服的范围。因此,罗马权力的形成并不以同比例的支出为基础,帝国在这种霸权模式下的进一步扩张也无须以增加其总兵力为前提。新归附的附庸国由于身处帝国控制范围内，同样会不自觉地服从帝国统治。这正是胡里奥-克劳狄体系既节约武力，又异常高效的关键。但是，该体系只能保证罗马统治的有效性，无法为整个帝国领土及其居民提供日常安全保障，至少不能覆盖边境地区。

从公元69年之后的弗拉维安时代到公元3世纪中叶的危机，安东尼体系一直以不同的形式被应用着，这段时期的帝国发展与滞后并存。该体系反映了帝国的领土扩张和其轻重缓急次序的剧烈调整。帝国在全国各地都部署了武装部队，以此确保国家安宁，从而进一步确保包括最有争议的边境在内的帝国领土的繁荣昌盛。基于此，帝国的有效权力和其军事力量成严格正比，因为军事实力很大程度上直接用于保障安全，而非作为政治说服的工具。
221 附庸国仍旧存在，但其效用较之前大大降低。过去它们还负责维护领土安全，但这项任务已经由广泛分布的边防军接手了。与此同时，强大的附庸国是帝国的心头之患，因为其势力很可能会超过毗邻的帝国武装力量。

尽管如此，帝国依旧坚不可摧，而且其势力与政治毫不沾边。日益繁荣的景象和自愿的罗马化进程扫除了本土的不满情绪，同时也为维护帝国政权的安全和稳定提供了强大的支持基础。面对遍布边境的敌人，帝国依旧可以派遣有着压倒性优势的精兵良将来镇压他们。即使边境军力不断枯竭，国内一派祥和、边防设施设计精良等事实也暂且维持着和平。残留的进攻力量仍不失为一个有效的外交手段，其潜在威慑力即便不能征服觊觎帝国的邻近势力，至少阻止了它们的联合。

但这牵涉到一个危险的过程：帝国投射在其邻国的文化和经济影响本身就为联合反抗创造了一个政治基础。原本没有任何共通之处的罗马敌军开始共享同一种罗马边境文化，这种文化可以被敌军接纳，因为这些文化没有特定归属，它是“自我罗马化”的产物。而这便增强了不同部落或群体之间的交流，使潜在的合作甚至合并成为可能。在莱茵河之外的边境民族开始强强联手，它们有望成为战无不胜的多部落联盟。这场文化变革的势头如此之大,以致罗马外交也无力阻止敌人的联合。而帝国的边境防御体系在其构建之初只考虑了低强度威胁,显然无法与敌军联盟相抗衡。

这个联盟给帝国的外交和军事造成了极大的威胁,这在公元 3 世纪的大危机中可见一斑,帝国安全的第三大体系由此产生。在加里努斯及前人发展的弹性应急防御机制中,临时组建的野战军不得不与入侵帝国内陆的敌军交战。经戴克里先改良,一个浅层结构化的纵深防御系统代替了原先的应急机制。新体系提供了非支配性军事力量库:无论是威慑性的进攻,还是强迫性的外交胁迫,都不能借用其中的军力。第三体系与预防性防御策略类似,但 222
其不再具有缓冲能力,因为帝国敌军不再迫于进攻性的前沿防御战术而居于守势;反之,其仅仅是受到了遏制。当为召集野战军而减少遏制部队时,渗透就发生了。而且之前出于政治游说目的而塑造权力形象的能力也大大降低了。因此,与国外势力的外交关系日益反映出当地的力量对比——并非总是偏向帝国的每一个边境地区。

因此,帝国所能提供的安全层次与供给军队的人力物力资源成正比,或至少能保障边境防御工事,特别是防御粮仓的建设。胡里奥-克劳狄体系最突出的“武力节约”特点一度造就了无坚不摧的帝国,但在这里却化为虚有。从那以后,帝国只享有适度的经济规模优势,但它不足以弥补诸如行政效率低下、内部纠纷、官僚腐败等带来的消极影响。由于不能有效遏制这些问题,帝国正在一步步失去其威信力:它仍要求大额税收,但在安全保障方面却越来越不尽人意。最终,由于帝国的征税能力持续远超其保护臣民及财产的能力,蛮夷的侵略甚至可以在某种程度上解决这个尴尬困境。

一旦帝国失去其保障集体安全的逻辑支撑,它便只能靠统治者摇摆的信念和百姓对未知的恐惧来维持。

223 附　录　权力与武力：定义与含义

从功能上讲，军事权通常被定义为“国家通过武装胁迫或威胁等手段来影响其他国家意志和行为的能力”。这样的定义显然没有对权力和武力进行任何有意义的区分。事实上，被引用的作者立即补充道：“它（军事权）等同于广义上的‘武力’。”显然，即使武力是“从广义上定义”的，罗马安全体系中的“权力”，正如几乎所有可想象的安全体系中的“权力”，是一种比“武力”更广的概念。

权力本身有无数个定义，但其含义仅限于一种关系，而非度量单位。有些定义显得太过宽泛，没有任何参考价值（比如某本通俗教科书上的“某人对他人之思想和行为的控制”）。其中一个现代的定义分析了权力关系网中各成分的关联，将权力视作一种动态的操纵性关系，其中权力本身包括从积极诱导到胁迫这一连续统一体中的各种手段。在这个更全面的定义中，自愿服从被归因于“权威”，而不受胁迫或威胁的非自愿服从则归功于“影响”。

其他现代定义则有意地结合了权力和影响这两个概念，将两者都视为行为导向的关系，其本质可用“与力学中的‘力’极其类似的直观概念”来表述，这里的力学指的是牛顿力学。毫无疑问，一些非正式的定义在开头（或者总结时）就来一句“权力是将武力付诸实践的能力”，完全模糊了权力与武力之间的区别。

这些定义可能适用于各种分析目的，但在目前的讨论中显然是不够的。为了评估帝国三大安全体系的效率，首先应该注意的是，在这三大体系中，正如在所有类似的古今安全体系中一样，作为外部行动力总和的权力是系统的总体“产出”（产出的是权力而非安全，因为后者还取决于威胁的级别，这是系
统外部的一个变量）。其次，我们认为三大体系的效率取决于权力生产（产 224
出）和操纵系统的社会成本（投入）之间的关系。这些既包括部队部署、军事基础建设、军事补贴等直接成本，也包含自主防御体系（即纵深防御和弹性防御）消耗的隐性成本。在自主防御体系中，考虑到战略性（即系统性）因素，敌军行动暂时不受控制，因而对社会造成了损害。

在其他条件相同的情况下，三大体系的效率肯定与其依赖武力的程度成反比，因为产出的武力需要投入相应比例的人力和物力。事实上，系统的效率将反映其“武力节约”的程度。

从静态的角度来看，武力确实是权力的组成部分，但动态观认为武力和权力没有任何相似之处，在某种意义上甚至是两个对立面。一个是投入，一个是产出，前者的最小化和后者的最大化相结合才会生成理想效率。显然，我们不能依赖于那些模糊武力和权力（在动态观中的）差异的定义，而必须提

供我们自己的定义。

显然，对武力的定义更为简单。我们知道武力是如何构成的：直接与投入的数量和质量成正比，无论这些投入是军团部队或装甲师，还是辅助骑兵或直升机中队，或者换个角度分析，是人力和食物补给，还是设备和燃料。我们也知道武力是如何运作的：直接应用于战场，或处于积极（非战斗）部署中。诚然，武力也起间接的（政治）作用，其存在本身在被承认的基础上就可起到威慑或强迫的效果。但间接的武力慑服无疑是个政治现象，而非物理事实，所以它仅限于最狭窄的战术层面。

因此，在明确其政治功效的基础上，我们将可实际操控的武力视为“类物理”现象，与牛顿力学中‘力’的概念有着本质上的可比性。两者都在应用中被消耗；两者都在一定程度上随着距离增大而衰减，且受运输工具或传输媒介的影响；两者在等质单位中都体现出完美的相称性。换言之，武力确实受积累、使用、传播和分散的制约，这种制约恰恰类似于规约机械力的物理规律。

权力是如何运作的呢？这与牛顿力学中的‘力’又大不相同！首先，其工作原理并非直接造成影响，而是诱发反应——如果一切顺利的话，它将得到
225 所期待的回应。集权者一声令下，臣服者就得遵从。但在服从的整个过程中，后者并非权力关系的被动者（类似受力对象）。相反，他们是必须主动执行目标行动的能动者。

集权者仅发号施令，因此只有静态属性，即“权力”；而这个权力的行动对象却通过他们的臣服来彰显其动态精神。物理约束使得施力（及过程中损耗的力）和结果之间成正比，但这并不适用于权力关系。例如，战俘为了回应其选择服从的命令而自愿走到拘留点。无论这样的战俘有一个，两个，还是一千个，他们所服从的权力都不会被消耗；与之相反，如果需要派兵镇压50个和5万个示威者，前者消耗的武力肯定比后者少得多。后一种情况中的武力投入和产出成严格正比，而前者却没有这种相称性。

以上论述仅描述了权力关系，但没有对此进行任何解释。接下来我们必须考虑，为什么有些人会服从他人，换句话说，什么样的过程才能在人们的头脑中引起预期反应，使他们依照特定方式行动。显然，权力关系的行为对象自主决定服从；假设他们是理性的，他们的服从与否必定涉及服从与反抗的成本和利益之间的比较（这种比较可能已经内化为一种思维定式，因此服从是反射性的，而非深思熟虑的结果。这种明显的本能过程显示的仅仅是事先比较成本和收益的定论）。由此，权力似乎很容易被定义为控制他人成本和利益之流向的能力，而武力仅仅是通过胁迫或毁灭而强行施加某种特定投入的次要能力。如果真是这样，上述分析都化为徒劳，我们又回到了原点，甚至必须放弃对权力与武力的区分。同施加武力的能力（或武力本身）一样，控制成本和收益的能力似乎必须与投入和产出之间的限制比例相称。

但事实并非如此。从权力关系中行为对象的决策引出期望反应的能力显然并非控制成本和收益的能力运作的结果，而是感知能力作用的结果。换
句话说，权力过程的第一阶段是感知，因此权力最初是一种主观现象；它只能 226
通过他人感知这一媒介来发挥作用。

如果第一个例子中的权力是一个感知过程，那么距离的增加并不会削弱权力的强度，除非感知手段随距离增加而相应地减少了影响力。从感知层面出发，一个远东附庸国通常较易北河之外的民族更了解罗马社会现实。因为在东方，希腊文明倾向于让人们理解帝国权力的意义，但易北河之外却找不到这种文化基础。诚然，反复的惩罚性行为（以及积极的诱导）甚至可以教会原始人理解罗马权力的含义，但该情况下反复生效的“权力”将是另一种现象：最关键的是，至少在整个教育进程中，投入和产出之间会呈现出相称性。

感知性权力不会随距离而减弱，因为它不是物理（或准物理）现象。同理，感知性权力在使用中也不会被消耗。一个或十个附庸国国王可以感知相同的不可侵犯的帝国权力，并且受其制约。当另外十二个新附庸国国王通过感知相同的权力而选择臣服时，该权力也不会有量的减少。的确，感知是极

少数不消耗其对象的人类活动之一(对于浪漫主义者来说，爱是另外一个例子)。相反，为了镇压躁动不安的部落而施加的武力不能同时用在别处，且目标数量一旦增加，针对每一个目标的武力都会减少。正因如此，帝国安全体系的效率必须取决于其“武力节约”的程度。换句话说，它们的效率取决于在何种程度上，帝国仅将武力视作感知权力的非活性成分，而不是直接使用它。

如果我们暂不考虑权力的其他成分——静态的感知性权力，权力运作和武力运作之间的区别似乎又是无关紧要的。显然，在几乎所有可能的情况下，部署的军事力量将是国家总体权力的核心组成。因此，无论是采用将武力视作感知权力的静态部署，还是直接使用武力，这两种保障安全的手段似乎并无本质区别。但事实并非如此。即使不考虑使用时武力的实际损耗(人
227 员伤亡和物资损耗)，权力性武力本质上比直接使用的武力更为经济，因为它不需要对应的投入。

例如，帝国可以采取主动防御来维持一个特定边境的安宁(在这种情况下，部署的武力必须足以消除周边各部分的所有威胁)，或者进行威慑即可，因为帝国只要部署一支惩罚性的突击部队，潜在攻击者便无法获得其预谋的利益，反而会遭受更大的损失。毫无疑问，积极的防御较威慑手段而言需要更多武力，以保证可靠的反击力度——假设对手的理性足以进行预测性的相对价值判断。在第一个例子中，保障安全的前提是保护每一处易受攻击的资产；而第二个例子只需一种辨识性能力，就可达到破坏敌人特定资产，造成难以接受的损害的目的。必须指出，通过威慑和积极防御手段保障的安全之间存在质的区别。前者是劝诫性结果，受制于人类感知和决策牵涉的固有流变性；后者属于物理手段，能产生确切的效果。审慎周到的君王更看重可靠性，因此会不惜成本采用积极防御。这个决定不受他人影响。

这就引出了一个广泛存在的错误问题，并超出了“认知时间滞后”这一特殊情况的范畴。如果权力只能通过他人感知这一媒介来显现，那么从控制成本与收益的“客观”(同样也是理论上的)能力到对应的感知能力的转化过程

受制于多个错误因素：错误的物理感知、交流媒介、认知过程、感知主体间沟通等。将枪口对着盲人起不到任何恐吓作用，银行职员在抢劫犯掏出枪之前也不会惊慌失措；如果有人不知道火药的威力，他眼中的步枪指不定就是根棍子。即使是了解其威力的人，也可能无法向从未见过枪支的人描述其杀伤力。在上述例子中，行凶者很可能杀害盲人和银行职员，达到其杀一儆百的目的，但因为他诉诸了武力，劝诫手段自然就失效了。象征性武力也并非适用于所有例子。

那么，权力难道仅仅是一种感知现象，政治也不过是一种狭义的特定心理现象吗？当然不是。到目前为止，我们已经含蓄地将权力关系看作是双边 228
的：一边是成本和利益的单一控制者，另一边是感知其权力的单一行为对象。即使假设对象是群体，他们也是不可分割的统一体，本质上等同于个体。然而，即使所有的政治都可视作权力关系的总和，这些关系也大多不是双边的，而是多边的。

回到附庸国国王的例子中，他们作为个体感知罗马权力，进而服从帝国指令。这里牵涉到一个潜在假设：附庸国国王没有考虑其他附庸国权力的潜在累加本质，也没有将该权力总和与罗马权力进行比较。其实一旦做了这种比较，帝国权力将不再是至高无上、不可冒犯的。因此，帝国和附庸国国王个体间的权力关系在过程中仅呈现双边性。实际上它依赖于各种因素，其中大多数呈多边性：附庸国国王对诸如自身权力，他国权力，一致行动的可能性，联合反抗的风险、成本及收益（对比服从的成本和收益）等因素的感知和估测。

所有这些因素都受到个人感知和群体（间）决策的制约——换句话说，受集多样性和内在复杂性于一体的政治手段的制约。全方位政治最终决定了附庸国和帝国的关系；最重要的是，它决定了权力的平衡，这不仅得益于系统中个体单位的感知能力，同时也是附庸国之间和帝国内部凝聚程度的体现。尽管这些复杂关系很重要，但感知及其所牵涉的问题才是重中之重，权力和武力之间的区分也因此才显得必要。

参考文献

一、论文

Alföldi, Andrés. "La Grande Crise du monde romain au IIIe siècle." *L'Antiquite classique* 7 (1938): 5-18.

——. "The Moral Barrier on the Rhine and Danube." In [Third] *Congress of Roman Frontier Studies*, 1949, pp. 1-16.

Alföldy, Géza. "Die Hilfstruppen der r. mischen Provinz Germania Inferior." *Epigraphische Studien*, no. 6.

Amit, Moché. "Les Moyens de communication et la défense de l'empire romain." *La Parola del Passato*, vol. 20, fasc. 102 (1965), pp. 207-222.

Bachrach, Peter, and Baratz, Morton S. "Two Faces of Power." *American Political Science Review* 56 (December 1962): 947-952.

——. "Decisions and Non-Decisions: An Analytical Framework." *American Political Science Review* 57 (September 1963): 632-643.

Baradez, Jean. L. "Organisation militaire romaine de l'Algérie antique et l'evolution du concept défensif de ses frontières." *Revue internationale d'histoire militaire*, no. 13 (1953), pp. 24-42.

——. "L'Enceinte de Tipasa: Base d'opérations des troupes venues de Pannonie sous Anto-nin Le Pieux." In *Quintus Congressus Internationalis Limitis Romani Studiosorum*, pp. 75-82.

——. "Les Thermes légionnaires de Gemellae." In *Corolla Memoriae Erich Swoboda Dedicata*, pp. 14-22.

——. "L'Enceinte de Tipasa et ses portes." In *Mélanges Piganiol* [ed. Chevallier], vol. 2, pp. 1133-1152.

——. "Compléments inédits au 'Fossatum Africae.' " In *Studien zu den Militärgrenzen Roms*, pp. 200-210.

Bartoccini, Renato. "II Porto di Leptis Magna nella sua vita economica e sociale." In *Hommages à Albert Grenier* [ed. Renard], vol. 1, pp. 228-242.

Baynes, N. H. "Three Notes on the Reforms of Diocletian and Constantine." *Journal of Roman Studies* 15 (1925): 195-208.

Berchem, Denis van. "L'Annone militaire dans l'empire romain au IIIème siècle." In *Mémoires de la société nationale des antiquaires de France*, vol. 80, ser. 8, bk. 10, pp. 117-202. Paris: G. Klinckseick, 1937.

——. "Aspects de la domination romaine en Suisse." *Schweizerische Zeitschrift für Geschichte* 5 (1955): 145-175.

——. "On Some Chapters of the Notitia Dignitatum Relating to the Defense of Gaul and Britain." *American Journal of Philology* 76, no. 302 (1955): 138-147.

——."Conquête et organisation par Rome des districts alpins." *Revue des études latines* 11 (1962): 228-235.

Betz, A. "Zur Dislokation der Legionen in der Zeit vom Tode des Augustus bis zum Ende der Prinzipatsepoche." In *Carnuntina* [ed. Swoboda], pp. 17-24.

Birley, Anthony R. "Excavations at Carpow." *Studien zu den Milit.rgrenzen Roms*, pp.1-5.

Birley, Eric B. "A Note on the Title 'Gemina.'" *Journal of Roman Studies* 18 (1928): 56-60.

——. "The Brigantian Problem and the First Roman Contact with Scotland." In *252*
Roman Britain and the Roman Army, pp. 31-47.

——. "Britain after Agricola and the End of the Ninth Legion." In *Roman Britain and the Roman Army*, pp. 25-28.

——. "Britain under the Flavians: Agricola and His Predecessors." In *Roman Britain and the Roman Army*, pp. 10-19.

——. "Hadrianic Frontier Policy." In *Carnuntina* [ed. Swoboda], pp. 26-33.

——. "*Alae* and *Cohortes Milliariae*." In *Corolla Memoriae Erich Swoboda Dedicata*, pp. 54-67.

——. "Hadrian's Wall and Its Neighbourhood," *Studien zu den Militärgrenzen Roms*, pp. 6-14.

——. "Septimius Severus and the Roman Army." *Epigraphische Studien*, no. 8 (1969), pp. 63-82.

——. "The Fate of the Ninth Legion." In *Soldier and Civilian in Roman Yorkshire* [ed. Butler], pp. 71-80.

Bowersock, G. W. "A Report on Arabia Provincia." *Journal of Roman Studies* 61 (1971): 219-242.

Breeze, D. J. "The Organization of the Legion: The First Cohort and the *Equites Legionis*." *Journal of Roman Studies* 59 (1969): 50-55.

Breeze, D. J., and Dobson, Brian. "Hadrian's Wall: Some Problems." *Britannia* 3 (1972): 182-208.

Brogan, Olwen. "The Roman*Limes* in Germany." *Archaeological Journal* 92 (1935): 1-41.

Brunt, P. A. Review of *Die Aussenpolitik des Augustus und die augusteische Dichtung*, by Hans D. Meyer. *Journal of Roman Studies* 53 (1963): 170-176.

Brusin, Giovanni. "Le Difese della romana Aquileia e la loro cronologia." In *Corolla Memoriae Erich Swoboda Dedicata*, pp. 84-94.

Burns, T. S. "The Battle of Adrianople: A Reconsideration." *Historia* 23 (1973): 336-345.

Butler, R. M. "The Roman Walls of Le Mans." *Journal of Roman Studies* 48 (1958): 33-39.

——. "Late Roman Town Walls in Gaul." *Archaeological Journal* 116 (1959): 25-50.

——. "The Defences of the Fourth-Century Fortress at York." In *Soldier and Civilian in Roman Yorkshire* [ed. Butler], pp. 97-106.

Cagnat, R. "Les Frontières militaires de l'empire romain." *Journal des savants*, January 1901, pp. 29-40.

Cavaignac, E. "Les Effectifs de l'armée d'Auguste." *Revue des études latines* 30 (1952): 285-296.

Chevallier, Raymond. "Rome et la Germanie auier siècle: Problèmes de colonisation." *Latomus* 20 (1961), fasc. i, pp. 33-51, fasc. ii, pp. 266-280.

Chilver, G. E. F. "The Army in Politics A.D. 68-70." *Journal of Roman Studies* 47 (1957): 29-35.

Collingwood, R. G. "The Purpose of the Roman Wall." *Vasculum* 8 (1920): 4-9.

Condurachi, E. "Neue Probleme und Ergebnisse der Limes-forschung in Scythia Minor." *Studien zu den Militärgrenzen Roms*, pp. 162-174.

Corder, Philip. "The Reorganization of the Defences of Romano-British Towns in the Fourth Century."*Archaeological Journal* 112 (1955): 20-42.

Crump, G. A. "Ammianus and the Late Roman Army." *Historia* 23 (1973): 91-103.

Daicoviciu, Constantin. "Dacica." In *Hommages à Albert Grenier* [ed. Renard], vol. 1, pp. 462-473.

Davies, R. W. "The 'Abortive Invasion' of Britain by Gaius." *Historia* 15 (1966): 124-128.

——. "A Note on a Recently Discovered Inscription in Carrawburgh. Appendix." *Epigraphische Studien*, no. 4 (1967), pp.108-111.

——. "Joining the Roman Army." *Bonner Jahrbücher* 169 (1969): 208-232. *253*

——. "The Medici of the Roman Armed Forces." *Epigraphische Studien*, no. 8 (1969), pp. 83-99.

——. "*Cohortes Equitatae*." *Historia* 20 (1971): 751-763.

——. "The Romans at Burnswark." *Historia* 21 (1972): 98-113.

——. "The Daily Life of the Roman Soldier under the Principate." *Aufstieg und Niedergang der Römischen Welt* [ed. Temporini], pt. 2, vol. 1, pp. 299-338.

Dobiáš, J. "King Maroboduus as a Politician." *Klio* 38 (1960): 155-166.

Doise, J. "Le Commandement de l'armée romaine sous Theodose et les débuts des règnes d'Arcadius et d'Honorius." *Mélanges d'archéologie et d'histoire. École française de Rome*, vol. 61 (1949), pp. 183-194.

Dyson, S. L. "Native Revolts in the Roman Empire." *Historia* 20 (1971): 239-274.

Eadie, John W. "The Development of Roman Mailed Cavalry." *Journal of Roman Studies* 57 (1967): 161-173.

Eck, Werner. "Zum konsularen Status von Iudaea im frühen 2.Jh."*Bulletin of the American Society of Papyrologists* 21 (1984): 55-67.

Euzennat, Maurice. "Le *Limes* de Volubilis." In *Studien zu den Militärgrenzen Roms*, pp. 194-199.

Finley, M. I. Review of *Manpower Shortage*, by A. E. R. Boak. *Journal of Roman Studies* 48 (1958): 156-164.

Fishwick, D. "The Annexation of Mauretania." *Historia* 20 (1971): 467-487.

Fitz, J. "A Military History of Pannonia from the Marcomann Wars to the Death of Alexander Severus (180-235)." *Acta Archaeologica Academiae Scientiarum Hungaricae* 14 (1962): 25-112.

——. "Réorganization militaire au début des guerres marcomannes." *Hommages à Marcel Renard* [ed. Bibaw], vol. 1, pp. 262-274.

Florescu, Radu. "Les Phases de construction du castrum Drobeta (Turnu Severin)." *Studien zu den Militärgrenzen Roms*, pp. 144-151.

Forni, Giovanni. "Contributo alla storia della Dacia romana." *Athenaeum*, n.s., vol. 36 (1958-1959): 3-29 (fasc. 1-2), 193-218 (fasc. 3).

——. "*Limes*." In *Dizionario Epigrafico*, vol. 4, fasc. 34-40, pp. 1074-1280.

——. "Estrazione etnica e sociale dei soldati delle legioni nei primi tre secoli dell'impero" *Aufstieg und Niedergang der Römischen Welt* [ed. Temporini] pt. 2, vol. 1, pp. 339-391.

Frankfort, Thérèse. "Le Royaume d'Agrippa II et son annexion par Domitien." In *Hommages à Albert Grenier* [ed. Renard], vol. 2, pp. 659-672.

Frova, Antonio. "The Danubian *Limes* in Bulgaria and Excavations at Oescus," [Third] *Congress of Roman Frontier Studies , 1949*, pp. 23-30.

Gichon, M. [S. A. M.]. "Roman Frontier Cities in the Negev." In *Quintus Congressus Internationalis Limitis Romani Studiosorum*, pp. 195-207.

——. "The Origin of the *Limes Palestinae* and the Major Phases of Its Development." *Studien zu den Militärgrenzen Roms*, pp. 175-193.

——. "The Negev Frontier." In *Israel and Her Vicinity in the Roman and Byzantine Periods* [ed. Applebaum], pp. 35-61.

——. "45 Years of Research on the *Limes Palaestinae*." In *Limes XVIII: Proceedings of the XVIIIth International Congress of Roman Frontier Studies*, 2002, pp. 185-206.

Gigli, G. "Forme di reclutamento militare durante il basso impero." *Rendiconti della classe di scienze morali, storiche e filologiche dell'Accademia dei Lincei*, vol.8, ser. 2 (1947), pp. 268-289.

Gilmartin, Kristine. "Corbulo's Campaigns in the East." *Historia* 23 (1973): 583-626.

Goodchild, R. G. "The *Limes Tripolitanus* II." *Journal of Roman Studies* 40 (1950): 30-38.

254 ——. "The Roman and Byzantine *Limes* in Cyrenaica." *Journal of Roman Studies* 43 (1953): 65-76.

Goodchild, R. G., and Ward-Perkins, J. B. "The *Limes Tripolitanus* in the Light of Recent Discoveries." *Journal of Roman Studies* 39 (1949): 81-95.

Graf, D. "Rome and the Saracens: Reassessing the Nomadic Menace." In *L'Arabie preislamique et son environnement historique et culturel*, pp. 340-401. 1989.

Gray, W. D. "A Political Ideal of the Emperor Hadrian." *Annual Report of the American Historical Association for the Year 1914*, vol. 1, pp. 113-124.

Gudea, N. "The Defensive System of Roman Dacia." *Britannia* 10 (1979): 63-87.

Hardy, E. G. "Augustus and His Legionnaires." *Classical Quarterly* 14 (1921): 187-194.

Harmand, Jacques. "Les Origines de l'armée impériale: Un Témoignage sur la réalité du pseudo-principat et sur l'évolution militaire de l'Occident." *Aufstieg und Niedergang der Römischen Welt* [ed. Temporini], part. 2, vol. 1, pp. 263-298.

Haverfield, F. "Some Roman Conceptions of Empire." Occasional Publications of the Classical Association Cambridge, no. 4 (ca.1916).

Heather, P. J. "Holding the Line: Frontier Defense and the Later Roman Empire." In *Makers of Ancient Strategy: From the Persian Wars to the Fall of Rome* [ed. Hanson]. Princeton: Princeton University Press, 2010, pp. 228-246.

——. "The Late Roman Art of Client Management: Imperial Defence in the Fourth Century West." In *The Transformation of Frontiers: From Late Antiquity to the Carolingians*, pp. 15-68. Leiden: Brill, 2001.

Henderson, M. I. Review of *Trajan's Persian War*, by F. A. Lepper. *Journal of Roman Studies* 39 (1949): 121-132.

Isaac, B. "The Meaning of the Terms *Limes* and *Limitanei*." *Journal of Roman Studies* 78 (1988): 125-147.

Jarrett, Michael G. "The Roman Frontier in Wales." *Studien zu den Militärgrenzen Roms*, pp. 21-31.

Jarrett, Michael G , and Mann, John C. "Britain from Agricola to Gallienus." *Bonner Jahrbücher* 170 (1970): 178-210.

Kagan, K. "Redefining Roman Grand Strategy." *Journal of Military History* 70 (2006): 333-362.

Kornemann, E. "Die unsichtbaren Grenzen des römischen Kaiserreichs." In *Staaten-Männer-Völker: Aus der geschichte des altertums*. Leipzig: Deiterich, 1934, pp. 96-116.

Laet, S. J. de. "Claude et la romanisation de la Gaule septentrionale." *Mélanges Piganiol* [Chevallier], vol. 2, pp. 951-962.

Laur-Belart, R. "The Late *Limes* from Basel to the Lake of Constance." [Third] *Congress of Roman Frontier Studies*, 1949, pp. 55-67.

Lightfoot, C. S. "Trajan's Parthian War and the Fourth-Century Perspective." *Journal of Roman Studies* 80 (1990): 115-126.

MacMullen, R. "How Big Was the Roman Imperial Army?" *Klio* 62 (1980): 451-460.

——. "The Roman Emperors' Army Costs." *Latomus* 43 (1984).

Mann, John C. "A Note on the *Numeri*." *Hermes* 82 (1954): 501-506.

——. "The Raising of New Legions during the Principate." *Hermes* 91 (1963): 483-489.

——. "The Role of the Frontier Zone in Army Recruitment." *Quintus Congressus Internationalis Limitis Romani Studiosorum*, pp. 145-150.

Mann, John C, and Jarrett, M. G. "The Frontiers of the Principate." *Aufstieg und Niedergang der Römischen Welt* [ed. Temporini], part. 2, vol. 1, pp. 508-533.

Marin, A. "*Hippagogi*." In *Dictionnaire des antiquités greques et romaines* [Daremberg-Saglio], vol. 4, pp. 183-186.

255 Martinez, C. H. "*Limes Romanus*: Modern Historiography about the Roman Frontier." In *Frontiers and Identities*: *Exploring the Research Area* [Pisa] (2006), pp. 55-66.

Mattingly, D. J. "Farmers and Frontiers." *Libya* 20 (1989).

Mayerson, P. "The Saracens and the *Limes*." *Bulletin of the American School of Oriental Research* 262 (1986): 35-47.

McLeod, W. "The Range of the Ancient Bow." *Phoenix* 19, no. 1 (1965): 1-14.

Mertens, J. "Oudenburg, camp du Litus Saxonicum en Belgique?" In *Quintus Congressus Internationalis Limitis Romani Studiosorum*, pp.123-131.

Mertens, J., and Leva, C. "Le Fortin de braives et le *Limes Belgicus*." *Mélanges Piganiol* [Chevallier], vol. 2, pp. 1063-1074.

Millar, Fergus. "P. Herennius Dexippus: The Greek World and the Third-Century Invasions." *Journal of Roman Studies* 59 (1969): 12-29.

——. "Emperors, Frontiers, and Foreign Relations." *Britannia* 13 (1982): 1-23.

Morris, John. "The Vallum Again." *Transactions of the Cumberland and Westmoreland Antiquarian and Archaeological Society*, n.s., 50 (1951): 43-53.

Moss, J. R. "The Effects of the Policies of Aetius on the History of the Western Empire." *Historia* 23 (1973): 711-731.

Nischer, E. "The Army Reforms of Diocletian and Constantine and Their Modifications Up to the Time of the *Notitia Dignitatum*." *Journal of Roman Studies* 13 (1923): 1-55.

Nock, A. D. "The Roman Army and the Roman Religious Year." *Harvard Theological Review* 45 (1952): 187-252.

Oelmann, F. "The Rhine *Limes* in Late Roman Times." [Third] *Congress of Roman Frontier Studies*, *1949*, pp. 81-99.

O'Neill, R. J. "Doctrine and Training in the German Army 1919-1939." *The Theory and Practice of War* [ed. Howard], pp. 145-165.

Parker, H. M. D. "The *Antiqua Legio* of Vegetius." *Classical Quarterly* 26 (1932): 137-149.

——. "The Legions of Diocletian and Constantine." *Journal of Roman Studies* 23 (1933): 175-189.

Parsons, T. "On the Concept of Political Power." In *Political Power* [Bell et. al.], pp. 251-284.

Passerini, A. "Gli Aumenti del soldo militare da Commodo a Massimino." *Athenaeum* 24 (1946): 145-159.

——. "*Legio*." In *Dizionario Epigrafico*, vol. 4, fasc. 18-20, pp. 549-627.

Pekáry, Th. "Studien zur römischen Währungs und Finanzgeschichte von 161 bis 235 n. Ch." *Historia* 8 (1959): 443-489.

Perret, Louis. "Essai sur la carrière d'Hadrien jusqu'a son avènement a l'empire (76-117)." *Mémoires de la société nationale des antiquaires de France*, vol. 80, ser. 8, bk. 9. Paris: G. Klincksieck, 1937.

Petrikovits, Harald von. "Fortifications in the North-Western Roman Empire from the Third to the Fifth Centuries A. D." *Journal of Roman Studies* 61 (1971): 178-218.

Pflaum, H.-C. "Forces et faiblesses de l'armée romaine du Haut-Empire." *Problèmes de la guerre à Rome* [Brisson], pp. 85-98.

Piganiol, A. "La Notion de *Limes*." *Quintus Congressus Internationalis Limitis Romani Studio-sorum*, pp. 119-122.

Pitts, L. "Relations between Rome and the 'German' Kings on the Middle Danube in the First to Fourth Centuries A. D." *Journal of Roman Studies* 79 (1989): 45-58.

Ramsay, A. M. "The Speed of the Roman Imperial Post." *Journal of Roman Studies* 15 (1925): 60-74.

Rémondon, Roger. "Problèmes militaires en Egypte et dans l'empire à la fin du IV siècle."*Revue Historique* 213 (1955): 21-38.

Richmond, Sir Ian. A. "Trajan's Army on Trajan's Column." *Papers of the British* 256
School at Rome 13 (1935): 1-40.

——. "The Romans in Redesdale." *History of Northumberland* 15 (1940): 116-129.

——. "Hadrian's Wall 1939-1949." *Journal of Roman Studies* 40 (1950): 43-56.

——. "A Roman Arterial Signalling System in the Stainmore Pass." *Aspects of Archaeology* [ed. Grimes], pp. 293-302.

——. "Queen Cartimandua." *Journal of Roman Studies* 44 (1954): 43-52.

——. "The Roman Frontier Land." *History* [UK] 44, no. 150 (February 1959): 1-15.

——. "The Roman Siege-Works of Masada, Israel." *Journal of Roman Studies* 52 (1962): 142-155.

——. "Palmyra under the Aegis of Rome." *Journal of Roman Studies* 53 (1963): 42-54.

Robertson, Anne. S. "The Antonine Wall." [Third] *Congress of Roman Frontier Studies*, 1949, pp. 99-111.

Robinson, H. R. "Problems in Reconstructing Roman Armour." *Bonner Jahrbücher* 172 (1972): 24-35.

Romanelli, Pietro. "L'esercito Romano nella rappresentazione della colonna." In *La Colonna di Marco Aurelio*. Rome: L'Erma di Bretschneider, 1955.

Rowell, H. T. "The *Honesta Missio* from the *Numeri* of the Roman Imperial Army." *Yale Classical Studies* 6 (1939): 73-108.

Saddington, D. B. "Roman Attitudes to the *Externae Gentes* of the North." *Acta Classica* [S.A.] 4 (1961): 90-102.

——. "The Development of Roman Auxiliary Forces from Augustus to Trajan." *Aufstieg und Niedergang der Römischen Welt* [ed. Temporini], pt. 2, vol. 3, pp. 176-201.

Saint-Denis, E. de. "*Mare Clausum*." *Revue des études latines* 25 (1947): 200-203.

Salama, Pierre. "Occupation de la Maurétanie césarienne occidentale sous les Bas-Empire romain." Mélanges Piganiol [Chevallier], vol. 3, pp.1, 291-311.

Salmon, E. T. "The Roman Army and the Disintegration of the Roman Empire." *Proceedings and Transactions of the Royal Society of Canada*, 3d ser., vol. 52 (1958), sec. 2, pp. 43-60.

Schönberger, H. "The Roman Frontier in Germany: An Archaeological Survey." *Journal of Roman Studies* 59 (1969): 144-197.

Seston, William. "Du *Comitatus* de Dioclétien aux *comitatenses* de Constantin." *Historia* 4 (1955): 284-296.

Sherwin-White, A. N. "Geographical Factors in Roman Algeria." *Journal of Roman Studies* 34 (1944): 1-10.

Simpson, F. G., and Shaw, R. C. "The Purpose and Date of the Vallum and Its Crossings." *Transactions of the Cumberland and Westmoreland Antiquarian and Archaeological Society*, n.s., 27 (1922): 40-100.

Simpson, Grace. "The Roman Forts in Wales: A Reassessment." *Studien zu den Militärgrenzen Roms*, pp. 32-34.

Singer, J. David. "Inter-Nation Influence: A Formal Model." *American Political Science Review* 57 (1963): 420-430.

Smallwood, E. Mary. "Palestine c. A. D. 115-118." *Historia* 11 (1962): 502-505.

Smith, R. E. "The Army Reforms of Septimius Severus." *Historia* 12 (1972): 481-500.

Southern, P. "The *Numeri* of the Roman Imperial Army." *Britannia* 20 (1989): 81-140.

Speidel, Michael P. "The Rise of Ethnic Units in the Roman Imperial Army."

Aufstieg und Niedergang der Römischen Welt [ed. Temporini], pt. 2, vol. 3, pp. 202-231.

Steer, Kenneth. A. "The Antonine Wall: A Reconsideration." *Studien zu den Militärgrenzen Roms*, pp. 35-41.

Stevens, C. E. "The British Sections of the *Notitia Dignitatum*." *Archaeological* 257
Journal 97 (1940): 125-154.

——. "Britain between the Invasions (54 B. C.-A. D. 43): A Study of Ancient Diplomacy." In *Aspects of Archaeology* [ed. Grimes], pp. 332-344.

Swoboda, E. "Traian und der Pannonische *Limes*." *Empereurs romains d'Espagne* [Centre nationale de la recherche scientifique], pp. 195-208.

Syme, R. "Rhine and Danube Legions under Domitian." *Journal of Roman Studies* 18 (1928): 41-55.

——. "Some Notes on the Legions under Augustus." *Journal of Roman Studies* 23 (1933): 14-33.

——. "The Lower Danube under Trajan." *Journal of Roman Studies* 49 (1959): 26-33.

——. "Hadrian the Intellectual." *Empereurs romains d'Espagne* [Centre nationale de la recherche scientifique], pp. 243-253.

Szilágyi, J. "Roman Garrisons Stationed at the Northern Pannonia-Quad Frontier-Sectors of the Empire." *Acta Archaeologica Academiae Scientiarum Hungaricae* 2 (1952): 189-220.

——. "Les Variations des centres de prépondérance militaire dans les provinces frontières de l'empire romain." *Acta Antiqua Academiae Scientiarum Hungaricae* 2 (1953): fasc. 1-2, pp. 119-219.

Thompson, E. A. "The Foreign Policies of Theodosius II and Marcian." *Hermathena*, no. 76 (1950), pp. 58-75.

——. "The Settlement of the Barbarians in Southern Gaul." *Journal of Roman Studies* 46 (1956): 65-75.

Thompson, Homer A. "Athenian Twilight: A. D. 267-600." *Journal of Roman Studies* 49 (1959): 61-72.

Tierney, J. J. "The Map of Agrippa." *Proceedings of the Royal Irish Academy*, vol. 63, sec. C, no. 4 (1963), pp. 151-166.

Vannérus, Jules. "Le *Limes* et le fortifications gallo-romaines de Belgique: Enquête toponymique." Académie royale de Belgique, *Mémoires*, coll. 4, 2d ser., vol. 9, fasc. 2.

Várady, L. "New Evidence on Some Problems of Late Roman Military Organization." *Acta Antiqua Academiae Scientiarum Hungaricae* 9 (1961): 333-396.

——. "Additional Notes on the Problem of Late-Roman Dalmatian *Cunei*." *Acta Antiqua Academiae Scientiarum Hungaricae* 11 (1963): 391-406.

Vita, A. Di. "Il *Limes* romano di Tripolitania nella sua concretezza archeologica e nella sua realtá storica." *Libya Antiqua* 1 (1964): 65-98.

Waters, Kenneth Hugh. "The Reign of Trajan in Contemporary Scholarship." *ANRW*, pt. 2, vol. 2, pp. 381-430.

Watson, G. R. "The Pay of the Roman Army: The Auxiliary Forces." *Historia* 8 (1959): 372-378.

Webster, G. "The Legionary Fortress at Lincoln." *Journal of Roman Studies* 39 (1949): 57-78.

——. "The Claudian Frontier in Britain." *Studien zu den Militärgrenzen Roms*, pp. 42-53.

Wells, C. M. "The Augustan Penetration of Germany, Dates and Destinations." *Roman Frontier Studies 1967*, pp. 1-6.

Wheeler, E. "Methodological Limits and the Mirage of Roman Strategy: Part I." *Journal of Military History* 57 (1993): 7-41.

——. "Methodological Limits and the Mirage of Roman Strategy: Part II." *Journal of Military History* 57 (1993): 215-240.

Wheeler, [Sir] R. E. M. "The Roman Frontier in Mesopotamia." [Third] *Congress of Roman Frontier Studies , 1949*, pp. 112-129.

258 Wilkes, J. J. "A Note on the Mutiny of the Pannonian Legions in A.D. 14." *Classical Quarterly*, n.s., 13 (November 1963): 268-271.

Will, E. "Les Enceintes du bas-empire à Bavay." *Quintus Congressus Internationalis Limitis Romani Studiosorum*, pp. 99-110.

二、图书和专著

Adcock, Frank Ezra. *The Roman Art of War under the Republic*. Martin Classical Lectures, vol. 8. Cambridge, Mass.: Harvard University Press, 1940.

Alföldi, Andreas. *A Conflict of Ideas in the Late Roman Empire: The Clash between the Senate and Valentinian I*. Oxford: At the Clarendon Press, 1952.

Andreotti, R. *Il Regno dell'imperatore Giuliano*. Bologna: N. Zanichelli, 1936.

Arias, Paolo E. *Domiziano: Saggi e ricerche*. No. 9. Catania (Sicily): G. Crisafulli, 1945.

Aussaresses, F. *L'Armée byzantine à la fin du VIe siècle: D'après le strategicon de l'empereur Maurice*. Bibliothèque des universités du midi. Fasc. 14. Bordeaux: Feret and fils, 1909.

Bachrach, Peter, and Baratz, Morton S. *Power and Poverty*. New York: Oxford University Press, 1970.

Badian, Ernst. *Foreign Clientelae* (264-70 *B. C.*). Oxford: At the Clarendon Press, 1958.

——. *Roman Imperialism in the Late Republic*. 1965. Reprint. Oxford: Basil Blackwell, 1968.

——. *Publicans and Sinners: Private Enterprise in the Service of the Roman Republic*. Ithaca: Cornell University Press, 1972.

Balsdon, J. P. V. D. *The Emperor Gaius* (*Caligula*). Oxford: At the Clarendon Press, 1934.

Baradez, Jean Lucien. *Fossatum Africae: Recherches Aériennes sur l'organisation des confins Sahariens a l'Epoque Romaine*. Paris: Arts et Métiers Graphiques, 1949.

Bar-Nathan, Rachel. *Masada Ⅶ: The Pottery*. Yigael Yadin Excavations 1963-1965, Final Reports. Jerusalem: Hebrew University Press and the Israel Exploration Society, 2006.

Berchem, Denis van. *L'Armée de Dioclétien et la réforme constantinienne*. Institut français d'archéologie de Beyrouth, Bibliothèque archéologique et historique 56. Paris: Librairie orientaliste Paul Geuthner, 1952.

Bersanetti, Gastone M. *Vespasiano*. Rome: Edizioni Roma, 1941.

Besnier, Maurice. *L'Empire romain de l'avènement des Sévères au concile de Nicée*. Histoire générale I; Histoire ancienne, pt. 3; Histoire romaine, vol. 4. Paris: Presses universitaires de France, 1937.

Birley, Anthony R. *Hadrian's Wall: An Illustrated Guide*. Ministry of Public Building and Works. London: H. M. Stationery Office, 1963.

——. *Marcus Aurelius*. London: Eyre and Spottiswoode, 1966.

——. *Septimius Severus: The African Emperor*. London: Eyre and Spottiswoode, 1971.

Birley, Eric B. *Roman Britain and the Roman Army: Collected Papers*. Kendal: Titus Wilson and Son, 1953.

——. *Research on Hadrian's Wall*. Kendal: Titus Wilson and Son, 1961.

Blau, Peter. *Exchange and Power in Social Life*. New York: John Wiley, 1964.

Blockley, R. C. *The Fragmentary Classicizing Historians of the Later Roman Empire*, vol. II. Liverpool: Francis Cairns, 1983.

Boak, Arthur Edward Romilly. *The Master of Offices in the Later Roman and*

Byzantine Empires. University of Michigan Studies. Humanistic Series, vol. 14. London: Macmillan and Co., 1919.

——. *Manpower Shortage : And the Fall of the Roman Empire in the West*. The Jerome Lectures, 3d ser. Ann Arbor: University of Michigan Press, 1955.

Bowersock, Glen W. *Augustus and the Greek World*. Oxford: At the Clarendon Press, 1965.

259 Braithwaite, A. W. C. *Suetoni Tranquilli Divus Vespasianus*. Oxford: At the Clarendon Press, 1927.

Brand, Clarence Eugene. *Roman Military Law*. Austin: University of Texas Press, 1968.

Braund, D. *Rome and the Friendly King : The Character of Client Kingship*. London, 1984.

Bréhier, Louis. *Les Institutions de l'empire byzantin : L'évolution de l'humanité*, vol. 32, bis. Paris: Éditions Albin Michel, 1949.

Bruce, John Collingwood. *Handbook to the Roman Wall*. 12th ed. by Ian A. Richmond. Newcastle: H. Hill Hindson and A. Reid, 1966.

Brunt, P. A. *Italian Manpower* 225 *B.C.-A.D.* 14. Oxford: At the Clarendon Press, 1971.

Bury, John Bagnell. *A History of the Later Roman Empire : From Arcadius to Irene (395 A. D. to 800 A. D.)*. 2 vols. 1889. Reprint. Amsterdam: Adolf M. Hakkert, 1966.

——. *The Invasion of Europe by the Barbarians*. 1928. Reprint. New York: Russell and Russell, 1963.

Cagnat, René. *L'Armée romaine d'Afrique et l'occupation militaire de l'Afrique sous les empereurs*. Ministère de l'instruction publique. 2d ed. Paris: Ernest Leroux, 1913.

Calderini, Aristide. *I Severi : La crisi dell'impero nel* Ⅲ *secolo*. Istituto di studi romani, Storia di Roma, no. 7. Bologna: Licinio Cappelli Editore, 1940.

Cantor, Moritz. *Die römischen Agrimensoren und ihre Stellung in der Geschichte der Feldmesskunst : Eine historisch-mathematische Untersuchung*. Leipzig: Teubner, 1875.

Carcopino, Jérôme. *Les étapes de l'impérialisme romain*. 1934. Reprint. Paris: Hachette, 1961.

Cary, Max. *The Geographic Background of Greek and Roman History*. Oxford: At the Clarendon Press, 1949.

Casson, Lionel. *Ships and Seamanship in the Ancient World*. Princeton: Princeton University Press, 1971.

Chapot, Victor. *La Frontière de l'Euphrate : De Pompée à la conquête arabe*. Paris:

A. Fontemoing, 1907.

Charlesworth, Martin Percival. *Trade Routes and the Commerce of the Roman Empire*. 2d rev. ed. Cambridge: At the University Press, 1926.

——. *Five Men : Character Studies from the Roman Empire*. Martin Classical Lectures, no. 6. Cambridge, Mass.: Harvard University Press, 1936.

——. *The Lost Province; or, the Worth of Britain*. Cardiff: University of Wales Press, 1949.

Chastagnol, André. *Les Bas empire*. Texts. Paris: Librairie Armand Colin, 1969.

Cheesman, George Leonard. *The Auxilia of the Roman Imperial Army*. 1914. Reprint. Hildesheim: George Olms, 1971.

Cherry, D. *Frontier and Society in Roman North Africa*. Oxford, 1998.

Chevallier, Raymond. *Les Voies romaines*. Paris: Librairie Armand Colin, 1972.

Chilver, Guy Edward F. *Cisalpine Gaul : Social and Economic History from* 49 *B. C. to the Death of Trajan*. Oxford: At the Clarendon Press, 1941.

Christensen, Arthur. *L'Iran sous les Sassanides*. 2d ed. Copenhagen: Ejnar Munksgaard, 1944.

Christescu, Vasile. *Istoria militar. a Daciei Romane*. Bucharest: Fundatia Regele Carol I, 1937.

Clausewitz, Carl von. *On War*. Ed. and trans. Michael Eliot Howard and Peter Paret. Princeton: Princeton University Press, 1989.

Clemente, Guido. *La Notitia Dignitatum*. Saggi di storia e letteratura, no. 4. Cagliari, Sardinia: Editrice Sarda Fossataro, 1968.

Courcelle, Pierre Paul. *Histoire littéraire des grandes invasions germaniques*. 3d ed. Paris: Etudes Augustinnienes, 1964.

Coussin, Paul. *Les Armes romaines : Essai sur les origines et l'evolution des armes individuelles du légionnaire romain*. Paris: Librairie ancienne Honoré Champion, 1926.

Curzon, George Nathan, Lord Kedleston. *Frontiers*. Romanes Lecture Series. Oxford: 260
At the Clarendon Press, 1907.

Dahl, Robert A. *Modern Political Analysis*. Englewood Cliffs, N. J.: Prentice-Hall, 1963.

Daicoviciu, Constantin. *La Transilvania nell'antichità*. Rev. ed. of 1938 essay. Bucharest: n.p., 1943.

——. *La Transylvanie dans l'antiquité*. Bucharest: n.p., 1945.

Daicoviciu, Constantin, and Daicoviciu, Hadrain. *Columna lui Traian*. Bucharest: Editura Meridiane, 1968.

Davies, R. W. *Service in the Roman Army*. Ed. David Breeze and Valerie A.

Maxfield. Edinburgh: Edinburgh University Press, 1989.

de Blois, L. *The Policy of the Emperor Gallienus*. Leiden: Brill, 1976.

Degrassi, Attilio. *Il Confine nord-orientale dell'Italia romana : Ricerche storico-topografiche*. Dissertationes Bernenses, ser. I, fasc. 6. Bern:.A. Francke, 1954.

Demougeot, Émilienne. *De l'Unité à la division de l'empire romain 395-410: Essai sur le gouvernement imperial*. Paris: Librairie d'Amérique et d'Orient, 1951.

——. *La Formation de l'Europe et les invasions barbares : Des origines germaniques à l'avènement de Dioclétien*. Paris: Aubier, 1969.

Dodgeon, M. H., and Lieu, S. N. C., eds. *Roman Eastern Frontier and the Persian Wars*. New York, 1994.

Dudley, Donald Reynolds, and Webster, Graham. *The Roman Conquest of Britain. A.D. 43-57*. London: Dufour Éditions, 1965.

Duncan-Jones, R. *Money and Government in the Roman Empire*. Cambridge, 1994.

Durry, Marcel. *Les Cohortes prétoriennes*. Bibliothèque des écoles françaises d'Athènes et de Rome, fasc. 146. Paris: E. de Boccard, 1938.

Dyson, Stephen L. *The Creation of the Roman Frontier*. Princeton: Princeton University Press, 1985.

Emmet, Dorothy. *Function, Purpose and Powers*. London: Macmillan and Co., 1958.

Fentress, E. W. B. *Numidia and the Roman Army : Social, Military and Economic Aspects of the Frontier Zone*. Oxford, 1979.

Ferrill, A. *The Fall of the Roman Empire : The Military Explanation*. London, 1986.

——. *Roman Imperial Grand Strategy*. Lanham, Md., 1991.

Fink, Robert O. *Roman Military Records on Papyrus*. Texts, Varia. Philological Monographs of the American Philological Association, no. 26. Cleveland: Case Western Reserve University, 1971.

Forbes, R. J. *Studies in Ancient Technology*, vol. 6. Leiden: Brill, 1967.

Forni, Giovanni. *Il Reclutamento delle legioni da Augusto a Diocleziano*. Pubblicazioni della facolta di filosofia e lettere della Università di Pavia, 5. Milan and Rome: Fratelli Bocca, 1953.

Frank, Richard Ira. *Scholae Palatinae : The Palace Guards of the Later Roman Empire*. Papers and Monographs of the American Academy in Rome, vol. 23. Rome: American Academy in Rome, 1969.

Frere, Sheppard S. *Britannia : A History of Roman Britain*. London: Routledge and Kegan Paul, 1967.

Garbsch, Jochen G. *Der Spätrömische Donau-Iller Rhein Limes*. Stuttgart: A. W. Gentner, 1970.

Garzetti, Albino. *L'Impero da Tiberio agli Antonini*. Istituto di studi romani, Storia di Roma, vol. 6. Bologna: Licinio Cappelli, 1960.

——. *Problemi dell'eta traianea: Sommario e testi*. Genova: Fratelli Bozzi, 1971.

Ghirshman, R. *Les Chionites-Hephtalites*. Mémoires de l'institut français d'archéologie orientale du Caire, vol. 53. Mémoires de la délégation archéologique française en Afghanistan, vol. 13. Cairo: Institut français d'archéologie orientale, 1948.

Gianelli, Giulio. *Trattato di storia romana*. 2 vols. Rev. ed. by Santo Mazzarino. 261
Rome: Tumminelli, 1953-1956.

Gitti, A. *Ricerche sui rapporti tra i vandali e l'impero romano*. Bari: Laterza, 1953.

Gonella, Guido. *Pace romana e pace cartaginese*. Quaderni di studi romani, 2d ser., no. 1. Rome: Istituto di studi romani, 1947.

Goodyear, Francis Richard D. *The Annals of Tacitus*. Vol. 1, Annals I. 1-54. Cambridge: At the University Press, 1972.

Gudea, N. "Der dakische Limes." *Jahrbuch des Romisch-Germanischen Zentralmuseums Mainz* 44 (1997).

Guey, Julien. *Essai sur la guerre parthique de Trajan (114-117)*. Bibliothèque d'Istros, no. 2. Bucharest: S. Lambrino, 1937.

Hammond, Mason. *The Antonine Monarchy*. American Academy in Rome, Papers and Monographs, no. 19. Rome: American Academy in Rome, 1959.

——. *The Augustan Principate in Theory and Practice during the Julio-Claudian Period*. Enlarged ed. New York: Russell and Russell, 1968.

Hardy, Ernest George. *Studies in Roman History*. 2d ser. London: S. Sonnenschein and Co., 1909.

Harkness, Albert. *The Military System of the Romans*. New York: D. Appleton and Company, 1887.

Harmand, Jacques. *L'Armée et le soldat à Rome (de 107 à 50 avant notre ère)*. Paris: Ed. A. et J. Picard et Cie., 1967.

——. *La Guerre antique, de Sumer à Rome*. Paris: Presses universitaires de France, 1973.

Harmand, Louis. *L'Occident romain: Gaule, Espagne, Bretagne, Afrique du Nord (31 av. J. C. à 235 ap. J. C.)*. Paris: Payot, 1960.

Harmatta, John. *Studies in the History of the Sarmatians*. Magyar-Görög Tanulmányok, 30. Budapest: Pázamány Péter Tumányegyetemi Görög Filológiai

Intézet, 1950.

Harris, W. V. *War and Imperialism in Republican Rome : 327-70 B. C.* Oxford, 1985.

Hatt, Jean-Jacques. *Histoire de la Gaule romaine (120 avant J-C 451 après J-C): Colonisation ou colonialisme*. Paris: Payot, 1966.

Henderson, Bernard W. *The Life and Principate of the Emperor Hadrian A.D. 76-138*. London: Methuen and Co., 1923.

——. *Five Roman Emperors : Vespasian, Titus, Domitian, Nerva, Trajan (69-117)*. 1927. Reprint. New York: Barnes and Noble, 1969.

Holder, P. A. *Studies in the Auxilia of the Roman Army from Augustus to Trajan*. Oxford, 1980.

Holmes, T. Rice. *The Architect of the Roman Empire 27 B.C.-A.D. 14*. 2 vols. Oxford: At the Clarendon Press, 1928-1931.

Holsti, K. J. *International Politics : A Framework for Analysis*. 2d ed. Englewood Cliffs, N. J.: Prentice-Hall, 1972.

Homo, Léon P. *Essai sur le règne de l'empereur Aurélien (270-275)*. Bibliothèque des écoles françaises d'Athènes et de Rome, fasc. 89. Paris: A. Fontemoing, 1904.

——. *Le Siècle d'or de l'empire romain*. Paris: A. Fayard, 1947.

——. *Vespasien l'empereur du bon sens (69-79 ap. J-C)*. Paris: Albin Michel, 1949.

Isaac, B. *The Limits of Empire : The Roman Army in the East*. Oxford, 1990.

Johnson, S. *Late Roman Fortifications*. London, 1983.

Jones, Arnold HughMartin. *The Later Roman Empire (284-602): A Social and Economic Survey*. 3 vols. Oxford: Basil Blackwell, 1964. [3 vols. in 2: University of Oklahoma Press, 1964.]

——. *Augustus*. London: Chatto and Windus, 1970.

Jones, Arnold Hugh Martin, ed. *A History of Rome through the Fifth Century*. 2 vols. New York: Harper and Row, 1970.

262 Josephus. *The Jewish War*. 3 vols. Trans. H. St. J. Thackeray. New York: Heinemann and Putnam, 1927-1929.

Jouvenel, Bertrand de. *Power : Its Nature and the History of Its Growth*. Boston: Beacon Press, 1967.

Kaegi, Walter Emil, Jr. *Byzantium and the Early Islamic Conquests*. Cambridge: Cambridge University Press, 1992.

Katz, Solomon. *The Decline of Rome and the Rise of Mediaeval Europe*. Ithaca: Cornell University Press, 1955.

Keppie, L. J. F. *The Making of the Roman Army : From Republic to Empire*. 3d ed. Norman: University of Oklahoma Press, 1998.

Lander, J. *Roman Stone Fortifications: Variation and Change from the First Century A.D. to the Fourth*. Oxford, 1984.

La Penna, Antonio. *Orazio e l'ideologia del principato*. Saggi no. 332. Turin: Giulio Einaudi, 1963.

Lee, A. D. *Information and Frontiers: Roman Foreign Relations in Late Antiquity*. Cambridge: Cambridge University Press, 1993.

Lemosse, Maxime. *Le Régime des relationes internationales dans le haut-empire romain*. Publications de l'Institut de droit romain de l'Université de Paris, vol. 23. Paris: Librairie Sirey, 1967.

Lepper, F. A. *Trajan's Parthian War*. London: Geoffrey Cumberlege, 1948.

Lesquier, Jean. *L'Armée romaine d'Égypte d'Auguste à Dioclétien*. Cairo: Institut français d'archéologie orientale, 1918.

Levi, M. A. [Canavesi, M.]. *La Politica estera di Roma antica*. Manuali di politica internazionale 34. 2 vols. Milan: Istituto per gli studi di politica internazionale, 1942.

Levick, Barbara Mary. *Roman Colonies in Southern Asia Minor*. Oxford: At the Clarendon Press, 1967.

Lot, Ferdinand. *Les Invasions germaniques: La Pénétration mutuelle du monde barbare et du monde romain*. Paris: Payot, 1935.

——. *L'Art militaire et les armées au Moyen Age en Europe et dans le Proche Orient*. 2 vols. Paris: Payot, 1946.

——. *Nouvelle recherches sur l'impot foncier et la capitation personelle sous le Bas-Empire*. Bibliothèque de l'école des hautes études, fasc. 304. Paris: Librairie ancienne Honoré Champion, 1955.

Luttwak, Edward N. *The Political Uses of Sea Power*. Baltimore, Md.: Johns Hopkins University Press, 1974.

——. *Strategy: The Logic of War and Peace*. Rev. ed. Cambridge, Mass.: Harvard University Press, 2002.

——. *The Grand Strategy of the Byzantine Empire*. Cambridge, Mass.: Harvard University Press, 2009.

MacMullen, Ramsay. *Soldier and Civilian in the Later Roman Empire*. Harvard Historical Monographs, vol. 52. Cambridge, Mass.: Harvard University Press, 1963.

Magie, David. *Roman Rule in Asia Minor to the End of the Third Century after Christ*. 2 vols. Princeton: Princeton University Press, 1950.

Manni, Eugenio. *L'lmpero di Gallieno: Contributo alla storia del Ⅲ secolo*. Rome: Angelo Signorelli, 1949.

Marichal, Robert. *L'Occupation romaine de la Basse égypte : Le Statut des auxilia*. Paris: E. Droz, 1945.

Marin y Peña, Manuel. *Instituciones militares romanas*. Enciclopedia Clasica no. 2. Madrid: Consejo Superior de Investigaciones Cientificas Patronato Menendez y Pelayo, 1956.

263 Marquardt, Joachim. *De l'Organisation militaire chez les Romains*. Rev. ed. A. Von Domaszewski. Trans. J. Brissaud. Manuel des antiquités romaines de Joachim Marquardt et Théodore Mommsen, vol. 11. Paris: A. Fontemoing, 1891.

Marsden, Eric William. *Greek and Roman Artillery : Historical Development*. 2 vols. Oxford: At the Clarendon Press, 1969.

Marsh, Frank Burr. *The Reign of Tiberius*. London: Oxford University Press, 1931.

Maspero, Jean. *Organisation militaire de l'égypte Byzantine*. Bibliothèque de l'école des hautes études, fasc. 201. Paris: Librairie ancienne Honoré Champion, 1912.

Mattern, S. *Rome and the Enemy : Imperial Strategy in the Principate*. 1999.

Mazzarino, Santo. *Stilicone : La crisi imperiale dopo Teodosio*. Studi pubblicati dal R. istituto italiano per la storia antica, fasc. 3. Rome: Angelo Signorelli, 1942.

——. *Aspetti sociali del quarto secolo : Ricerche di storia tardo-romana*. Rome: L'Erma di Bretschneider, 1951.

——. "*Lanciarii*." In *Dizionario Epigrafico*, vol. 4.

Millar, F. *The Roman Near East*. Cambridge, 1993.

Momigliano, Arnaldo. *Contributo alla storia degli studi classici*. Rome: Edizioni di Storia e Letteratura, 1955.

——. *Terzo contributo alla storia degli studi classici e del mondo antico*. Rome: Edizioni di Storia e Letteratura, 1966.

——. *Ricerche sull'organizzazione della Giudea sotto il dominio romano (63 a.C-70 d.C)*. Amsterdam: A. M. Hakkert, 1967.

——. *Quarto contributo alla storia degli studi classici e del mondo antico*. Rome: Edizioni di Storia e Letteratura, 1969.

Mommsen, Theodor. *Römische Geschichte*. Leipzig: Reime and Hirsel, 1856.

Morgenthau, Hans J. *Politics among Nations*. 3d ed. New York: Alfred A. Knopf, 1962.

Murphy, Gerard James. *The Reign of the Emperor L. Septimius Severus from the Evidence of the Inscriptions*. Philadelphia: n.p., 1945.

Musset, Lucien. *Les Invasions : Les Vagues germaniques*. Nouvelle Clio, no. 12. Paris: Presses universitaires de France, 1965.

Netzer, E. *Masada Ⅲ: The Buildings*. Yigael Yadin Excavations 1963-1965, Final

Reports. Jerusalem: Hebrew University Press and the Israel Exploration Society, 1994.

Oates, David. *Studies in the Ancient History of Northern Iraq*. London: Oxford University Press for the British Academy, 1968.

Oliva, Pavel. *Pannonia and the Onset of the Crisis in the Roman Empire*. Prague: Ĉeskoslovenské Akademie Věd, 1962.

Oman, Charles. W. C. *A History of the Art of War in the Middle Ages*. 2d rev. ed. 2 vols. London: Methuen and Co., 1924.

Ondrouch, Vojtěch. *Limes Romanus na Slovensku (il limes romano in Slovacchia)*. Bratislava: Práce Učene Společnosti Ŝafarikovy v Bratislavě, 1938.

Orgeval, Bernard d'. *L'Empereur Hadrien : Oeuvre législative et administrative*. Paris: Editions Domat Montchrestien, 1950.

Osgood, Robert E., and Tucker, Robert W. *Force, Order, and Justice*. Baltimore: Johns Hopkins University Press, 1967.

Parker, Henry Michael Denne. *The Roman Legions*. 1928. Reprinted, with corrections and bibliography. Cambridge: W. Heffer and Sons, 1958.

Paschoud, François. *Roma aeterna : Études sur le patriotisme romain dans l'occident latin à l'époque des grandes invasions*. Bibliotheca Helvetica Romana, no. 7. Rome: Institut Suisse de Rome, 1967.

Passerini, Alfredo. *Le Coorti Pretorie*. 1939. Reprint. Rome: Centro Editoriale 264
Internazionale, 1969.

——. *Linee di storia romana in etá imperiale*. 2d ed. Revised by Nicola Criniti. Milan: Celuc, 1972.

Pelham, Henry Francis. *Essays*. Edited by F. Haverfield. Oxford: At the Clarendon Press, 1911.

Piganiol, André. *L'Empire Chrétien 325-395*. 2d ed. Revised by A. Chastagnol. 1948. Reprint. Paris: Presses universitaires de France, 1972.

——. *Scripta Varia*. Edited by R. Bloch et al. 3 vols. Collection Latomus, nos. 131-133. Brussels: Latomus, 1973.

Platnauer, Maurice. *The Life and Reign of the Emperor Lucius Septimius Severus*. London: Humphrey Milford, 1918.

Poidebard, A. *La Trace de Rome dans le désert de Syrie: Le Limes de Trajan à la conquête arabe, recherches aériennes* (1925-1934). Paris: Librairie orientaliste Paul Geuthner, 1934.

Pugliese, Carratelli. *L'età di Valeriano e Gallieno: Appunti di storia romana*. Pisa: Libreria Goliardica, 1950.

Rachet, Marguerite. *Rome et les Berbères : Un Problème militaire d'Auguste à*

Dioclétien. Collection Latomus, vol. 110. Brussels: Latomus, 1970.

Regibus, Luca de. *La Monarchia militare di Gallieno. Recco, Italy: Editrice Nicoloso da Recco*, 1939.

Rémondon, Roger. *La Crise de l'empire romain de Marc Aurèle à Anastase.* Nouvelle Clio, no. 11. Paris: Presses universitaires de France, 1964.

Reynolds, P. K. B. *The Vigiles of Ancient Rome.* Oxford: At the Clarendon Press, 1926.

Richmond, Sir Ian A. *The City Wall of Imperial Rome : An Account of Its Architectural Development from Aurelian to Narses.* Oxford: At the Clarendon Press, 1930.

Romanelli, Pietro. *La Cirenaica Romana 96 A. C.-642 D. C.* Verbania: A. Airoldi, 1943.

Rossi, Lino. *Trajan's Column and the Dacian Wars.* Ed. and trans. J. M. C. Toynbee. London: Thames and Hudson, 1971.

Rougé, Jean. *Les Institutions romaines : De la Rome royale à la Rome chrétienne.* Paris: Librairie Armand Colin, 1969.

Rowell, Henry T. *Ammianus Marcellinus, Soldier-Historian of the Late Roman Empire.* Cincinnati: University of Cincinnati Press, 1964.

Salway, Peter. *The Frontier People of Roman Britain.* Cambridge: At the University Press, 1965.

Sands, P. C. *The Client Princes of the Roman Empire under the Republic.* Cambridge Historical Essays, no. 16. Cambridge: At the University Press, 1908.

Saxer, Robert. *Untersuchungen zu den vexillationen des römischen Kaiserreichs von Augustus bis Diokletian.* Epigraphische Studien, no. 1. Beihefte der Bonner Jahrbücher, no. 18. Cologne and Graz: Böhlau, 1967.

Schleiermacher, Wilhelm. *Der römische Limes in Deutschland Limesführer.* 3d ed. Berlin: Gebr. Mann, 1967.

Scramuzza, Vincent M. *The Emperor Claudius.* Cambridge, Mass.: Harvard University Press, 1940.

Seager, Robin, *Tiberius.* London: Eyre Methuen, 1972.

Seston, William. *Dioclétien et la tétrarchie. Vol. 1. Guerres et réformes (284-300).* Bibliothèque des écoles françaises d'Athènes et de Rome, fasc. 162. Paris: E. de Boccard, 1946.

Sherwin-White, Adrian. N. *The Letters of Pliny: A Historical and Social Commentary.* Oxford: At the Clarendon Press, 1966.

——. *The Roman Citizenship.* 2d ed. Oxford: At the Clarendon Press, 1973.

Simpson, Grace. *Britons and the Roman Army: A Study of Wales and the Southern Pennines in the 1st-3d Centuries*. London: The Gregg Press, 1964. 265

Sirago, Vito Antonio. *Galla Placidia e la trasformazione politica dell'occidente*. Université de Louvain. Recueil des travaux d'histoire et de philologie. 4e série, fasc. 25. Louvain: Publications universitaires, 1961.

Smith, Richard Edwin. *Service in the Post-Marian Roman Army*. Manchester: Manchester University Press, 1958.

Solari, Arturo. *La Crisi dell'impero romano*. 2 vols. Milan: Soc. Ed. Dante Alighieri, 1933.

——. *Il Rinnovamento dell'impero romano*. Milan: Soc. Ed. Dante Alighieri, 1938.

Southern, P., and Dixon, K. R. *The Late Roman Army*. London, 1996.

Speidel, M. *Die Equites Singulares Augusti*. Bonn, 1965.

Starr, Chester G., Jr. *The Roman Imperial Navy, 31 B.C.-A.D. 324*. Cornell Studies in Classical Philology, vol. 26. Ithaca: Cornell University Press, 1941.

Stein, Ernst. *Histoire du bas-empire: De l'état romain à l'état byzantin (284-476)*. Vol. I [two parts]. Ed. and trans. Jean-Remy Palanque. Paris: Desclée de Brouwer, 1959.

——. *Opera Minora Selecta*. Amsterdam: A. M. Hakkert, 1968.

Stevenson, George Hope. *Roman Provincial Administration till the Age of the Severi*. Oxford: Basil Blackwell, 1930.

Strobel, K. *Untersuchunge zu den Dakerkriegen Trajans: Studien zur Geschichte des mittleren und unteren Donauraumes in der Hohen Kaiserzeit*. Bonn, 1984.

Syme, Ronald. *The Roman Revolution*. Oxford: At the Clarendon Press, 1939.

——. *Tacitus*. 2 vols. Oxford: At the Clarendon Press, 1958.

Thompson, E. A. *The Historical Work of Ammianus Marcellinus*. Cambridge: At the University Press, 1947.

——. *A History of Attila and the Huns*. Oxford: At the Clarendon Press, 1948.

——. *A Roman Reformer and Inventor: Being a New Text of the Treatise De Rebus Bellicis with a Translation and Introduction*. Oxford: At the Clarendon Press, 1952.

——. *The Early Germans*. Oxford: Clarendon Press, 1965.

——. *The Visigoths in the Time of Ulfila*. Oxford: At the Clarendon Press, 1966.

Tovey, Lieut.-Col. Hamilton. *Elements of Strategy*. London: Eyre and Spottiswoode, 1887.

Vigneron, Paul. *Le Cheval dans l'antiquité gréco-romaine, de guerres médiques aux grandes invasions: Contribution à l'histoire des techniques*. Annales de l'Est, mémoires no. 35. Nancy: Faculté des lettres et de sciences humaines, 1968.

Walter，Eugene Victor. *Terror and Resistance : A Study of Political Violence*. New York：Oxford University Press，1969.

Warmington，Brian H. *The North African Provinces from Diocletian to the Vandal Conquest*. Cambridge：Cambridge University Press，1954.

Watson，G. R. *The Roman Soldier*. London：Thames and Hudson，1969.

Webster，Graham. *The Roman Imperial Army of the First and Second Centuries A. D*. London：Adam and Charles Black，1969.

Wells，Colin Michael. *The German Policy of Augustus : An Examination of the Archaeological Evidence*. Oxford：At the Clarendon Press，1972.

Wheeler，Sir R. E. Mortimer. *Rome beyond the Imperial Frontiers*. London：G. Bell and Sons，1954.

White，Donald A. *Litus Saxonicum : The British Saxon Shore in Scholarship and History*. Madison：University of Wisconsin Press，1961.

White，Lynn Townsend，ed. *The Transformation of the Roman World : Gibbon's Problems after Two Centuries*. Berkeley：University of California Press，1966.

266 Whittaker，C. R. *Frontiers of the Roman Empire : A Social and Economic Study*. Baltimore，1994.

Wilkes，J. J. *Dalmatia : History of the Provinces of the Roman Empire*. London：Routledge and Kegan Paul，1969.

Wilkins，A. *Roman Artillery*. Oxford：Shire，2003.

Winspear，Alban D.，and Geweke，Lenore. K. *Augustus and the Reconstruction of Roman Government and Society*. University of Wisconsin Studies in the Social Sciences and Philosophy，no. 24. Madison：University of Wisconsin Press，1935.

Wolski，Józef. “L'Empire des Arsacides.”*Acta Iranica* 32 (1993).

Zancan，Paola. *La Crisi del Principato nell' anno 69 B.C.R*. Universita di Padova. Pubblicazioni della Facultà di Lettere e Filosofia，vol. 16. Padova：Dott. Antonio Milani，1939.

三、未发表的著作

Gilliver，Catherine M. “The Roman Art of War：Theory and Practice.” Ph.D. thesis，University of London，1993.

Gordon，Colin D. “The Subsidization of Border Peoples as a Roman Policy of Imperial Defense.” Ph.D. diss.，University of Michigan，1948. [LC microfilm AC-1，no. 1105].

Kaltenbach，Philip E. “Non-Citizen Troops in the ‘Roman Army.’ ” Ph.D. diss.，

Johns Hopkins University, 1948.

Minor, Clifford E. "Brigand, Insurrectionist and Separatist Movements in the Later Roman Empire." Ph.D. diss., University of Washington, 1971.

Moscovich, Maurice James. "The Role of Hostages in Roman Foreign Policy." Ph.D. diss., McMaster University (Canada), 1972.

Petersen, Hans E. "Governorship and Military Command in the Roman Empire." Ph. D. diss., Harvard University, 1953.

Wade, Donald W. "The Roman Auxiliary Units and Camps in Dacia." Ph.D. diss., University of North Carolina, 1969.

Uspensky, Th. I. "Military Organization of the Byzantine Empire." Typescript. Translated by J. Krenov, from Bulletin of the Russian Archaeological Institute at Constantinople, vol. 6. Sophia [Bulgaria], 1900. W.P.A. No. 3888, 1941. O.P. 165-1-93-11 [L. of.C.].

四、论文集

1. 古罗马边境问题研讨会(按时间顺序排列)

[Third] *Congress of Roman Frontier Studies*, 1949. Edited by Eric B. Birley. Durham: Durham University Registrar, 1952.

Carnuntina: Ergebnisse der Forschung über die Grenzprovinzen des römischen Reiches, Vorträge beim internationalen Kongress der Altertumsforscher Carnuntum, 1955. Edited by Erich Swoboda. Römische Forschungen in Niederösterreich, vol. 3. Graz and Cologne: Hermann Böhlaus Nachf., 1956.

Limes Romanus Konferenz, Nitra. Slovenskej Akadémie vied Bratislava. Bratislava: Slovenskej Akadémie, 1959.

Quintus Congressus Internationalis Limitis Romani Studiosorum [Fifth Congress]. Acta et Dissertationes Archaeologicae. Zagreb: Arheološki Radovi i Rasprave Ⅲ, 1963.

Corolla Memoriae ErichSwoboda Dedicata. Römische Forschungen in Niederösterreich, vol. 5. Graz and Cologne: Hermann Böhlaus Nachf., 1966.

Studien zu den Militärgrenzen Roms: Vorträge des 6. Internationalen Limes Kongresses in Süddeutschland. Beihefte der Bonner Jahrbücher, vol. 19. Cologne and Graz: Böhlau, 1967.

Roman Frontier Studies, 1967 [7th Congress]. Tel Aviv: Students Organization, 1971.

267 ## 2. 其他

Applebaum, Shimon, and Gichon, Mordechai, eds. *Israel and Her Vicinity in the Roman and Byzantine Periods*. Tel Aviv: Tel Aviv University Press, 1967.

Bell, Roderick, Edwards, David V., and Wagner, Harrison, eds. *Political Power: A Reader in Theory and Research*. New York: Free Press, 1969.

Bibaw, Jacqueline, ed. *Hommages à Marcel Renard*. 3 vols. Collection Latomus, vol. 102. Brussels: Latomus, 1969.

Brisson, Jean-Paul, ed. *Problèmes de la guerre à Rome*. École pratique des hautes études-Sorbonne 6 section: Sciences économiques et sociales. Centre de recherches historiques civilisations et sociétés. 12. Paris and The Hague: Mouton and Co., 1969.

Butler, Ronald M., ed. *Soldier and Civilian in Roman Yorkshire: Essays to Commemorate the Nineteenth Centenary of the Foundation of York*. Leicester: Leicester University Press, 1971.

Cambridge Ancient History. Gen. ed. John B. Bury. Vols. 10, 11, 12. Cambridge: At the University Press, 1934-1939.

Caprino, C., Colini, A. M., Gatti, G., Pallottino, M., and Romanelli, P. La Colonna di Marco Aurelio. Rome: L'Erma di Bretschneider, 1955.

Centre National de la Recherche Scientifique. *Les Empereurs romains d'Espagne*. Colloques internationaux du centre national de la recherche scientifique. Paris: éditions du centre national de la recherche scientifique, 1965.

Chevallier, Raymond, ed. *Mélanges d'archéologie et d'histoire offerts à André Piganiol*. École pratique des hautes études-VIe Section Centre de recherches historiques. 3 vols. Paris: S.E.V.P.E.N., 1966.

Grimes, W. F., ed. *Aspects of Archaeology in Britain and Beyond: Essays Presented to O. G. S. Crawford*. London: H. W. Edwards, 1951.

Howard, M., ed. *The Theory and Practice of War: Essays Presented to Captain B. H. Liddell Hart*. London: Cassell, 1965.

Mélanges Marcel Durry: Revue des études latines. Vol. 47 bis. Paris: Soc. d'édition Les Belles Lettres, 1969.

Millar, Fergus, Berciu, D., Frye, Richard N., Kossack, Georg, and Rice, Tamara Talbot. *The Roman Empire and Its Neighbours*. London: Weidenfeld and Nicolson, 1967.

Proceedings of the XIII International Congress of Byzantine Studies. Edited by J. M. Hussey, D. Obolensky, and S. Runciman. Oxford: At the Clarendon Press, 1967.

Renard, Marcel, ed. *Hommages à Albert Grenier*. 3 vols. Collection Latomus, vol. 58. Brussels: Latomus, 1962.

Schäfer, Peter, ed. *The Bar Kokhba War Reconsidered: New Perspectives on the Second Jewish Revolt against Rome*. Tubingen: Mohr Siebeck, 2003.

Temporini, Hildegard, ed. *Aufstieg und Niedergang der Römischen Welt: Geschichte und Kultur Roms in Spiegel der neueren Forschung* [ANRW]. Berlin: Walter de Gruyter, 1974.

五、第一版精选评论

Badian, E. "In Defense of Empire." *New York Review of Books*, June 23, 1977.

Birley, A. R. *Classical Review* 29 (1979): 181.

Brisson, J. P. *Latomus* (1979): 772-773.

Brodie, B. *Commentary Magazine*, September 1, 1977.

Brunt, P. A. "Power and Pax Romana." *Times Literary Supplement*, February 10, 1978.

Cohen, E. *Political Science Quarterly* 93 (1978): 174-175.

Gruen, E. *Journal of Interdisciplinary History* 8 (1978): 563-566.

Hoyos, D. *Classicum* 12 (1979): 1-4. 268

Kagan, K. *Journal of Military History* 70 (April 2006): 333-362.

Lendon, J. E. "Primitivism and Ancient Foreign Relations." *Classical Journal* 97 (2002): 375-384.

MacMullen, R. *American Historical Review* 82 (1977): 930-931.

Mann, J. C. "Power, Force and the Frontiers of the Empire." *Journal of Roman Studies* 69 (1979): 175-183.

Marshall, A. *Queen's Quarterly*.

Morgan, M. G. *Classical World* 71 (1978): 485-486.

Ward, A. M. *Annals of the American Academy of Political and Social Science* 434 (1977): 222-223.

Wells, C. M. *American Journal of Philology* 99 (1978): 527-529.

Wightman, E. M. *Phoenix* 32 (1978): 174-179.

Wilcoxon, G. D. *Military Affairs* 41 (1977): 220-221.

Yavetz, Z. *New Republic*, May 21, 1977.

269 # 索　引

Abgar Ⅺ 阿布加尔十一世 173

Aelianus，Tiberius Plautius Silvanus 提比略·普拉蒂乌斯·西尔瓦努斯·艾利亚努斯 102

Africa 阿非利加。*See* North Africa 见北非

Agricola，Cn. Julius Cn. 朱利叶斯·阿格里科拉 99

Agrippa Ⅰ 阿格里帕一世 40-41

Agrippa Ⅱ 阿格里帕二世 28，41-42，125

alae (cavalry wings) 骑兵翼 81，142，195-196，202，204-205

Alamanni 阿勒曼尼人：incursions by 袭击 183，193；threat posed by 构成的威胁 168，174-175，177

Alexander，Severus 亚历山大·塞维鲁 169，173

Alexander the Great 亚历山大大帝 2

Anatolia 安纳托利亚：annexation of 兼并 127-128；colonies in 殖民 18；provinces of 行省 8，20

Anatolian sector 安纳托利亚地区 27，59。*See also* Armenia；Cappadocia；Syria 亦见亚美尼亚、卡帕多奇亚和叙利亚

annexations and retrocessions 兼并与归还 41，53，123-124，127-130

Antiochus Ⅳ 安提奥库斯四世 28，33，40-41，125-126

Antonine era 安东尼时期 59-60

Antonine Wall 安东尼长城 100-101

Antony 安东尼 29，33

Appian，*The Foreign Wars* 阿庇安，《外国战争》107

Aquileia 阿奎利亚 167，212

Archelaus 阿基劳斯 32-33，40

Ardashir Ⅰ 阿达希尔一世 172-174

Armenia 亚美尼亚：as buffer state 作为缓冲国 24，118-119，121，131-132；conquest of 征服 59；Parthian invasion of 安息入侵 166；strategic role of 战略角色 8，120；suzerainty over 宗主权 124；Tiridates and 梯里达底与 9

Arminius 阿米尼乌斯 7，35

Arsacids 阿萨息斯家族 8。*See also* Parthia 亦见安息

artillery 大炮：*carroballista* "机动弩炮"，139；in legion 在军团 14；organization of 组织 42；in siege warfare 在围攻战 47-48；wall defenses and 围墙防御和 187

Asia Minor，raids on 袭击小亚细亚 168

Athens 雅典：raids on 袭击 168；wall circuit of 城郭 193

Augusta Libanensis 奥古斯塔里班尼西斯 205，208-209

Augustus 奥古斯都 6，8，18，32，53-54，210

Aurelian 奥勒利安 173，183，187，212，214

Aureolus 奥雷奥路斯 212

auxilia (auxiliary forces) 辅助部队：as complementary to legionary force 作为对军团力量的补充 11，28，44；in first and second centuries CE 在 1 世纪和 2 世纪 15；at Hadrian's Wall 在哈德良长城 81；local recruitment of 当地招募 18；in Lower Germany 在下日耳曼 97；under princiate 在元首制时期 195；reliability of 依靠 44-45；structure and function of 结构和功能 139-140；transformation of 转变 199

Baquates 巴奎特人 178

barbarians 蛮族人。*See specific peoples* 见各具体蛮族人

Bar Kokhba，revolt of 巴克布哈暴乱 25

Batavi，as client tribe 作为罗马附庸的巴达维人 21

Bedriacum，battle of 贝德里亚库姆战役 56，57

Berchem，Denis van 丹尼斯·范·伯姆 195，215

Blemmyes 布莱梅人 179

Bohemia 波西米亚 54

borders 边界、边境。*See* frontiers 见边境

Bosporan state 博斯普兰国 33

Bowersock，G. G. 鲍尔索克 98

Brigands，bands of (*bagaudae*) 强盗匪帮 183，192

Britain 不列颠：client relationships in 附庸关系 21，42；as client state 作为附庸 131；coastal defense of 海防 169；expansion into 扩张 99-100；invasion of 入侵 9；legions in

军团 97，100-101；wall frontiers of 长城边境 104-105。*See also* Hadrian's Wall 亦见哈德良长城

buffer states 缓冲国：Armenia as 亚美尼亚作为 24，118-119，121；Osrhoene as 奥斯朗作为 126，132；role of 角色 131-132

Burgundi 勃艮第人 177

270 Cappadocia 卡帕多奇亚：annexation of 兼并 40，129；as client kingdom 作为附庸国 8，20，27；security of 安全 118-119，121。*See also* Archelaus 亦见阿基劳斯

Carpi 卡普人 168，174，177

Carrhae 卡雷 8，46-47，173

Carthaginians 迦太基人 2

Carus 卡鲁斯 173

Cavalry 骑兵：*alae* 翼 11，46，47，81，142，195-196，202，204-205；in *auxilia* 辅助 15；*cohortes equitatae* 步骑混合队 78，80，141-142；*cunei* 营 199；disbanding of 解散 214；in legions 在军团 14；mobile 机动 212-213；organization of 组织 42-46；tactics of 战术 46-47；*vexillatio* 分遣小分队 213；weapons and armor of 武器 213-214

Cerialis，Q. Petilius Q. 佩提留斯·赛里阿利斯 45

Chatti 卡特人 103，106-107，137，152，166

Cherusci 乔西人 21，34，35，48

Cicero 西塞罗 25

Cilicia province 西里西亚行省 128

cities，defenses of 城市的防御 192-195，242n21

Civilis，revolt of 西维利斯叛乱 17，44-45，48，57-58

civil war 内战：Augustus and 奥古斯都和 54；Flavian army 弗拉维安军队 136-137；Julio-Claudians and 胡里奥-克劳狄和 6，10，16；succession by 继位 146-147；tetrarchy and 四头统治和 148；Vespasian and 苇斯巴芗和 56-57，126

Claudius 克劳狄 9，39-41，212

Claudius Ⅱ 克劳狄二世 147

client states 附庸国：changes to system of 体系的变化 67；creation of 创立 131；decline of system 体系的衰落 121，125-132；deployment of forces in 军队的部署 50-51；hegemonic expansion and 霸权扩张和 19-21；Jewish War and 犹太战争和 126-127；management of 管理 28-29，32-35，38-42；provincial territories and 行省领土和 25-26；role in security system 在安全系统中的作用 24-28，54-55，219-220。*See also specific states* 亦见具体国家

coastal defense 海防 169

cohortes equitatae（infantry units）步骑混合队（步兵单位）11，46，81，141-142，195-

196，202，204-205
colonies and strategic control 殖民地和战略控制 18-19
Comana 科马纳 20
comitatenses(field forces) 野战部队 206，215-219
Commagene 科马基尼 20，27，40，126
Commodus 康茂德 146
Constantine 君士坦丁 178，205-206，215-216
Constantius I，Chlorus 克洛鲁斯·君士坦提乌斯一世 148
Corbulo，Cn. Domitius Cn. 多米提乌斯·科布洛 39，43，119，121，134
Cottian Alps 科蒂埃阿尔卑斯 20
Cotys Ⅲ 科提斯三世 40
crisis of third century 3 世纪危机 118，151，170-171。*See also* defense-in-depth strategy 亦见纵深防御战略
cunei 骑兵营 199，206
Cyrenaica 昔兰尼加 8

Dacia 达西亚：annexation of 兼并 130；attack on Moesia 攻打默西亚 58；as client state 作为附庸国 59；combat strength of 战斗力 49；conquest of 征服 111，114-117；deployment of legions in 军团部署 95-96；Limes Porolissensis 波洛利森希斯设防边界 115，118，141；provinces of 行省 114-115，177-178 relationship with 关系 110-111
Dalmatia 达尔马提亚 7，9，16-17
Danube 多瑙河：as border 作为边界 98，102，110；bridge across 桥横跨 178 fortifications along 沿线驻防 103；incursions along 侵入沿着 166-168；perimeter between Rhine and 和莱茵河之间的防线 103，106；riparian land of 河岸 7
Decebalus 戴凯巴路斯 58-59，110-111，114，130
Decius 德西乌斯 147，158，174，200
defense-in-depth strategy 纵深防御战略：adoption of 采用 151-152；Augusta Libanensis 奥古斯塔里班尼西斯 208-209；Border troops in 边境部队 176；Decline of 衰落 202；Diocletian and 戴克里先和 202-205；fortifications in 防御工事 152-155，182-185，187-189，190-195；German frontier 日耳曼边界 186；goal of 目的 157-158，166；as inherently unstable 内在地不稳定 158-159，166；operational methods of 作战方法 162-163；overview of 概观 149-150，221-222；rearward defense and 后防 156-157；reliance on 依靠 152；resilience of 弹性 157；shallow 浅 182，202，205；societal and logistical costs of 社会和后勤成本 158-159，194-195；territorial losses and 领土损失和 176-178；transition from shallow to deep 由浅入深的转变 205-206

defensive systems 防御体系：coastal 海岸 169；communications 交流 69，81，155 cordon deployment 警戒线部署 77-78，81，83；elastic defense 弹性防御 149-150，160-161，202；evaluation 评估 67-68；fortresses 堡垒 137，155-156；forward defense 前线防御 86-87，178-179；garrisons and operational reserves 驻军和作战储备 74；hospitals 医院 137；linear barriers 线性障碍 74-75；as mobile and offensive 作为机动的和攻击性
271 的 68-69，78，80-82，175-176；roads 路 74，127-128；scale of 范围 178；tactical functions of 战术功能 75-77，83；tranformation from hegemonic expansionism to 从霸权扩张主义转变至 133，137；watchtowers and outpost forts 瞭望塔和前哨堡垒 69。*See also* defense-in-depth strategy; fortitied strongholds; limes; preclusive defense strategy 亦见纵深防御战略、防御工事据点、设防边界和阻断式防御战略

degeneration thesis of border troops 边境部队退化的观点 195-196

Deiotarus 狄奥塔鲁斯 25，28

deterrence，use of 威慑的使用 3-4

Dexippus，德克西普斯 168

Dio 迪奥 124

Diocletian 戴克里先：abdication of 退位 149；as emperor 作为皇帝 148；military policy of 军事政策 151，202-205，214-215；Persia and 波斯和 176

Dobruja 多布罗加 115，169，174

domestic instability and external attack 国内纷争和外国侵略 147-148，169，175

Domitian 图密善：deployment of forces and 军队（兵力）部署 50；as emperor 作为皇帝 58；German campaign of 日耳曼战争 103；guards of 守卫 210；limes on Taunus Mountains 陶努斯山边防 106；North African campaign of 北非战争 49；Saturninus and 萨特尼努斯和 136

dynasties，individual character in 各个朝代统治者的个性

East 东方：deployment of legions in 军团部署 94-95；forward defense system in 前线防御系统 179；incursions along frontier of 边界入侵 166；under Julio-Claudians 胡里奥-克劳狄治下 30-31；legions recruited in 军团招募 135；management of clients of 附庸管理 33-34，40；policy of Trajan in 图拉真的政策 118-119，121-125；Reorganization of under Vespasian 苇斯巴芗治下的重组 127-129；Roman 罗马 123；seaborne incursions in 海盗袭击 168

Eburacum，fortress of 伊布拉库姆的堡垒 155，190

Edessa 埃德萨 173

Egypt 埃及：fortifications in 防御工事 203；frontiers in 边境 177；military forces in 军队 17，96；as province 作为行省 8；retreat from 撤回 179

elastic defense 弹性防御 149，150，160-161，202

emperor 皇帝：as chosen by Senate 作为由元老院选出来的 58-59；protection for 防卫 210-211；succession of 继承 146-149，175。*See also* tetrarchies；*specific emperors* 亦见四头统治和特定的皇帝

empire 帝国：hegemonic 霸权 29；models of 帝国模型 22-23；superiority of，origins of 优越性，起源 2；territorial 领土 23

Euphrates frontier 幼发拉底河边界 121-122

Europe 欧洲：fortifications in 防御工事 183；management of clients of 附庸的管理 33-34；second-century frontiers in 2 世纪边界 112-113；walled cities in 城寨 192-193

Eurycles 尤里克里斯 32

farmer-soldiers 农民兵 195-199

Flavians 弗拉维安 56-58，67，96-98，121，127-128

fortified strongholds 防御工事据点：defense-in-depth strategy and 纵深防御战略和 152-155，182-185，187，188-189，190-195；as defensible hard points 作为硬点防御 190；deployment of forces at 武力的部署 187，190；Diocletian and 戴克里先和 202-203；earlier forts compared to 与初期堡垒相比 155-156；fighting towers of 战斗塔 190；fates of 命运 190-191；ground plans of 地面方案 184-185，191；outer defense structure 外部防御结构 185；purpose of 目的 191-192；siting of 选址 184；support from 支持 152-153；tactical functions of 战术功能 153-155。*See also* road forts 亦见道路据点

forward defense 前线防御 156，164-165，178，179

Fossatum Africae 阿非利加工事/北非战壕土墙体系：barriers of 屏障 76；description of 描述 66；maintenance of 维护 198；outpost forts 外部监视区域 69；purpose of 目的 88-89

Franks，threat posed by 法兰克人的威胁 168，174-175

Frisii，as client tribe 作为附庸部落的弗里西人 21

frontiers 边界、边境：absense of perimeter defense 没有什么外围防卫 19；in Britain 在不列颠 104-105；Danube as 多瑙河作为 98，102，110，166-168；defense-in-depth 纵深防御 162-163，186；defense of 防御 133-144，216-217；demarcation of 分界 63，66-67；elastic defense 弹性防御 149-150，160-161；in Europe 在欧洲 112-113；forward defense 前线防御 164-165；in Germany 在日耳曼 108-109，177，186；"invisible，"of client relationships 附庸关系的无形 20-21；models of organization of 组织模型 70-73；in Nabatean Arabia 纳巴提安阿拉伯 121；policy toward 政策 107，110，114-115；rectification campaigns along 修正运动 58，102，103；reorganization of 重组 175-181；rivers of 河流 101-102；"scientific，""科学的" 66，99-100，122，132；in second century 在公元 2 世纪 64-65；strategic dimension of defense of 防御的战略维度 89-91，94-103，106-107，110-111

frontiers (*cont.*) 连续边境：114-115，118-119，121-125；tactical dimension of 防御的战术维度 67-69，74-78，80-85，88-89；Taunus Mountain 陶努斯山 106-107；in third century 在 3 世纪 176-179；troops along 军队 195-199；*See also* fortified strongholds；Khabur-Jebel Sinjar-Tigris line；Rhine 亦见防御工事据点、哈布尔河-辛加尔山-底格里斯河线和莱茵河 272

frontier troops (*limitanei*) 边境部队 195-199，201-202，216-217，219

Frontinus 弗朗提努斯 43，45，103，139

Gaius (Caligula) 盖乌斯(卡利古拉) 9，39-41

Gaius Marius 盖乌斯・马略 42

Galatia 加拉提亚 8，25，28，128

Galba (emperor) 加尔巴(皇帝) 56

Galba，S. Sulpicius S. 苏尔比基乌斯・加尔巴 10

Galerius 加勒里乌斯 148，173，176，179

Gallienus 加里努斯 183，212-213

Gallus，C. Cestius C. 塞斯蒂乌斯・加卢斯 134-135

Gaul 高卢：coastal defense of 海防 169；provinces of 行省 6-7；revolts in 叛乱 18；walled cities in 城寨 192-193

gentiles 异教徒 195

Geography 地理：of empire，and deployment of forces 帝国的，和军队部署 51-52，91；of hegemonic expansion 霸权扩张 49-50；Roman knowledge of 罗马知识 54，98

Gepids 吉皮兹人 175

Germanicus 日耳曼尼库斯 45，48

Germany 日耳曼：in first century 在 1 世纪 36-37；frontiers in 前线 108-109，177，186；incursions into 入侵 7；legions in 军团 56；management of client tribes in 附庸部落管理 38-40。*See also* Lower Germany；Upper Germany 亦见上日耳曼和下日耳曼

Gordian Ⅲ 戈尔狄安三世 148，173

Goths 哥特人：siege techonlogy of 围攻技术 156；threat posed by 构成的威胁 168-169，174-175

grand strategy 大战略 xi-xii；Roman achievement in 罗马成就 xv；succession of three 三阶段 ix。*See also* defense-in-depth strategy；hegemonic expansionism；preclusive defense strategy 亦见纵深防御战略、霸权扩张和阻断式防御战略

Greece，raids on 袭击希腊 168

Hadrian 哈德良：army of 军队 138-140；as emperor 作为皇帝 59，146；frontier fortifications of 边境防御工事 63，66，101；strategic withdrawal from provinces by

从行省的战略撤退 124

Hadrian's Wall 哈德良长城:Antonine Wall compared to 与安东尼长城相比 100;barrier elements of 壁垒体系 79;deployment of forces at 军队部署 80-82;description of 描述 66，75-76;location of 位置 98;purpose of 目的 77;rampart walk of 堡垒走道 74;turrets along 塔楼 69;vallum of 壁垒 76-77

hegemonic empire 霸权帝国 22，29

hegemonic expansionism 霸权扩张:East under Julio-Claudians 胡里奥-克劳狄治下的东方 30-31;geographic limits of 地理限制 49-50; overview 概况 4-5，10-11，16-19，53-55，219-220; strategic deployment of forces 军队的战略部署 50-53; tactical organization of army 军队的战术组织 42-50; transformation to preclusive defense from 向阻断式防御的转变 133，137。*See also* client states 亦见附庸国

Hermunduri，as client tribe 作为附庸部落的赫曼杜里人 21，39

Herod 希律 32-33，172

Herodian 效忠希律的人 172

Heruli 赫鲁利人 168，175

Iazyges 雅济吉斯人 21，110-111，166

Iberia 伊比利亚人 179

Illyricum，revolt in 伊利里库姆叛乱 7，18，220。*See also* Maroboduus; Pannonian revolt 亦见马罗博杜斯和潘诺尼亚叛乱

infantry 步兵:in *auxilia* 辅助部队 15;classes of 阶级 42-43;*cohortes equitatae* 步骑混合队 11，46，81，141-142，195-196，202，204-205;*lanciarii* "兰西里" 215;missile of 投射 47;tactics of 战术 46

insurgency，internal，control of 控制内部叛乱 18

Israel 以色列 85，88，197

Italy 意大利 7，16，183

Ituraea 以土利亚 40-41

Iuthungi 尤桑吉人 177，183

Jewish War 犹太战争 18，57，125-126

Josephus，*The Jewish War* 约瑟夫斯《犹太战争》4，28，41，125，132-133，135，213

Journal of Roman Studies，review in《罗马研究期刊》上的评论 xi

Juba Ⅱ，朱巴二世 20

Judea 朱迪亚:as client kingdom 作为附庸国，8;defeat of Gallus 加卢斯的战败 134-135;Flavian cause in 弗拉维安帝业在 57;as province 作为行省 20，53

Julio-Claudian system 胡里奥-克劳狄系统:East under 30-31 下的东方;efficiency of 效率

84；elements of 元素 118；overview of 概况 6-10，219-220；post-Flavian system compared to 后弗拉维安相较于 83-84。*See also* client states；hegemonic expansionism 亦见附庸国、霸权扩张 273
Julius Caesar 尤利乌斯・恺撒 6，18，21
jus postliminii and client states《罗马战后公民资格恢复权法》和附庸国 19-20
Justinian 查士丁尼 198

Kaegi，Walter E. 沃特・E. 凯奇 xii
Khabur-Singara-Lake Van line 哈布尔河-辛加拉-凡湖线 173
Khabur-Jebel Sinjar-Tigris line 哈布尔河-辛加尔山-底格里斯河线 122，124-125，147，172，176-177
kings，client 附庸国国王 24，226，228。*See also specific kings* 亦见具体各附庸国国王

lanciarii "兰西里"(皇帝的战场护卫队) 215
Langobardi 伦巴第人 167
Leadership 领导力：integrity of 完整性 146-149，175；military 军事 1，196-199，206-207
Legions 军团。*See* military units(legions)；military units(legions，specific) 见军事单位(军团)，军事单位(特定军团)
Levant 黎凡特 121-122
limes 设防边界：as defended frontier 作为防御边界 66；definition of 定义 19；"open，" 开放式的 85；provincial forces and 行省部队和 203；of Raetia 雷蒂亚的 74，82；role of 作用 84
Limes Porolissensis 波洛利森希斯设防边界 115，118，141
Limes Tripolitanus 的黎波里塔努斯山设防边界 194
Limitanei(frontier troops) 农民兵(边防部队) 195-199，201-202，216-217，219
Livy 李维 47
Lower Germany 下日耳曼：auxiliary troops in 辅助部队在 97；calvary deployed in 骑兵部署在 80；as client state 作为附庸国 131；legions in 军团在 97；military command for 执行官 7。*See also* Germany；Upper Germany 亦见日耳曼和上日耳曼
Lucius Verus 卢修斯・维勒斯 59，143，146
Lycia 吕基亚 20

Macedonia 马其顿 7，168
Malalas 马拉拉斯 203
Malchus 马尔切斯 28，125
Marcellinus，Ammainus 阿米安努斯・马塞利纳斯 185

marching camp 行军营地 62-63

Marcomanni 马科曼尼:as client tribe 作为附庸部落 21, 38-39;incursions by 入侵 166-167;offensive against 对抗 7;revolt by 反叛 143

Marcus Aurelius 马尔库斯·奥列里乌斯 59, 143-144, 146-167, 212

Maroboduus 马罗博杜斯 33, 39, 52-53

Masada, siege of 梅察达围困 3-4, 26

Mattiaci 马蒂亚斯 103

Mauretania 毛里塔尼亚:as client kingdom 作为附庸国 8, 20, 29;frontiers in 边境 177;raids in 袭击 178;warfare in 战争 25

Mauri 毛利 178

Maximian 马克西米安 148, 178-179

Mesopotamia 美索不达米亚 66, 172-173, 176-177

military-agricultural colonies 军农聚居地 197

military history, views of 关于军事历史的观点 xii, xvi

military power, definition of 军事力量的定义 223

military units (legions) 军事单位(军团):along borders 沿边界 89-91, 95, 97, 128-129;in Britain 在不列颠 80-82;camps of 军营 17;in client states 在附庸国 28-29, 34, 50-53;decline of 衰落 200-202;Diocletian and 戴克里先和 204;equipment of 装备 139;in the first and second centuries 在 1、2 世纪 14, 16-17, 19;functions of 功能 195, 204-205;in Germanies 在日耳曼 56;marching camps of 行军营地 60-62;at Masada 在梅察达 3-4;numbers and manpower of 数量和人力 10-11;pay and upkeep 薪水和维持费用 16;in provinces 在行省 94-98;raising of 培养 211;reorganization of following civil war 内战后的重组 16;shortage of men for 缺少人员 11, 16;tactical organization of 战术组织 42-50;tax collection and 征税和 7;territorialization of 领土扩张 142-143, 147-148;in third century 在公元 3 世纪 199-200;transformation of 转变 199;*vexillationes* 分遣部队 143-144, 175, 202, 204-205

military units (legions, specific) 军事单位(特定军团) Ⅰ Adiutrix 辅助第 1 军团 56, 102, 136;Ⅱ Adiutrix 辅助第 2 军团 136, 143;Ⅴ Alaudae 阿劳迪第 5 军团 44, 236n93, 239n181;ⅩⅤ Apollinaris 阿波利纳里斯第 15 军团 25, 119, 125;Ⅲ Augusta 奥古斯塔第 3 军团 26, 137, 142;Ⅷ Augusta 奥古斯塔第 8 军团 102, 201;Ⅺ Claudia 克劳狄第 11 军团 102, 178, 190;ⅩⅫ Deiotariana 狄奥塔里纳第 22 军团 28, 96;Ⅵ Ferrata 费拉塔第 6 军团 25, 96, 119, 134, 200;Ⅳ Flavia Felix 弗拉维亚·菲利克斯第 4 军团 96, 136;ⅩⅥ Flavia Firma 弗拉维亚·弗玛第 16 军团 121, 136;Ⅰ Flavia Minerva 弗拉维亚·密涅瓦第 1 军团 236n93;Ⅹ Fretensis 弗雷滕西斯第 10 军团 25, 96, 125, 134, 182;Ⅻ Fulminata 富尔米纳塔第 12 军团 121, 125, 129, 134, 135;Ⅲ Gallica 加利卡第 3 军团 110, 119, 125, 134;ⅩⅥ

Gallica 加利卡第 16 军团 44，136；XIII Gemina 吉米纳第 13 军团 43，114-115，199；XIV Gemina 吉米纳第 14 军团 102，137；VII Gemina 吉米纳第 7 军团 136；I Germanica 日耳曼尼卡第 1 军团 44，136；II Herculia 赫库利亚第 2 军团 178；IX Hispana 西班牙第 9 军团 26；I Italica 意大利卡第 1 军团 125；II Italica 意大利卡第 2 军团 95，145，151，167，211；III Italica 意大利卡第 3 军团 82，95，145，151，167，211；IV Macedonica 马其顿第 4 军团 44，136；V Macedonica 马其顿第 5 军团
274 25，125，143，199；I Minervia 米纳维亚第 1 军团 143，201，211，274；I Parthica 安息第 1 军团 172，211；II Parthica 安息第 2 军团 211；III Parthica 安息第 3 军团 172，200，211；XV Primigenia 匹利米吉尼亚第 15 军团 44，136；XXII Primigenia 匹利米吉尼亚第 22 军团 200-201；XXI Rapax 拉帕克斯第 21 军团 137；IV Scythica 西提卡第 4 军团 119；II Traiana 特赖阿纳第 2 军团 178，211；XXX Ulpia 乌尔皮亚第 30 军团 211；XXX Ulpia Victrix 乌尔皮亚·维克特里克斯第 30 军团 201，236n93；XX Victrix 维克特里克斯第 20 军团 81；VI Victrix 维克特里克斯第 6 军团 81

military units (non-legionary)军事单位(非军团)：home guards and militias 志愿警卫队和民兵 192；irregulars 非正规军 141；*limitanei* 边防部队 195-199，201-202，216-217，219；*numeri* "努梅里" 140-141，195；*palatini* 骑兵 219。*See also alae*；*auxilia*；Praetorian Guard 亦见骑兵翼、辅助部队和禁卫军 206

milites exploratores 侦察单位 206

Mithridates 米特里达梯 41

Moesia 默西亚 52，58，206

Nabatean Arabia 纳巴提安阿拉伯：annexation of 兼并 125，128；borders of 的边界 121；as client state 作为附庸国 126；deployment of legions in 军团部署 96；Herod and 希律和 32；as merchant state 作为商人国家 20

Napoleon 拿破仑 xii

Nero 尼禄 9-10，40，56，119，125-126

Nerva，M. Cocceius M. 科齐乌斯·涅尔瓦 58-59，146

Nobades 诺巴兹人 179

Noricum 诺利康 7，151

North Africa 北非/北阿非利加：combat strength of 战斗力量 49；provincial territories of 行省 8；raids in 入侵 178；Tingitana，retreat in 廷吉塔纳的撤退 178-179；战争在 warfare in 25-26。*See also* Fossatum Africae 亦见阿非利加工事/北非战壕土墙体系

Notitia Dignitatum《百官志》187，200-201，205-207，210，214，216

numeri 努梅里 140-141，195

Numidia 努米底亚 88-89，178

Obii 奥比人 167
Octavian 屋大维 6，29
Osrhoene 奥斯朗：annexation of 兼并 132；as buffer state 作为缓冲国 126，132；as client state 作为附庸国 127，129；loss of 损失 173；suzerainty over 宗主权 124
Osroes 奥斯罗 122
Otho，M. Slavius M. 萨尔维乌斯·奥索 56

Paetus，L. Caesennius L. 凯森尼乌斯·佩图斯 119
Palaestina Ⅲ 帕利斯蒂纳三世 182
palatini（palace troops）“帕拉蒂尼”（皇家卫队）219
Palestine 巴勒斯坦 205
Palmyra 巴尔米拉 214
Pannonia 潘诺尼亚 8，167
Pannonian revolt 潘诺尼亚叛乱 7，17，52-53
Parthamaspates 帕塔马斯帕特 124，127，131-132
Parthia 安息：Armenia and 亚美尼亚和 118，166；combat strength of 战斗力 49；defense against 对抗 88；empire of，and Roman East 帝国与罗马东部 123；overthrow of 推翻 147，169；threat posed by 构成的威胁 8，18，24-25，169，172；vulnerability of 脆弱 172
Parthian War 安息战争：under Marcus Aurelius 在马尔库斯·奥列里乌斯治下 143-144，212；under Nero 在尼禄治下 9；under Trajan 在图拉真治下 121-124
Paterculus，Velleius 维乐留斯·帕特库勒斯 45，52
patron-client relationships in municipal life 植根于罗马城市生活的主仆关系 21，24
perimeter defense 边境防御 19。*See also* limes 亦见设防边界
Persia 波斯 147，169，176
Philip the Arab 菲利普阿拉伯 148，173
Pius，Antoninus 安东尼·庇护 59，146
Pliny 普林尼 11，20，111
Polemo Ⅰ 波利摩一世 33，42
Polemo Ⅱ 波利摩二世 40，41
political culture of aristocracy 贵族政治文化 xiii-xiv
Polybius 波利比奥斯 42
Pontus 本都：annexation of 兼并 127；as client state 作为附庸国 20，27；seaborne incursions into 海袭 168；security of 安全 11-19

Postumus 波斯图穆斯 147

power 权力：dynamic energy of 动态能量 225；empire 帝国 228；force and 武力和 223-224，226-227；as perceptual process 作为感知过程 225-228

Praetorian Guard 古罗马禁卫军：Claudius and 克劳狄和 9；description of 描述 210；murders by 谋杀 56；Nero and 尼禄和 10；Nerva and 内尔瓦和 59；Severus and 塞维鲁和 211；succession and 继任和 146

preclusive defense 阻断式防御：army and 军队和 132-144；client states and 附庸和 131；cost of 成本 158；Julio-Claudian system compared to 相比胡里奥-克劳狄体系 83-84；overview of 概况 96-98，220-221；Parthia in 安息 169，172；reaction to penetration of 对渗透的反应 150-151；reversions to 逆转 157-159；vulnerability of 脆弱 166，173-174

principate，元首 6，146，195

275 provincial territories 行省领土：of North Africa 北非的 8；security of 安全 25-26，157；strategic withdrawal from 战略撤退 124；taxation of 税收 28；tetrarchy 四头统治 180-181；troops deployed in 军队部署 199-207。*See also* annexations and retrocessions; fortified strongholds; *specific provinces* 亦见兼并与归还、防御工事据点和特定行省

Quadi 夸迪：as client tribe 作为附庸部落 21，38，39；incursions by 入侵 166-167

quadriburgium “四棱堡” 182，190

Raetia 雷蒂亚：defense of 防御 151；limes of 设防边界 74，82；palisades and fences of 栅栏和篱笆 76；as province 作为行省 7

rearward defense 后防 156-157

revolts 叛乱：Bar Kokhba 巴克布哈 25；of Civilis 西维利斯 17，44-45，48，57-58；Illyricum 伊利里库姆 7，18，220；Marcomanni 马科曼尼 143；native，within empire 帝国内部的本地人 17-18；Pannonian 潘诺尼亚 7，17，52-53；of Tacfarinas 塔克法里纳斯 18，25-26

Rhine 莱茵河：as border 作为边界 98，101；fortifications along 沿线驻防 102-103；military force in sector 区域的军事力量 206-207；perimeter between Danube and 与多瑙河之间的周界 103，106

Rhoemetalces I 罗梅托西斯一世 26，40，53

ripenses (provincial forces) “里彭塞斯”(行省部队) 199-207

road forts 道路据点 153-154，182-183，191-192

Roman army 罗马军队：along borders 沿边界 195-199；central field armies 中央野战军 202，206-207，210-219；discipline of 纪律 138；dual army structure 军队的双重结构

215-217;economy of 经济 10;elasticity of 弹性 144-145;engineering campaigns of 工程活动 58,103;estimates of size of 规模概算 216-217;expeditionary corps 远征部队 142-144;leadership of 领导力 196-199,206-207;mobile field forces 机动部队 205-206;mobility of 机动性 68-69,78,80-82,92-93,175-176,212-213;*numeri* 努梅里 140-141;pay for 支付 241n217;political use of 政治用途 2-4,19,34,49-50,90;preparedness of 准备 132-136,138-139;provincial 行省的 199-207;psychological use of 心理层面的利用 3,61-62,144;recruitment for 招募 140;societal and logistical cost of 社会和后勤成本 218;supervision of 监管 197-198;supplies required for 所需供给 153;supply of, by client states 附庸国的供给 28;tactical use of 战术使用 2-3,141-142;transport times of 运输时间 91-94,207,210。*See also* artillery;*auxilia*;cavalry;infantry;military units(legions);military units(legions, specific);military units(non-legionary) 亦见大炮、辅助部队、骑兵、步兵、军事单位(军团)、军事单位(特定军团)和军事单位(非军团)

Romanization, as political-economic goal 罗马化的政治经济目标 107

Roxolani 罗克索拉尼人 110,131

Rufus, C. Velius C. 维利乌斯·鲁弗斯 144

rural settlements, defense of 农村定居点的防卫 194-195,219

sacer comitatus 皇帝的战场护卫队 215

Sarmatians 萨尔马提亚人:in Banat 在巴纳特 177-178;combat strength of 战斗力 49;Dacia and 达西亚和 114-115;Diocletian and 戴克里先和 203;suppression of 镇压 167;threat posed by 构成的威胁 168。*See also* Iazyges 亦见雅济吉斯人

Sassanids 萨桑尼德:combat strength of 战斗力 49;defeat of 打败 179;Parthia and 安息和 147,169;siege engines of 攻城战车 185;threat posed by 构成的威胁 172-174

Saturninus, L. Antonius L. 安东尼乌斯·萨特尼努斯 58,103,111,136

Saxons, threat posed by 撒克逊人造成的威胁 168,169

Scipio Africanus 西皮奥·阿弗里卡纳斯 139

Scorpion Pass 斯科平山口 182

Scriptores Historiae Augustae《罗马君王传》166-167,169

Scythia 西徐亚 205-206

seaborne incursions 海上侵袭 168-169

security systems 安全体系:for civil security 为了公民安全 84-85,89;client states role in 附庸国的作用 24-28,50-51,125-132;complexity of 复杂性 3;evaluation of 评价 219-222;overview 概况 4-5,53-55;power and 力量 223-224。*See also* defense-in-depth strategy;frontiers;hegemonic expansionism;Julio-Claudian system;military;preclusive defense strategy 亦见纵深防御战略、边境、霸权扩张、胡里奥-克劳狄体

系、军事和阻断式防御战略
Segestes 塞杰斯茨 35
Senate，emperors chosen by 元老院选出的皇帝 58-59
Severus，A. Caecina A. 凯基纳 · 塞维鲁 52
Severus，Septimius 塞普蒂米乌斯 · 塞维鲁：as emperor 作为皇帝 146；military policy of 军事政策 211，217；Parthia and 安息和 172；recruitment and morale of troops under 军队的招募和士气 204；in Scotland 在苏格兰 9，101
Shapur Ⅰ 沙普尔一世 157，172-175
Shapur Ⅱ 沙普尔二世 185
siege technology 围困技术 156，172-173，185
Sohaemus 苏希慕斯 28，125-126
Sophene 索彭恩 126-127
Spain，occupation of 占领西班牙 6，17
276 Stilicho 斯蒂利奇奥 216
Strabo 斯特拉博 19，21
Strata Diocletiana 戴克里先式的 203，205
strategic mobility in Roman Empire 罗马帝国的战略机动性 92-93
strategic statecraft 战略性国策 1，4
strategy 战略：definition of 定义 98；education in 教育 xiii-xiv；as form of systematic group thinking 作为系统性的群体思维形式 xi-xii；as inferred from action or inaction 由作为或不作为推断出的 xi；paradoxical logic of 悖论 xiii 99，130-131，157。*See also* grand strategy 亦见大战略
subsidization 资助 38-39，131
succession 继位 146-149，175
Suetonius 苏埃托尼乌斯：*Augustus*《奥古斯都传》24；*Domitian*《图密善传》50；*Gaius*《盖乌斯传》39；*Nero*《尼禄传》119；*Tiberius*《提比略传》17；*Vespasianus*《苇斯巴芗传》127，129，135
superiority of empire，origins of 帝国优越性的起源 2
surveying techniques of Romans 罗马的测量技术 xiii
survival of imperial power 帝国力量的存活 4-5
Syria 叙利亚：annexation of 兼并 127-128；in defense system 防御体系 118；military forces in 军事力量 51，96，134-135；as province 作为行省 8，20；Sassanids and 萨珊王朝和；Vespasian and 苇斯巴芗和 57

Tabula Peutingeriana《波伊廷格古地图》98
Tacfarinas，revolt of 塔克法里纳人叛乱 18，25-26

Tacitus 塔西佗:*Annals*《编年史》11，16-18，35，38-39，43，45，48，52，54，96，119，126，129，134，210;*Germania*《日耳曼尼亚志》25，28-29，38，103，152;*Histories*《历史》17，44，100，110，126-127，131

tactics of forward defense 前线防御战术 86-87

Taifali 泰法利人 177

Taunus Mountain frontier 陶努斯山边界 106-107

taxation system 税收制度 149，204

territorial empire 领土帝国 23，176-177

tetrarchies 四头统治 20，148-149，180-181

Teucrid principality 蒂尤克里德公国 20

Thrace 色雷斯:as client kingdom 作为附庸国 7-8，20，29;Goth incursion into 哥特人入侵 174;raids on 袭击 168;warfare in 战争在 26

threats to empire 帝国的威胁:by Alamanni 阿勒曼尼人对 168，174-175，177;by Franks 法兰克人对 168，174-175;Goth incursion into 哥特人入侵 168-169，174-175;by Parthia 安息对 8，18，24-25，169，172;by Sarmatians 萨尔马提亚人对 168;by Saxons 撒克逊人对 168，169;types of 种类 51

Tiberius 提比略:annexation，taxes，and 兼并、税收和 129;at death of Augustus 奥古斯都去世 8-9;diplomatic policy of 外交政策 35，38-40;Germans and 日耳曼和 21;Pannonian revolt and 潘诺尼亚叛乱和 52

Tingitana 廷吉塔纳 178-179

Tipasa 蒂帕萨 142

Tiridates 梯里达底 9，119

Titus 提图斯 58，126

Trajan 图拉真:conquest of Dacia by 征服达西亚 110-111，114;death of 去世 124;as emperor 作为皇帝 59，146;Parthian War of 安息战争 121-124;policy in East of 东方政策 124-125

Transcaucasia 外高加索 179

Transylvania 特兰西瓦尼亚 110，114，118，177，197

Upper Germany 上日耳曼 7，76。*See also* Germany; Lower Germany 亦见日耳曼和下日耳曼

Urban cohorts 城市步兵队 210-211

Valens 瓦林斯 158

Valentinian 瓦伦提尼安 159

Valerian 瓦勒里安 147，157-158，173

Vandals 瓦达尔人 175
Vannius 范聂思 39
Varian disaster 瓦卢斯灾难 18
Varus，P. Quinctilius P. 昆克蒂利乌斯・瓦卢斯 7，10，18，35，45
Vegetius 维吉蒂乌斯 213
Vespasian 苇斯巴芗：army policies of 军队政策 136-137；client states and 附庸国和 27，126-130；dynastic ambition of 王朝野心 58；as emperor 作为皇帝 56-57；military forces of 军事力量 125，213；Praetorian cohorts and 禁卫军和 211；siege of Masada and 梅察达围困和 4
Vexillationes（detachments from legions）分遣部队 143-144，175，202，204-205
Vindex，C. Julius C. 尤利乌斯・文德科思 9-10
Visigoths 西哥特人 177-178
Vitellius，Aulus 奥鲁斯・维特利乌斯 56-57，211
Vologases 沃洛吉斯 119，121

Weapons 武器 1，213-214。*See also* artillery；siege technology 亦见大炮和围攻技术

Zenodorus 芝诺多罗斯 33
Zosimus 佐西姆斯 216